劉仲敬

民族發明學講稿

劉仲敬

民族發明學講稿

逆轉的東亞史

伍

劉仲敬——著

非中國視角的東北

【滿洲國篇】

編輯說明

本書是在明鏡新聞網「劉仲敬思想」系列節目的基礎上彙編整理而成，內容保留劉仲敬本人演說的白話特色，並為他引述的各種比喻或典故添加注解，以及附上相關插圖解說。

下列為本書各講次的原始節目名稱及播出時間：

第一章　滿洲國：東北亞的核心／第42期／2018年6月28日

第二章　滿洲國：東北亞的新大陸／第43期／2018年7月12日

第三章　滿洲國：東北亞、南亞和東亞的三角鬥爭／第44期／2018年7月19日

第四章　滿洲國：內亞的衰微和東北亞的崛起／第45期／2018年7月28日

第五章　滿洲國：殖民主義與逆向殖民主義／第46期／2018年8月2日

第六章　滿洲國：近代前夜的憲法、技術和意識形態／第47期／2018年8月9日

第七章　滿洲國：帝國體系與條約體系下的自組織／第48期／2018年8月15日

第八章　滿洲國：行政國家的產生和發展／第49期／2018年8月23日

第九章　滿洲國：正統主義與協和主義／第50期／2018年8月30日

第十章、後記　滿洲國：滿洲堡壘的崩潰和反恐戰爭的餘波／第51期／2018年9月6日

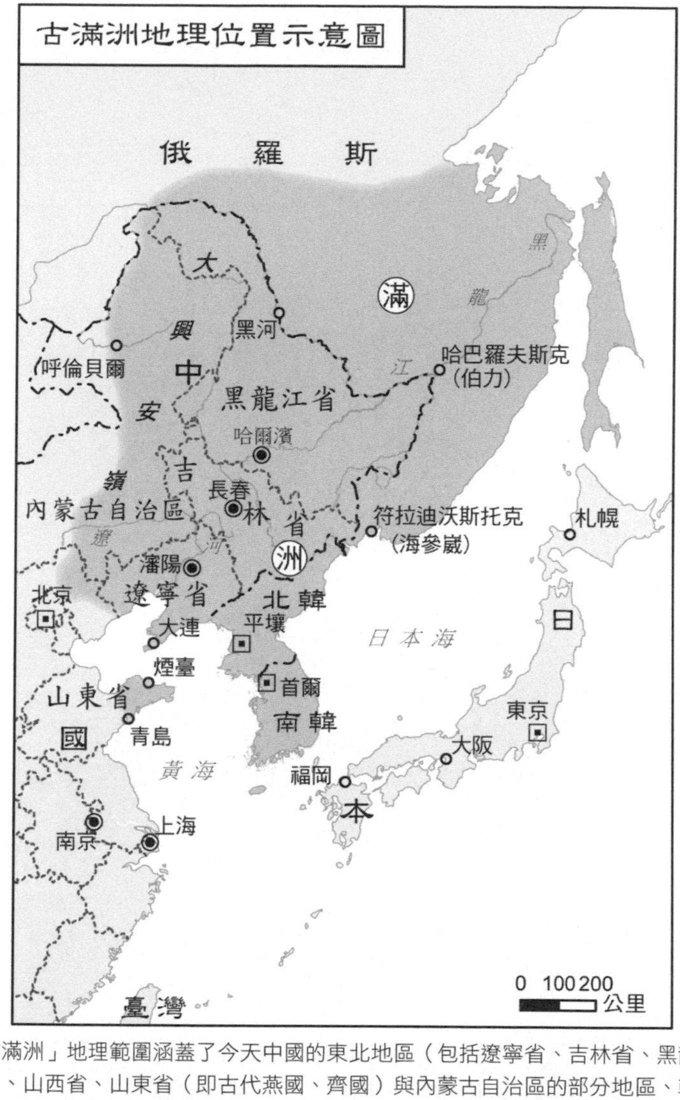

「古滿洲」地理範圍涵蓋了今天中國的東北地區（包括遼寧省、吉林省、黑龍江省）、山西省、山東省（即古代燕國、齊國）與內蒙古自治區的部分地區、朝鮮半島與黑龍江以北今屬俄羅斯的外滿洲地區。在本書作者劉仲敬的概念中，「古滿洲」作為一種文化人類學上的概念，其技術和文化在早期（遼、金建立、約西元十二世紀之前）是內亞文化的一部分，並透過日本海、渤海與周遭區域密切交流，影響力遍及東北亞地區。

目次

一、東北亞的核心

前國家時代的滿洲

上古時代的東北亞文化區，是由朝鮮半島、滿洲、燕山山脈、灤河流域和膠東半島組成的一個大區域。石器時代最主要的文化遺址，我們今天把它稱之為興隆窪遺址和夏家店遺址。這個巨大區域的文化特點跟內亞比較接近，跟東亞和東南亞都相距得比較遠。因此如果要分得粗疏一點的話，把整個東北亞文化區算成是內亞文化區的一個分支，也是可以的。現在之所以把它劃分為東北亞文化區，主要是因為中古以來它跟內亞的分歧變得越來越大，尤其是內亞交通線在十五、十六世紀衰微以後，東北亞因為更接近日本海和渤海，跟內亞相比，出現了很多不一樣的特性，所以回溯一下，就把上古時期儘管是比較細微的特點也強調出來，把它劃分為一個單獨的東北亞文化區了。

東北亞文化區的核心地帶就是滿洲，具體來說是以今天的興隆窪和夏家店為核心的區域。燕文化區基本上是興隆窪和夏家店文化區的輻射區，而且帶有一定的退化色彩。滿洲文化區在上古時期的主要特點是高且厚的石牆、大量的石頭建築物和面積很大的居民點，跟東亞核心地區那種非常狹窄、非常低矮的地洞形成非常鮮明的對比。而到燕山、灤河一帶，要嘛是石頭摻了泥，要嘛是石頭品質變差了，要嘛是居民點變小了，總之看上去就像是滿洲核心地帶——也就是今天遼西一帶那些巨型石質建築物的退化版。

上古時代的滿洲文化大體上可以分為東西兩個分支：西分支就是興隆窪和夏家店所輻射的燕山山脈一帶；而東分支就是遼東，從松花江一直到南方的朝鮮半島和膠東半島，這一片環渤海的文化區。後一個區域的特點是，石頭製造的建築物沒有核心文化區那麼大，彩陶也產生得比較晚，而他們的獨木舟和其他船隻的風格可能受到了東南亞文化區——也就是包括今天日本和吳越在內的區域的一定影響。這兩者之間的差異在西元一世紀以後傾向於消失，這跟長城的修築和帝國的產生有一定的關係。長城的形成把燕

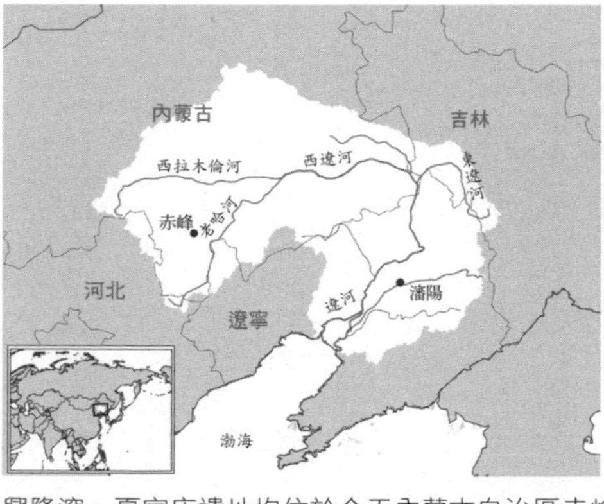

興隆窪、夏家店遺址均位於今天內蒙古自治區赤峰市一帶，即遼河流域的西部，也是草原內亞文化區（蒙古高原）與東北亞文化區（東北平原）的分界地帶。此兩種遺址均與日本考古學者鳥居龍藏於1910年發現的紅山文化（BC 4700-2900）有關，其共同的文化特徵在於大量陶器的使用以及玉石雕刻，其中最具代表性的便是頭部類似野豬、身體如長蛇狀的「玉豬龍」。

國統治的南部和繼續保持部落生態的北部切割開來，於是滿洲本土的命運也就跟燕齊的命運切割開來了。在長城竣工以前，它和燕齊、朝鮮半島是很難區別開來的。

在燕國的勢力深入到遼東遼西之前，滿洲文化已經產生了許多特徵——像玉豬龍和短劍諸如此類的東西，東亞人認為它們非常獨到，但是這些實際上一樣是引進的事物。東亞在春秋時代使用的武器其實一般來說就是兩種款式：來自上古吳越的類型、來自上古內亞的類型。滿洲在青銅器時代和鐵器時代的兵器都是更接近於內亞類型的。特別是在斯基泰文化興起以後，有很多在大興安嶺南麓逐步出現的居民點，都可以看出是內亞交通線已經打開的表現。像鮮卑人的起源地、在大興安嶺西側的嘎仙洞[1]和松花江流域的漁獵居民點，那些漁獵居民點比長城還要更早出現，而他們使用的金屬明顯是從西方——廣闊的內亞大草原運來的。這些物資，使他們早在建立成型的國家組織之前實際上就已經有了相當強的戰鬥力。這是燕人的殖民點沒有辦法越過遼河、推進得太遠的原因。

長城的興建，把長城以南的遼東遼西跟長城以北的蠻族地帶切割開來。蠻族地帶由於政治體系的分散性，實際上更容易接受內亞大草原的影響，因此也能夠以更快的速度接收冶煉業和軍事組織的新成就。結果，長城建成還不到一百五十年，雙方軍事力量的對比就開始變得對長城以南的一方不利了。接近長城的部落，像烏丸、鮮卑之類，他們經常接受漢家天子的賄賂，替後者承擔守邊的使命，這跟靠近羅馬帝國邊牆的日爾曼人之於元戎[2]的關係，是基本一致的。但是，漢家天子的這種安排並沒有能夠阻止邊牆的潰塌以及蠻族部落完全占領滿洲南部。隨著公孫氏遼東豪族政權的瓦解，鮮卑慕容部占領了遼河東西兩岸的土地。也就是說，過去燕人和漢人在長達六百年的時間內竭力維持的滿洲南北區隔，至此完全崩潰了。

豪族共治的滿洲系政權

慕容氏集團和高句麗集團的興起，是滿洲政治組織國家化的體現。他們從意識形態和組織上來講，跟早期的三韓國家[3]是很相似的。他們的酋長或者頭人、渠帥依照各部族的

1 嘎仙洞：位於中國內蒙古自治區鄂倫春自治旗阿里河鎮，是鮮卑人的發源地，北魏太武帝拓跋燾曾派人在嘎仙洞祭祀，並且在洞內石壁刻上漢字祭文。

2 元戎，原指主將、元帥，典故出自《周書》：「吾以不武，任總元戎。」作者以此強調羅馬帝國「皇帝」（Imperator）統帥軍隊的職能。

3 三韓：即馬韓，辰韓、弁韓的合稱，這三個朝鮮半島的部族是後來百濟國家和新羅國家的淵源。

習慣法來統治，習慣法只有幾十條，基本上可以依靠民眾遵循風俗而自動地執行，因此被早期的儒家學者認為風俗良好，像孔子所設想的以禮治國的盛世一樣。他們的政權是由幾十個原有的部落用各自的名字湊起來的一個官署。漢文史籍經常把那些官職的名字當成是部落酋長的名字，而且還認為他們壽命很長，像《聖經》裡面的先民那樣動不動就活個幾百歲。實際上呢，就是因為那些名字不是一個人的名字，而是一整個部落的名字，而且跟那個部落從事的職業、或者說他們掌握了特殊工藝的某種專業有密切的關係，無論頭人或者酋長怎麼換，那個部落都叫這個名字。然後你看到他始終都叫這個名字，還以為這個名字是一個人的名字，而這個人活了幾百年。其實是那個控制著相應工藝的部落在長達幾百年的時間內一直從事這種職業，或者是一直在某種工藝方面掌握著壟斷地位，僅此而已。

高句麗國家和慕容氏的國家都是由幾十個類似的族群構成的。領袖或者國君——這個「國君」多半是漢文史籍認為他是國君、就把他稱為國君而虛構的，但實際上他更像是一個部落聯盟當中最大最強的一個部落的頭領。這種組織形式，跟時間稍晚的朝鮮半島南部的三韓和西部日本建立起來的早期大和國家是非常相似的。在這些國家內部，像蘇我氏[4]這樣的豪族，就罩得住很多類似的專業行會或者部落。一個部落，他們不一定是血緣社群，也可能是職業團體，比如說掌握著紡織業的祕密或者鐵器業的祕密，然後就在幾百年時間內專門紡織或者專門打鐵。然後他們的酋長，比如說秦氏就在蘇我氏的籠罩之下當一個家臣，而蘇我氏又在天皇的朝廷裡面當輔政大臣。以這種方式，形成一種半部落半封建的政治結構。

這些從事特殊專業的部落，比如說某一個專門用優質魚鉤打魚的部落，或者是一個專門用某種鐵製武器打獵的部落，他們的技術多半也是從西起烏克蘭、東到阿姆河和錫爾河流域的這個內亞大草原傳來的。最先接觸這些技術的人，也許像稍後幾百年日本的渡來人氏族一樣，本身就是一個移民團。這個移民團到了滿洲的土族當中，因為他們掌握更先進的技術，受到當地土族的崇拜。然後以這個移民團為核心，再加上一些投靠過來的土族人，就形成一個小氏族或者一個小王國。然後幾十個這樣的小氏族、小王國，它們之間互通有無，通過貿易、戰爭或者朝貢的方式交換他們的物質，漸漸就形成了一個政治體系。

這樣的政治體系當中，每一個小諸侯的習慣法是只約束自己人的。在整個由幾十個小諸侯組成的大聯盟之上，需要有一個仲裁機構。於是圍繞著這個仲裁權，就產生了慕容氏

4 蘇我氏：活躍在六至七世紀的日本政治世家，長期掌握政權，後來中大兄皇子、中臣鐮足發動政變，蘇我氏領袖蘇我入鹿被殺、其父蘇我蝦夷自焚，該氏族走向衰亡。

和高氏的王權。慕容氏和高氏的王權跟後來三韓國家、日本的大和王權是非常相似的。它看上去像是一個依靠豪族聯盟支持的保護傘，經常被豪族聯盟當中比較大的黨派支配。高氏所統治的地方，以丸都城[5]為核心，然後沿著長白山脈東北部的高地進入朝鮮半島，最後把首都遷到平壤，成為後來的高句麗絕對主義國家的雛形；而慕容氏的政權則預演了後來東北亞征服東亞的路線——從遼西走廊一路南下，進入薊城，然後再到鄴城，最後直抵黃河流域。

在慕容氏和高句麗的北方、也就是松花江流域，這時的部落聯盟已經開始使用比較粗疏的冶鐵技術，而由於氣候寒冷和地廣人稀的緣故，他們的人口還不足以供養足以載入史冊的國家機構。這些部落被他們的鄰居用很多名字來稱呼，有的名字意思是黑水或者黑土。在以陰山山脈為中心的鮮卑人形成一個個部落和城邦聯盟、並在晉國[6]建立平城根據地的時候，這些黑水或者黑土部落漸漸向西移動，定居在大興安嶺、小興安嶺之間的土地。儘管此時那些地方仍然是地廣人稀，但是他們的來臨和西部鮮卑人的南下，使今天的滿洲或者東北亞核心地區在地理上的邊境變得更加明朗了。

大概在五世紀以前，今日所謂的滿洲在政治上還不能說是一個完整的區域，它的西部跟燕國是無法明確區分的。甚至可以說，遼西的這一部分才是主幹，燕國那一部分只是側枝，而東部的那一部分又跟朝鮮半島和膠東半島難以區分。後來構成核心區的像松花江流域的這一部分，當時還處在剛剛開墾的處女地狀態，已經長期在西亞和內亞使用的鐵製工具才剛剛被引進，不足以支持大量的人口。但是隨著四、五世紀內亞各民族的人口流動，這些黑水部落和黑土部落逐漸占據了滿洲中部、北部和西部的大部分土地。他們即將構成新滿洲的核心，也就是未來建立渤海國和女真帝國的人。而滿洲南部由興隆窪和夏家店那些文化產生出來的集團，已經在慕容氏和高氏的領導之下形成了燕國和高句麗國。

高句麗——東亞逃亡者的樂園

燕國由於征服東亞，捲入了後者和內亞之間的鬥爭，最後被依靠內亞部落聯盟支持的北魏徹底消滅了。北燕滅亡的結果是，原來受其統轄的大批工匠逃到了高句麗的境內。高

5 丸都城：位於吉林省集安市，最初是作為高句麗首都國內城（也位於集安）的衛城而修築，國內城被攻陷後，王都移轉到丸都城。

6 此處的「晉國」是作者根據其「民族發明學」而另外定義的提法，指山西一帶由內亞遊牧民族建立的系列國家，詳情請參見《逆轉的東亞史（參）：非中國視角的華北（晉、燕、齊篇）》對晉國、燕國、齊國定義及歷史的詳細討論。

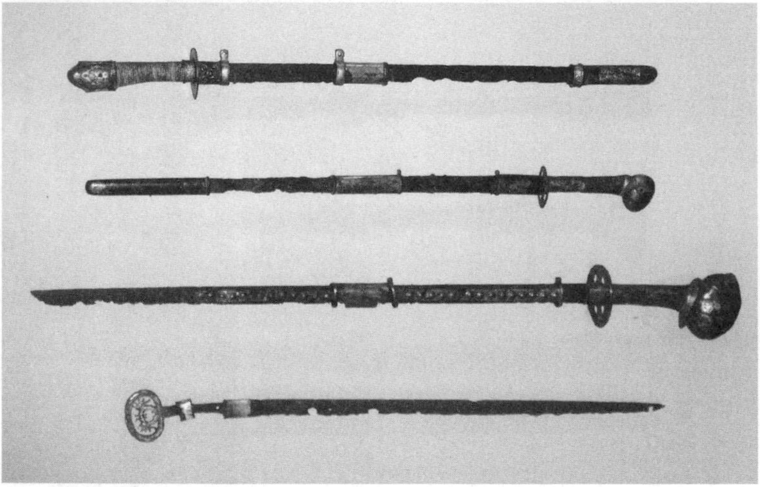

環首大刀起源於先秦時期，因其單面開刃、刀背厚實且利於劈砍，於漢代成為騎兵的基本裝備，《漢書》曾記載出征匈奴的漢將李陵配有環首大刀。直到南北朝期間，隨著戰爭與貿易傳播，製作環首大刀的技術流傳至朝鮮半島、日本列島，使其成為東北亞地區的常見兵器。上圖為隋代的環首鳳紋大刀，出土於洛陽古墓；中圖為製作於日本古墳時代（六至七世紀）的各種裝飾大刀，包括圭頭大刀、頭椎大刀、雙龍環頭大刀；下圖為高句麗時代的帶銘文龍紋環首刀。

句麗人任命他們做大臣，跟後來天皇朝廷、特別是蘇我氏和中大兄皇子[7]對渡來人集團的處置方式是非常類似的：日本很歡迎這些具有一定生產能力和技術能力的各集團的到來，然後根據他們掌握的特殊工藝，給他們安置各式各樣的官銜，這些官銜翻譯出來就是他們所從事的職業的名字。從這種安排方式來看的話，高句麗的政治組織有一點點像現在的「卡特爾」[8]，跟漢文史籍理解的那種君主國有相當大的距離，他們更像是從不同時期遷入的各種工匠團體和職業團體的一個政治聯盟。由於北魏和慕容氏之間的衝突，以及慕容氏的殘餘勢力歸附高氏，高句麗現在變成了一個占據滿洲南部、包括整個遼東半島在內的大國，而且不斷把它的勢力深入朝鮮半島，因此高句麗漸漸就變成了一個足以跟北魏政權分庭抗禮的勢力。

北魏的流亡者經常覺得，流亡到高句麗比去柔然[9]或者是南朝更愜意。這在某種意義

7 即六六二年至六七二年間在位的日本天智天皇。他在位期間發生的兩件大事分別是：白村江之戰，唐與新羅聯軍擊敗日本與百濟聯軍，致使日本喪失對朝鮮半島南部的影響力；日本第一部成文法《近江令》的頒布。

8 指一種商業壟斷聯盟。在特定經濟領域中，掌握該領域大部分資源或產品的企業或國家組織，為了避免過度競爭導致的整體利益下跌，便透過某些協議或規範來控制該產品的產量與價格。歷史上第一個全球性的卡特爾是成立於一九二四年、壟斷電燈泡產銷的「太陽神卡特爾」（Phoebus cartel）；最知名的卡特爾則是「石油輸出組織」。

9 柔然：四至六世紀繼匈奴、鮮卑而興起的草原汗國，下轄六十多個氏族，惟最高統治者出自鮮卑。後來突厥人崛起，柔

上是高句麗自身的政治體制決定的。這種鬆散的專業團體聯盟的方式，對新來的渡來人團體是極其有利的。進去以後，只要名義上臣服高氏的國王——國王的權力是相當鬆散的，同時跟其他的集團處理好關係，那麼內部實際上是可以完全享有自治的。逃到建康去，最多只能在官僚體制內得到一個技術專家或者客卿的職位；如果通過阿瓦爾人[10]逃到西域或者內亞去，之後就會發現，自己的技術水準還不如西亞最近一次技術革命產生出來的新工藝，在那裡其實是沒有什麼用武之地的。現代東亞的流亡者如果是逃到美國去，他就會發現，他在國內的時候，自己老師不過是人家的學生，他自己等於是人家的徒孫，所以自己根本就沒有什麼可以教給美國人的，他在這裡就完全沒有能跟在地人平起平坐的可能性。別人頂多是庇護你，但是不會認為你這個徒孫輩的徒孫輩能有什麼他們還沒獲得的好東西，事實上也不可能有。而向西北方向流亡的人，基本上，要嘛就是做了留學生，像當時為數甚多的佛教僧侶一樣，在龜茲[11]或者其他地方學到一些佛教或者拜火教的宗教理念或者化學技術，然後跑回來，會像今天的歸國留學生一樣吃香。如果一去不回的話，那麼多半就在歷史記載中消失了。這一點也能表明東亞和內亞之間巨大的技術落差。

在一世紀到五世紀這段時間內，東北亞的技術是遠遠不如內亞的，比起東亞來說也先進不了多少——頂多一百年到一百五十年程度左右，但是它沒有像東亞那種人身束縛性極強的專制國家和官僚制度。雖然只是稍微先進一點點，但是你在東北亞能夠得到的自治地位是在東亞任何地方都得不到的。你到內亞去只能當學生，當不了老師；到南朝去，只能在拜占庭式的朝廷內部當一個客卿，能夠得到的權力是最少的，最糟糕；在東北亞，如果你野心大一點，願意走得遠一點，你甚至可以到松花江流域去建立自己的部落聯盟，在這種鬆散的格局之下，你自己帶領著一小批人，很容易贏得當地土族的佩服，然後把很多人吸引到你周邊來。後來的贛人、或者湘人如果跑得比較遠，跑到滇緬邊境去做生意的話，發了財，很容易變成當地的一個小土司頭目，是同樣的道理。

這時的東北亞相對於內亞，已經有了一點作為新大陸的氣象。因為相對於內亞的很多地方，它有一個優勢：能夠和美國西部相提並論的沃野千里——就像它們的部落名字所體現的那樣，有漁產豐富的黑水和極其肥沃、運到別的地方就可以直接當肥料用的黑土。這樣的土地在外伊朗地區屈指可數，只有在靠近裏海南部、厄爾布林士山脈和裏海之間，有

然被滅，其部眾分別往西（內亞—歐洲）、往南（北魏）逃亡。

10 阿瓦爾人（Avars）：西方史籍對柔然人的稱呼。惟史家認為，其後活躍於歐洲史當中的阿瓦爾人，更可能是沿用柔然名號、卻沒有柔然血統的其他遊牧部族。

11 龜茲（讀音同「秋詞」）：古代西域大國、唐安西四鎮之一，經濟、文化、宗教等方面均極為繁盛。

幾片小的條帶狀土地，才有這樣的肥沃程度。在阿姆河和錫爾河之間，有一些綠洲可以開發成為花園城市；而七河流域，也有幾條河流的沿岸適合於開發為花園城市。但是整個內亞是參差不齊的，有很多地方土壤貧瘠，也有很多是不適於耕作的荒漠或者沙漠地帶。像滿洲這樣美好的田野，在內亞數量很少，而且為數不多的這幾小片也面積不大，遠遠不能跟前者這個潛力巨大的地方相比。所以，首先在滿洲從事拓荒的這些部落，儘管他們在五世紀到八世紀這三百年的歷史當中是默默無聞的一群人，但他們卻是最為幸運的，像是本來品質還不能算是最優的種子得到了一片最合適的苗圃。而他們在政治環境上也是非常安全的，南方的高句麗國家把他們跟鮮卑人的北魏帝國隔離開來，使他們得以在原始豐饒中，有充分時間蓄養精力。

在戰爭中擴張的高句麗王權

高句麗國家最初從性質上來講，跟早期的大和朝廷、三韓的部落酋長聯盟相差不大，但是到八世紀的時候卻演化成了一個跟昭和日本非常相似的軍國主義國家，最大的原因就是它跟北魏的爭霸，尤其是爭奪慕容氏遺產和遼西土地的鬥爭。高氏認為，他跟慕容氏的燕國同樣都屬於滿洲系的政權，而上古時期的燕國從各方面看來都是滿洲的附庸，所以他既然接管了從燕國逃來的這些流亡者和工匠集團，就認為自己具有繼承這些流亡者的本國，也就是龍城、薊城所在的燕國的權利——換句話說，遼西走廊甚至燕國全境都應該納入高句麗的版圖。而這是北魏所不能接受的，於是雙方就在燕國邊境持續不斷地打仗。北魏的優勢是，它可以依靠平城交通線，得到外伊朗的工匠和騎士，這些由相當先進的冶金技術所支援的尖端兵團的支持；然後又依靠編戶齊民的國家體制，能夠在以鄴城、洛陽為中心的郡縣制地區，徵收大量的糧食和苦力。這兩個條件都是高句麗所不具備的。但是高句麗居然能夠支持長達一百多年的時間，顯然是因為它的政體具有更強的土豪性。

高句麗在北魏邊境上的戍卒和戍將，大多數都是具有高度自治的、半獨立的渠帥，有很多都是燕國來的逃人。他們對滅亡自己祖國的北魏人顯然是抱有極大的仇恨，在得到一點點支援的情況下，就可以施展靈活的戰術不斷騷擾魏人。而魏人越過燕山山脈進入遼西，正如後來隋煬帝和唐太宗的事蹟所證實的那樣，在沒有海運和大運河支援的情況下，龐大的人力物力在遼西走廊這條狹窄的山脈地帶是很難展開的，因此東亞帝國沒有辦法充分地發揮自己的優勢。而高句麗人這種靈活的作戰方式，反而顯示出了強韌的生命力。東亞的帝國能夠採取的最好戰術就只能是，作一次大的動員，集中巨大的軍事力量，然後出塞，進攻高句麗首都丸都城。有幾次帝國軍隊就把丸都給攻陷了，迫使國王和他的大臣逃散。但是帝國軍隊不能久守，很快又得撤退，撤退以後的戰線又會慢慢恢復到之前那樣。而這樣的大規模遠征，例如隋煬帝和唐太宗的遠征，是不能夠經常執行的。執行了一次以後，幾十年之內帝國的元氣都恢復不了。在這期間，邊界的形勢又會有利於高句麗人——後者憑藉它的封建式的渠帥，以蠶食的方式，一點點地把他們在大規模會戰中失去的土地重新收復。

在這個過程當中，高句麗的王權得以一次又一次地加強。可以說，丸都的兩次陷落對它來說起了很重要的作用。在毌丘儉[12]第一次攻陷丸都以前，沒有理由認為，高句麗的王權能比得上日本古墳時代勢力最強大的豪族。但是，丸都城的重建反而給高句麗國王以更大的權力。丸都第二次遭到襲擊的時候，高句麗國王的動員能力已經明顯比第一次受攻擊時強得多。大概在第一次丸都城焚毀並被重建的過程當中，高句麗的各豪族得到了深刻教訓，願意賦予他們的國王更大的權力了。原先的丸都城只不過是各豪族分治的小城市，而重新建立的丸都城就是由國王建立起來的直屬領地；而國王為了修築這些直屬領地的防禦工事和技術裝備，已經獲得了向周圍的豪族徵收相當大一筆貢賦的權力。可以說，高句麗王權的強大，一開始就是跟軍部的權力結合在一起的。最後軍部的權力架空甚至顛覆了高句麗王室，也跟這個演化的過程息息相關——由於沒有軍部就沒有強大的高句麗王國，所以高句麗王室最後落得如此下場，大概也是不可避免的。

高句麗國王能夠凌駕於各路豪族之上，原因就在於，他能夠任命幾個擁有巨大權力的行政官，主管軍隊、城市建設和司法。從豪族聯盟的角度來看，高句麗這些行政官的權力就很像是羅馬共和國的獨裁官基於元老院而擁有權力那樣。從憲法上講，元老院始終是最高的權力掌管者，但是獨裁官基於元老院的同意，可以在非常狀態——比如說在一年的時間內無所不能，判刑都不用經過開庭審理的手續。高句麗王室所任命的那幾個重要官員，也就是淵蓋蘇文[13]的始祖所擔任的官位，最初大概也是這樣的臨時性職務。但是最後高句麗一再通過軍事行動擊退北魏，更重要的是，通過在這些軍事行動中積累起來的經驗，東征西討，征服了南滿，乃至於朝鮮半島的其他部落，跟朝鮮半島上的新羅、百濟長期展開交戰以後，正規軍的存在變得不可缺少。也就是說，原先是臨時性的軍事統帥和後勤長

12 毌丘儉：活躍於三世紀的曹魏武將，西元二四四年、二四五年先後兩次率軍攻打高句麗，魏軍在攻陷高句麗王都——丸都後屠城。

13 淵蓋蘇文（603-666）：高句麗大對盧（即宰相）、大莫離支（最高攝政）。淵蓋蘇文當權期間，爆發了唐與高句麗的戰爭，高句麗在他死後即被唐軍攻滅。

官，現在變成了長期性的。同時高句麗處在永久性的戰爭狀態，它經常是剛剛在西面打完了北魏，馬上就北上去討伐幾個黑水部落，接著又南下跟百濟人和新羅人打仗。在朝鮮半島的戰爭，可能是這些戰爭當中最接近於正規戰的一種，也消耗了高句麗最大的戰爭資源和組織資源。高句麗王室的權力在這些連綿不絕的戰爭中不斷強化起來。最後，原本是高句麗王室私家機構的莫離支體系，最後成為了中央政府本身。

可以說，高句麗的中央政府本身就是作為高句麗王室私家軍隊的軍部膨脹起來的產物，其他各部門實際上都是替軍部辦理各種不同形式的後勤業務而成長起來的軍部的輔助機構。依靠這種方式成長起來的高句麗王室，本身也不能停止戰爭。停止戰爭，從憲法意義上講就意味著它必須退回到原先那種豪族聯盟盟主的地位，正如後來的耶律阿保機也不可能願意退居為八部大人[14]當中的一部，他必須把戰爭推向更南方、更遠。因此高氏君主必須實現以下目標：第一，不斷發動新的戰爭；第二，不斷把新兼併的領土劃為王室土地，並組織集體的開墾；第三，不斷建立新的軍事要塞和新的城市，最終體現於王室遷都平壤。

而早在遷都平壤之前，高句麗已經在南滿各地建立了很多王室城市。這些王室城市的建立，從性質上來講很像是戰國時代大梁城的建立，預示著後來魏國的遷都。從憲法意義上來講，這些建城運動和墾荒運動意味著封建主義的衰微和軍國主義國家的崛起。王室通過這些土地經營，既有了自己的經濟基礎，又有了自己的人口基礎和軍事基礎，使其他豪族部落一點一點被擠到一邊去了。

高句麗和唐國爭奪朝貢體系主導權

最後奠基於平壤的這個高句麗王國，領土包括了南滿大部分土地和烏蘇里江東南側的一部分、今天屬於俄羅斯的土地。這樣一個巨大的高句麗國變得如此有信心，以至於對隋煬帝和唐太宗都不再放在眼裡，企圖在東北亞建立起以自己為中心的新朝貢體系。這樣的一種國家展望，是隋唐兩個帝國都沒有辦法放過高句麗的根本原因。高句麗的使臣甚至跑

14 八部制最早出現於北魏鮮卑帝國，北魏定都平城後，將跟隨拓跋氏南遷、並居住在平城周圍的鮮卑部眾分為八個部落，每部設置一人，掌管戶籍，同時勸説部眾從遊牧生活改為農耕生活，合稱「八部大夫」。至於契丹人的八部制，則是整個契丹族分為八個部落，本部民眾各自選舉出「大人」，並受其統領。七世紀時，契丹八部開始聯合，由八個部的大人共同推舉一人擔任部落聯盟首領，稱可汗。

到內亞大草原上招徠突厥和薛延陀[15]屬下的各部落向他們朝貢，而這件事情在經濟上和技術上的意義大概就是，東北亞人開始意識到了內亞交通線的重要性。

內亞交通線的乳汁同時哺乳了東北亞、東亞和東南亞，等於說是三個嬰兒在搶一個奶瓶。誰吃下去的乳汁多，誰就會更先進一些，誰就會具備征服其他兩者的力量。歷史上的東亞帝國之所以經常征服東南亞的各邦，主要原因就是，它吸取了最多的內亞養分。它在秦國吞併巴蜀以後，就把最主要的內亞—東南亞通道給切斷了——上古時代的巴蜀就是東南亞和內亞的最主要連接通道。自從這個通道被擠到橫斷山脈的峽谷和滇國[16]的西北部以後，東南亞的技術輸液管就被擠得很窄很細，而東亞的技術輸液管就被拓得更寬了。

而且，歷史上東亞的大部分君主都是內亞部落的首領——可以說，東亞就是內亞的殖民地。如果東亞君主本人就是內亞殖民者的後裔，那麼使用這條通道對他來說就更是便利了。就像是，只要毛澤東還是史達林的兒皇帝，那麼前者得到足夠的技術援助然後鎮壓圖博人和滇人，或者到朝鮮半島和越南去打仗，這些都是不成問題的。

高句麗國家之所以採取這種朝貢貿易的政策，大概也有這方面的考慮。通過跟唐帝國爭奪漠北的部落，它就可以把河中地區甚至外伊朗本身的技術輸液管拉到自己這一邊來。而唐人當然也深知這一招的利害，就像是後世的毛澤東絕對不能容許蔣介石在蘇聯那裡，享受跟海珊和阿薩德一樣的待遇。如果中國國民黨獲得了阿拉伯復興社會黨在蘇聯面前的那種地位的話，中國共產黨必然會像伊拉克共產黨[17]和敘利亞共產黨[18]那樣，遭到蘇聯和國民黨的聯手鎮壓，死無葬身之地。如果東北亞的滿洲政權跟內亞建立了直接聯繫、把東亞撇到一邊去的話，那麼東亞的帝國就會變成別人菜板上的一塊肉，任人宰割了。事實上，後來在女真帝國統治時期確實就是這樣的。所以隋唐兩個帝國都認為：第一，有必要剷除掉高句麗；第二，剷除掉高句麗以後，並不是非要占據滿洲的土地不可，只要摧毀它的政權、把它打散就可以撤軍。

朝貢貿易制度，其實它的產地也是在外伊朗，它是在安息帝國解體、薩珊帝國興起的

15 薛延陀，突厥系部族之一，曾臣服於突厥，後於六三〇年獨自建國，惟於六四六年被唐軍攻滅。

16 此處的「滇國」是作者根據其「民族發明學」而另外定義的提法，指以今日雲南為中心的西南地區，由當地民族所建立的系列國家，詳情請參見《逆轉的東亞史（貳）：非中國視角的西南（巴蜀、滇與夜郎篇）》對滇國定義及歷史的詳細討論。

17 伊拉克共產黨：於一九三四年成立，是伊拉克歷史最為悠久的政黨，更曾在一九五〇至一九六〇年代發展為伊拉克最大政黨。

18 敘利亞共產黨，於一九四四年成立。該黨乃由敘利亞—黎巴嫩共產黨分拆而來，後者於一九二四年成立，是共產國際的成員之一。

過程中所形成的新的統治模式。安息帝國的君主本來是以親希臘者[19]著稱的，也就是說，他本人和旗下的那一撥封建騎兵是作為西亞的希臘人城邦的保護者，而崛起於世界舞台上的。這些希臘人城邦不願意接受塞琉古國王的專制統治，卻囿於自己原有的那些亞歷山大時代的重甲步兵團已經不能應付當時的新技術革命；但是如果配合上安息人——也就是印歐種族、所謂的雅利安人的騎兵部隊的話，步騎協同作戰，就可以構成所向無敵的力量，使塞琉古帝國屢遭挫敗。今天我們所認知的安息帝國，就是這兩股勢力形成的聯邦國家，它當然是極度鬆散的。所以繼它而起的薩珊波斯就開始培養一個治國術官僚集團，希望廢封建、設郡縣，建立直屬於國王的權力核心。這個權力核心就以內沙布爾[20]這樣的王室城市為成長基礎，因此在內伊朗形成了一個可以說是王畿直屬領地的郡縣制地區。這個郡縣制地區，是薩珊波斯的王權比安息的王權強大得多的原因，也是薩珊波斯在阿拉伯蠻族的入侵之下很容易像以前的巴比倫帝國一樣潰滅的原因。這樣的直屬領地產生出來的郡縣居民，很能納稅，但絕對不可能像過去的自治城市或者封建騎兵部隊的那些自由人一樣善戰。編戶齊民必然會費拉化，因此也必然變得不能打仗了。郡縣居民之所以很善於當驢子，就是因為他們不能夠當獅子。

這樣做自然就會引起封建地區和郡縣制地區的矛盾，薩珊波斯解決這個矛盾的方法就是「王中王」的稱號。為什麼叫「王中王」呢？就是因為在王畿直屬領地之外，仍然有各路諸侯的存在。這些各路諸侯有自己的體系，他們只需要象徵性地向王中王朝貢，就能保持自己的地位。王中王征服他們是很費力的，而承認這些藩侯的地位、讓他們率領自己的封建騎兵或者自治城市在戰爭時期或者其他緊急時期向王中王提供一些援助就足夠了。這種體制當然會比秦始皇那種單一的專制形式要靈活得多。東亞的郡縣體制多半就是從大流士的體制那裡學來的，而且可能只學了一部分。大流士的行省制是包括著許多被保護人、被保護國和行省總督，是包容了被保護國的，而東亞的郡縣制卻沒有這方面的成分。在西亞的薩珊這種王中王體制——也就是說多國體系和單國行政體制的混合——取代了阿契美尼德王朝舊波斯帝國的行省制以後，東亞帝國作為西亞帝國的一個投影和殖民地，自然而然也會在幾百年之後把秦漢帝國的郡縣制改造成為鮮卑北魏帝國和鮮卑隋唐帝國的天可汗體制，也就是我們所知的朝貢貿易體制的起源。

19 安息帝國建立後，直到阿爾達班二世（35-38年在位）為止，歷代君王鑄造的硬幣上均印有「親希臘」（Philhellenism）一詞。

20 內沙布爾（Nishapur）：絲綢之路重鎮，位於今天的伊朗東北部，約西元三世紀建城，一二二一年被蒙古西征軍摧毀，後又重建。

日本學者對朝貢貿易體制是研究得特別徹底的，但他們普遍認為，包括高句麗和後來日本人推行的那種小中華的朝貢貿易體制是從唐帝國那裡學來的。這當然是由日本僻處遠東的性質決定的。他們如果繼續考察唐帝國自身的制度來源，就會像陳寅恪一樣，發現唐帝國是一個複合帝國。它的制度中比較裝飾性的那一部分，是從南方的建康朝廷、這個拜占庭式的帝國學來的，所謂漢魏衣冠之遺，漢魏衣冠就是秦帝國傳下來的；而比較實質性的，也就是說真正掌握權力的和管事的那一部分，則是從外伊朗學來的，比如說至關緊要的六部制、幕府制以及天可汗制度所代表的朝貢貿易制度。也就是說，內外有別，皇帝有自己的郡縣制的核心統治地區，在這個統治地區之外，還有一系列各種程度的獨立和半獨立的藩臣圍繞他效忠，就像突厥各部落在唐太宗戰勝了頡利可汗[21]以後圍繞在唐太宗周圍、齊聲擁戴唐太宗為「天可汗」一樣。其實這也是草原部落的一個慣例。以前的頡利可汗、啟民可汗和其他可汗也是大草原上眾多小可汗之一，他們也是在打贏了以前的其他可汗——包括柔然的可汗以後，周圍的各部落就向他歡呼勸進，像後來各部落酋長向鐵木真勸進、推薦他做海洋皇帝[22]一樣，擁戴他做大可汗。大可汗和小可汗之間的差別是不明顯的，大可汗就是各路小可汗都心悅誠服地擁戴的「勇士當中的勇士」、「王中的王」、「可汗中的可汗」。這種體制當然是從薩珊波斯那裡學來的，然後在薩珊波斯覆亡以後，在內亞的大草原上經過演化，變成了一種更民主的形態。然後，魏人、隋人和唐人把這種形式加以官僚化的改組，把核心形態偷換為官僚管理體制，然後東亞的儒家士大夫再加一些意識形態方面的虛飾，就形成了我們所熟知的朝貢貿易體制。

高句麗和唐這兩個國家爭奪朝貢貿易體制的主導權，就形成了分庭抗禮的格局。如果高句麗勝利了，那麼內亞草原上的各部落就要歡呼高句麗國王是天可汗，然後來自撒馬爾罕和大馬士革的鐵器、紡織品、葡萄酒、玻璃和各種工藝都會大批流入平壤城。平壤的政權在得到內亞各部落和伊朗人的職業團體、軍事聯盟和節度使支援的情況下，它是絕不可能滿足於滿洲南部和朝鮮半島北部的一隅之地的。它必然會把後來發生的歷史提前五百年，會像後來的女真人和滿洲人一樣向著山海關以南長驅直入，使東亞的政治中心從長安、洛陽轉移到北平。但是高句麗失敗了，這就意味著東北亞取代內亞而主導東亞的過程，就還要再往後三百年時間。後期的高句麗本身就是一個二元國家：它有一個軍國主義的體制，這個體制在前方不斷跟新羅人、百濟人、隋人和唐人作戰；而軍國主義體制的背

21 頡利可汗（Illig Qaghan）：東突厥汗國末代君主，六二〇年至六三〇年在位。他多次率軍南下進攻中原，後被唐軍俘虜，終老於長安城。

22 鐵木真的尊號為「成吉思汗」，「成吉思」即為「海洋」之意。

後則是早期高句麗那一套豪族聯盟的機制。這套聯盟機制像是晚期羅馬帝國的元老院一樣，因為它代表了最古老的國家精神，即使在元戎依靠軍團支持和保民官職權、作為人民領袖和軍隊總司令篡奪了元老院的傳統權力以後，在形式上仍然存在。因為歸根結柢，元戎是軍隊總司令和保民官的總和，而這兩個職位都是附屬於元老院的，所以從法統的角度來講，羅馬元戎不可能徹底廢除元老院，他只能夠把元老院架空。高句麗的國王也是沒有辦法消滅那些歷史跟王室一樣悠久、甚至比它更加古老的豪族聯盟的，只能架空他們。

從〈李謫仙醉草嚇蠻書〉看渤海國

唐人薛仁貴、蘇定方[23]對高句麗王室及其軍國主義機構——也就是著名的淵蓋蘇文家族的戰爭，可以說是對中古時期最強大的、建立了自己的國際體系的一個東北亞霸權國家的毀滅性打擊。但是同時，也是對東北亞自由秩序的解放，因為高句麗已經發展到軍國主義階段了，如果讓它迅速地繼續成長下去、像慕容氏一樣入主東亞的話，那麼王權的軍國主義傾向必然會越演越烈。唐人毀掉這個軍國主義機器，結果就等於說是日耳曼蠻族入侵、消滅了羅馬元戎和羅馬軍團、結果解放了眼看就要完蛋的元老院和貴族體系一樣。這次解放直接導致了渤海國的產生。渤海國被日本人稱為後高句麗，也是有一定道理的。因為不僅它的開國領袖和核心成員就是高句麗的逃亡者，更重要的是，它的建國基礎本身就包括了松花江流域那些開墾新大陸的、以西亞和內亞的技術耕耘了幾百年的拓荒者，以及唐人從高句麗王權下解放出來的這些朝鮮半島北部和滿洲南部的豪族。

這兩者在新興的渤海政權當中扮演的角色，很像是關西和關東在日本歷史中扮演的角色。關東是日本的美洲，關西是日本的歐洲。高句麗是渤海的歐洲，而黑水部落則是渤海的美洲。黑水部落有一望無際的黑土地和新邊疆，還有在三百年開疆拓土中自發成長起來的武士集團；而高句麗有古老悠久的文化，有高超的統治技術，有建立官僚國家的潛質和強烈衝動。如果沒有高句麗的話，那麼滿洲的政治組織可能不會具有帝國的形態，不能建立完整的朝貢體制。在國際社會當中，它不會發揮太大作用，無法建立單獨的國際體系。滿洲的各部族仍然會像是林肯之前的美利堅一樣，在國際政治上無足輕重。如果沒有各個黑水部落的話，那麼渤海國就會僅僅變成一個位置往北偏移的高句麗複製品。它會日益走

23 唐軍於六六〇年攻滅百濟後，高宗李治於次年即派蘇定方等人攻打高句麗，但戰果有限。其後，李治再於六六六年遣薛仁貴攻打高句麗，終滅其國。

向官僚帝國的道路，無法在滿洲實現美利堅式的特殊天命。合眾國如果變成加拿大、變成英國和歐洲的一個翻版，那麼今天的美國就不會存在。美國和日本都有其二元性，渤海國也有其二元性。高句麗和黑水的二元性貫穿了渤海國的整部歷史。

渤海國展現在唐國和日本國面前的是它高句麗的一面，所以唐人和日本人都把它當成高句麗的化身。它也經常執行高句麗的傳統使命，例如，派它的海軍從遼東半島出發，去襲擊膠東半島的登州，給唐帝國造成很大的麻煩，而唐人非常擔心，他們已經沒有大將能比得上當年的薛仁貴和蘇定方，自己該怎樣應付這樣可怕的敵人。

馮夢龍《警世通言》中的〈李謫仙醉草嚇蠻書〉，其實就是關於渤海國使臣的故事。渤海國的一個貴族[24]逃到了唐玄宗李隆基的麾下，李隆基很重視他，因為這正是渤海人的海軍艦隊不斷騷擾登州的時代，唐玄宗想利用渤海國內部的分裂來打擊它。而渤海國的國君當然也要迫使唐國放棄這樣的企圖。最後唐國不敢跟渤海公開為敵，只得把這個逃亡者流放到南方，以便向渤海人表示，我庇護這個流亡者只是為了保全他的生命，絕對沒有利用他來建立流亡政府、從事反滿活動的企圖。從這次外交事件就可以看出，長安的朝廷其實已經非常外強中乾，已經沒有和隋煬帝和唐太宗一樣的勇氣，在滿洲方向掀起新的戰爭了。

在諸如此類的過程中間，大概血統上是外伊朗人的李白可能也如這個傳說所暗示的那樣發揮了一定作用。之所以說他血統可能是外伊朗人，是因為有的記載說李白是個碧眼胡僧。所謂「僧」，當然不一定說李白是佛教徒。「僧」這個詞可以用來指任何在宗教方面有一定造詣的人，無論你是拜火教、基督教、道教還是其他什麼教。而李白有的時候像一個道教徒，因為他懂得煉丹術什麼的，有的時候又像拜火教徒，有的時候也像佛教徒。更有可能的是，他其實只是一個在神祕主義方面有相當造詣的外伊朗學者，而神祕主義的造詣在內亞各種宗教當中都是通用的。唐玄宗把李白這樣一個人召來做御用學者，除了創作詩歌之類的理由，在外交方面稍微參贊一下也不是沒有可能的。當時的內亞，至少在東亞、東北亞和東南亞看來，就是極其先進和國際化的地方。長安的達官貴人們最喜歡看的就是白皮膚、金髮碧眼的伊朗女歌星。有很多在長安的河中人，照現在的說法，他們就是專幹經紀人這個行當的。河中人的做法就是，從撒馬爾罕和布哈拉這些地方引進著名的當紅女歌星，然後給她起一個漢語名字，什麼春桃、秋香之類，然後拿著伊朗來的樂譜和樂

24 據《舊唐書‧渤海靺鞨傳》，此人即渤海高王大祚榮之次子、武王大武藝之同母弟大門藝，因在對唐用兵問題上與其兄產生嚴重分歧，最後投奔唐玄宗。

器，在長安賣藝，無論是她們本人還是經紀人，很快他們就都能發大財。然後女歌星到了一定的年齡，到了白居易所謂的年老色衰、公卿貴人不再上門的時候，她們就可以帶著這些錢從反方向穿過絲綢之路，回到撒馬爾罕或者內沙布林去養老。這個行業在當時的長安是非常興盛的，就像星探這個行業在今天的好萊塢一樣興盛。李白大概是在這個圈子裡面很混得來的人物。

長安、京都、龍泉的三角外交

如果沒有高句麗那一半身體，渤海不可能取得這樣多的外交成就，擺出海東盛國的架子來，要求新羅人、日本人、唐人、更不要說是內亞各部落為它朝貢了。唐玄宗以後——就是七、八世紀以後的東亞和東北亞，呈現出非常絕妙的景象：京都的朝廷、龍泉府的朝廷和長安的朝廷同時宣布，我才是天可汗和王中王，你們都只是國王而已，你們都要向我朝貢。那些比較小的部落，比如說蒙古高原上的那些部落，有很多都是三邊朝貢的。到日本人面前，說我們是日本的封臣；到渤海人面前，說我們是滿洲的封臣；到長安宮廷面前，又說我們是唐帝國的封臣。但是當唐人的使臣出現在渤海國和日本、或者說是日本人的使臣出現在渤海國和唐國、或者是三個帝國相互交換使臣的時候，尷尬的情況就要出現了。他們能不能夠彌合分歧，主要就要看翻譯的本事。因為三方的宮廷都要義無反顧地堅持自己君主才是王中王，而三方的大使都有必要完成自己的外交使命，於是他只有在承認對方君主是王中王的情況下，才能夠完成外交使命。但是回到自己的宮廷裡面去，卻絕不能承認，他除了自家的主子以外，還承認了別家的王也是王中王。

這裡面就需要有翻譯在中間斡旋了。翻譯家必須把別的王中王的國書重新翻譯一遍，本來會說「我們家的王中王給你們這個小國王下詔」，就一定要翻譯成為「我們的國王卑躬屈膝地向你們的王中王進貢」。這樣，雙方的王中王的虛榮心都得到滿足了。同時，自己還要培養一個幕府出來，必要的時候就由幕府跟你們打交道，因為幕府的地位相當於國王，比天皇陛下低一級。天皇之所以是天皇，就因為他是王中王的緣故。這其實是一個內亞體制，跟日本崇神天皇以前的那個豪族聯盟的體制也是不合的。日本人以為它是從唐國和東亞學來的，其實唐國也是從內亞學來的。然後比如說是吳越國王、渤海國王或者突厥可汗、回鶻可汗之類的派使臣來了，最初是由太政大臣藤原氏接待他，以後就由鎌倉幕府負責接待他。太政大臣跟朝鮮國王、新羅國王、高句麗國王、吳越國王是平級的，那就是說我們的天皇比朝鮮國王、吳越國王、新羅國王都要高一級，因為我們的天皇比太政大臣和鎌倉幕府高一級，所以我們才是最高的王中王。反過來也是如此。幕府一旦產生，就很妙了：一方面，至高無上的王中王可以不必親自處理很多政事；另一方面，幕府是講裡子而不講面子的，求實利而不趨虛名的，所以他可以用國王的級別出現，跟其他的國君平等交涉，就免除了由於王中王體制或者天可汗體制的產生引起的很多外交糾紛。

二、內亞的新大陸

從日本史看渤海二元體制

渤海國的二元體制在歷史上產生了很多有趣的結果。最主要的一個就是，它給後世的歷史學家造成了很多誤解。因為有龍原府[1]和龍泉府[2]兩個光華燦爛的中心，所以很多通過書面記載和上層文化來瞭解滿洲歷史的人都會覺得，渤海國是中世滿洲歷史的一個最高峰，宮廷的衰亡就意味著萬事皆休，然後為渤海國的衰亡而感到非常遺憾。但是實際上，龍泉府和龍原府的意義跟平城京和平安京在日本的意義是一樣的，它只是一個門面式的點綴，而且極大地消耗了渤海自身的秩序資源。渤海真正的力量並不在於高雅的宮廷文化，而在於宮廷文化所瞧不起的、甚至是防範至深的那些松花江以外的黑水諸部落。是他們開拓了遼闊的滿洲新大陸，使東北亞最終由內亞的一個附屬地帶，變成凌駕內亞和東亞的一個新興地區。

如果熟悉日本歷史，我們就會明白這種二元體系真正的意義所在。京都的朝廷和坂東武士的自發秩序會給很多人留下這樣的印象：京都的朝廷是高雅的，而關東的那些土武士沒有什麼了不起。其實，所有的自發秩序在它剛剛產生的幾百年都是默默無聞的。他們也就是一批土豪拓荒者，在京都的公卿文化面前自己也覺得抬不起頭。但是武家諸法度是從他們當中產生的，鎌倉幕府也是從他們當中產生的。如果日本永遠掌握在律令制國家手裡，那麼封建文化得不到發育，保護自發秩序和拓荒者財產權的武家諸法度產生不了的話，日本恐怕就只是一個微縮版的唐國，今後就不可能發揮它在歷史上的重大作用了。

滿洲的情況也是一樣的。高句麗是二元體系，渤海也是二元體系。在這個二元體系當中，京都和軍部所代表的那一層是表面重要、實質上是消費性的東西，黑水部落所代表的那一層才是真正的秩序來源。他們在相當漫長的時間內像十九世紀的美洲一樣默默無聞，但是已經有很多跡象說明，渤海在建國以前，在高句麗還沒有完全滅亡的時候，這些黑水部落已經有了相當強大的戰鬥力。例如，唐人在進攻安市城[3]的時候，曾經俘獲了三千多名黑水武士，把他們活埋了，同時卻把高句麗人放回去[4]。唐人對他們做出這樣的區別，

1 龍原府：渤海實行五京制時期的「東京」，位於今吉林省琿春市。

2 龍泉府：渤海實行五京制時期的「中京」，位於今黑龍江省寧安市。在西元八世紀至十世紀期間，龍泉府一直是渤海國的首都。

3 安市城，遼西走廊的軍事重鎮，位於今遼寧省鞍山市西南部。高句麗約於西元五至六世紀開始統治此城，其後直至高句麗滅亡，大致保持對它的控制。唐太宗李世民親征高句麗，起初獲得相當戰果，惟久攻安市城不下，最終被迫撤退；韓國民間傳說更指李世民在圍城時被守城方主帥、高句麗名將楊萬春射中面部，致使左目失明。

4 「太宗遙望無忌軍塵起，令鼓角並作，旗幟齊舉。賊衆大懼，將分兵禦之，而其陣已亂。李勣以步卒長槍一萬擊之，延壽衆敗。無忌縱兵乘其後，太宗又自山而下，引軍臨之，賊因大潰，斬首萬餘級……收靺鞨三千三百，盡坑之，餘衆放還平壤。」（《舊唐書．卷一百九十九．東夷列傳上》）

就說明：第一，在他們看來，黑水部落比起高句麗的軍部來說更可怕；第二，這兩種人存在著相當明顯的差別。這些黑水部落就是產生後來完顏阿骨打的那批生女真。

渤海人的體制從政府的角度來看當然是一個雙重體制。韓國或者日本人把渤海國的中央政府稱之為王族中心主義。如果讀過《源氏物語》的話，我們就很容易理解它的這種風格——擔任政府部門頭面領導的，一般都是前任天皇的某一個妃嬪留下的不同支系。整個故事情節大體上就是

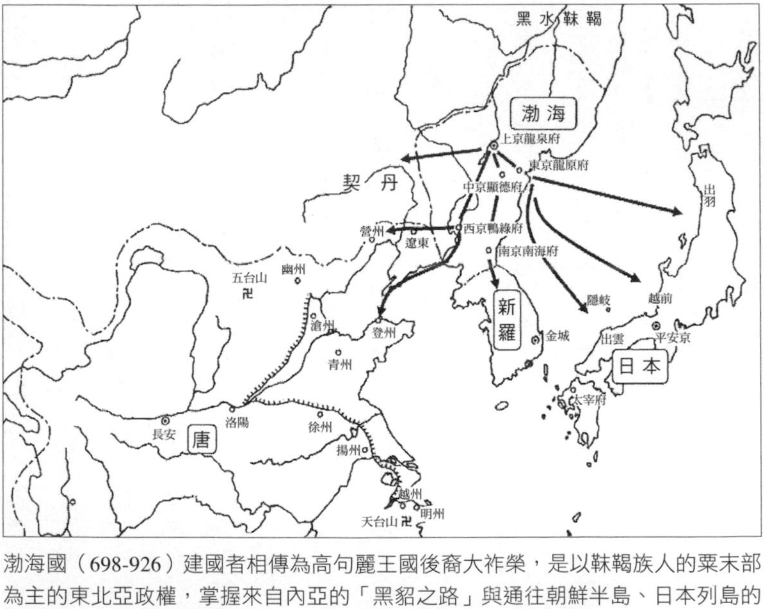

渤海國（698-926）建國者相傳為高句麗王國後裔大祚榮，是以靺鞨族人的粟末部為主的東北亞政權，掌握來自內亞的「黑貂之路」與通往朝鮮半島、日本列島的貿易路線，《新唐書》稱為「海東盛國」。渤海國的政治制度採用「五京制」，反映了其地方領主的自治權與封建秩序，而不同於唐王朝的皇帝集權。

這樣的：某個天皇到了二十八歲的時候開始厭倦朝政，覺得做天皇太累，要參加很多禮儀性的事務，這個也要管那個也要管，總之是不得自由。所以他要求趁著自己還年輕力壯、還能及時行樂的時候就退休。然後他就扶立年齡只有比如說十歲或者十一歲的皇太子繼位，自己就以皈依佛門的名義去做了法皇。在退休的同時，安排皇太子的岳父藤原氏做太政大臣，輔佐他的兒子，自己就退到南山的僧院裡面去研究哲學或詩歌，或者其他各種非常消耗時間的高雅藝術。

當然在這個過程中間，他也免不了像《源氏物語》的男主角光源氏一樣，跟各式各樣的女人交往，然後就會生下一系列的皇子。這些皇子到了十四、十五歲的時候，就會由太上皇寫一封推薦信，被推薦到朝廷上來，現任天皇和太政大臣就會給他一個中納言之類的官。到了一定時間以後，他就會升到左大臣和右大臣的位置上。然後他也就可以開始順著他的父親——也就是某一位前任天皇的例子，開始在各地尋花問柳，寫各式各樣的詩，然後也會留下許多兒子。這些兒子當中的一個到了十四、五歲的時候，又會拿著推薦信再到朝廷裡面做官。就這樣，朝廷上比較有名望的所謂清流，官職全都是由皇族的子孫來擔任的。當然如此一來，中央政府就變成一個具有高度消費性的機構了。

另一方面，像津田左右吉[5]這樣的日本學者，就把渤海國的體制稱之為首領制。首領是什麼呢？是黑水諸部落的酋長。黑水諸部落跟渤海宮廷的差別在哪裡？渤海宮廷是高句麗宮廷的繼承者，而黑水諸部落則是像坂東武士一樣的由各式各樣的拓荒者和渡來人集團組成的一些鬆散聯盟。這些聯盟當中最強大的可以有三千人到七千人的武裝部隊。但是我們要注意，這裡面所謂的「勝兵三千」或者「勝兵七千」不是說一個集團就能有這麼多人，因為它所謂的黑水七部落之類的，每一個部落其實都不是一個部落，而是一個政治聯盟。這些政治聯盟當中包括了很多渡來人集團，包括燕人和內亞人在內的很多渡來人集團。

渤海律令制國家直轄的戶口，人數自始至終是不太多的。之所以渤海人後來鬥不過契丹人，很大程度上就是因為它的「人丁不蕃」。但是我們要注意，「人丁不蕃」不是說擁有肥沃新土地的整個滿洲境內缺少人口，而是說，作為律令制國家的宮廷真正控制的直轄農民人數不多。在開國君主那個時代留下的記錄是，編戶齊民只有十多萬，勝兵只有幾萬人。也就是說，渤海的中央軍其實還沒有新大陸拓荒者的封建集團各自擁有的私軍多。日本的情況也是如此，天皇和朝廷擁有的正規軍和地方國守的軍隊，沒有野武士和地頭基於看家護院的需要而發展出來的民間武士集團的兵多。但是民間武士集團是分散的，它的利益在地方上。所以實際上不可能有任何一個單獨的武士集團會向京都的朝廷挑戰，他們只會互相之間打，而且他們也不在乎京都的朝廷，上洛[6]是很不尋常的事情。

他們重要的工作是開拓新的土地，盡可能地通過《武家諸法度》，把這些開拓出來的新土地算在自己門下，或者通過替關西宮廷的貴族、大臣、皇族代管土地，以各種各樣的方式經營，把經營出來的利潤算在自己的名下，於是就產生了新的地主階級。這些地主階級在律令制國家當中沒有合法的地位，因此他們必須，要嘛自己變成武士，要嘛僱傭武士來保護自己的利益。當武士階級的力量壯大到一定程度的時候，又要把自己的訴求通過北條政子[7]這樣的政治家形成武家諸法度，使拓荒者原先非正式的財產占有變成朝廷和公卿都不得不承認的正式產業。關東幕府和京都朝廷的主要衝突，就是圍繞著武士和非官僚的地主階級伸張自己的財產權的鬥爭而展開的。如果他們的鬥爭沒有取得勝利的話，那麼天皇和公卿就會堅持說只有天皇和朝廷才是唯一的土地所有者了。當然，自發秩序的力量成長得比朝廷和官僚的管制力量更快。渤海一直到滅亡的時候，編戶齊民都只有幾十萬人；

5 津田左右吉（1873-1961）：日本歷史學家。他採用近代嚴格的文獻批評方法對《古事記》、《日本書紀》等日本傳統史書進行梳理，惟與當時盛行的皇國史觀相衝突，最終有四本相關著作被查禁，本人更以「大不敬罪」被日本政府起訴。

6 日本古代以「洛陽」作為京都（平安京）的雅稱。「上洛」直譯為「訪問京都」，實則指地方大名率領軍隊開進京都、宣示霸主地位的舉動。

7 北條政子（1157-1225）：鎌倉幕府開創者源賴朝的正妻，源賴朝死後，政子及其家族掌握了鎌倉幕府的實權。

然而封建集團和拓荒者集團的人口在渤海的二百年之內增加了至少是十五倍，也許是上百倍。而在渤海國滅亡以後，他們的人口繼續以指數形式增長，而且技術上也迅速地突飛猛進——這跟內亞的技術輸出有非常大的關係。

但是我們也要注意，並不能因為渤海宮廷不代表自發秩序本身，於是就說宮廷本身一無是處。渤海宮廷所保存的上層文化和君統，對於滿洲人傳統的形成是非常重要的。宮廷發明了「渤海大字」。這是有史以來可考的第一種滿洲文字。它的產生過程跟日本的假名非常相似。在渤海和日本以前，整個東北亞都沒有自己獨立的文字。他們的上層階級經常是以漢字拼寫所有本土的語音，像現在的台語書寫一樣。但是漢字的總字數很少，比不上本土詞彙的數量，而漢字發音跟本土的語音又不合，容易引起誤解，所以並不是一個好辦法。渤海宮廷豢養了一批知識分子來研究這個問題，因此就導致了渤海大字的發明。渤海大字是後來的契丹大字和老滿文的直接先驅，體現了內亞文化和東亞方塊字文化的結合。它的形態也是像平假名和片假名一樣，吸收一部分內亞文字，也吸收一部分漢字的偏旁系統，把兩者組合起來，形成一種新的文字。這種文字是東北亞歷史上第一種成文的文字，也是渤海宮廷文學的主要載體。後來的契丹文字，我們有理由相信，在一定程度上接受了渤海文字的傳承。

由於渤海宮廷的外交活動，使渤海在國際社會中取得了相當高的地位。渤海是海東盛國，一個國際重要勢力。而且我們之前講過，它模仿唐國，正如唐國模仿波斯和突厥一樣，設立了一種朝貢貿易體系，跟京都和長安的朝貢貿易體系競爭，這種競爭直接刺激了幕府政治的發展。日本幕府政治有一部分的功能，就是使天皇的外交具有更大的靈活性。例如，天皇在正常情況下要堅持說，我才是天皇，你們外國的其他國王，包括新羅王和渤海王，我只承認你們是國王。但是新羅人和渤海人願不願意接受，那就看情況了。例如，渤海人跟新羅人打仗、非常需要日本在外交上支持它的時候，渤海的使節就會很樂意自稱為渤海國王。但是如果渤海人跟新羅人沒有戰爭也不需要日本人的支援，他就會說，我的君主不只是渤海的國王而已，而是渤海皇帝，跟日本天皇是平級的。天皇朝廷如果直接把我趕回去，這將使你們日本在外交上處於孤立。在這種情況下，變通的辦法就是讓幕府出面。

幕府作為大君，出面跟渤海國王聯絡，於是形式上就過得去了。天皇朝廷的公卿就會說，我們的幕府跟渤海的君主是平級的，而我們的天皇比幕府又高一級，然後幕府代表天皇去跟渤海國王打交道，這就不存在禮儀上的問題了；但是幕府的代表跟渤海的使臣發生外交關係的時候，又可以理直氣壯地說，我們的天皇是負責禮儀性職務、不管具體政事的，你要談哲學的話可以去找找他，如果要談具體的政治和商業議題，這些事情都是歸幕府辦的，而派幕府跟你接洽也正是為了辦事方便。於是這樣一來，就可以皆大歡喜。背後的祕密，至少負責交涉的那些大臣心裡都很清楚，這只是「一個日本不同表述」或者「一個渤海兩種表述」之類的外交把戲。由於現實政治形勢不斷在改變，這種靈活的處理方法對雙方都有好處。

「黑貂之路」的背後是秩序輸入

長安、京都和龍泉的三角外交維持了一百多年。從實際上的使團人數上來看，渤海和日本的交涉比起渤海和唐人的交涉、日本和唐人的交涉規模要龐大得多。這裡面的一部分原因大概是因為「黑貂之路」[8]的緣故。渤海宮廷統

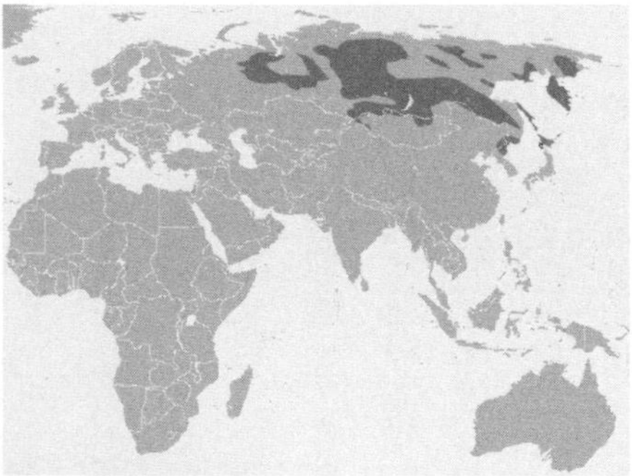

黑貂是一種特產於東北亞的貂屬動物，其分布於烏拉山、西伯利亞、蒙古、滿洲以及日本北海道等寒冷區域。黑貂以其皮毛聞名，其價值從高到低分別為黑色、深棕色到淺棕色。從古代到近代，東北亞的黑貂毛皮透過內亞貿易路線源源不絕地輸往西方，深得西方人喜愛，甚至成為俄羅斯帝國征服西伯利亞的動力之一。上圖分別為19世紀時的日本黑貂（圖①）、俄羅斯黑貂（圖②）速寫。

治著黑水各部落，而渤海本身繼承了高句麗。高句麗人和黑水各部落之間有非常密切的關係，這個關係有點像是美國人和英國人的關係一樣。可以說，英美都是盎格魯—撒克遜文明的一部分，高句麗人、渤海人和黑水人（也就是後來的女真人）都是滿洲人的一部分。但是，黑水人像今天的美國人那樣，接納的新移民要多得多；而渤海的宮廷和高句麗的宮廷像英國王室那樣，血統要純粹一些——英國王室成員，他可能有什麼希臘王子、巴伐利亞王子或者其他地方的貴族祖先，但是一般來說，他沒有歐洲以外的血統。兩者之間的關係大體上就是這樣的。蘇聯人所謂的黑貂之路，就是從布哈拉和撒馬爾罕，向東穿過黑水諸部落，然後一直延伸到日本加賀[9]、佐渡島[10]和太宰府[11]的這條重要的商路。這條商路是中古時期、內亞的黃金時代，內亞向遠東輸送秩序、技術和文化的一條至關緊要的主幹

8 據蘇聯學者沙弗庫諾夫（1930-2001）的研究，在傳統的絲綢之路之外，尚有一條經由北亞、使渤海、女真等東北亞古代民族與中亞得以相互連結的貿易道路。主導貿易的粟特人在所到之處建立居民點，以作為受到遊牧部落襲擊時進行防衛的避難所，同時為商業駝隊、船隊等提供必要補給，以及對獲取的商品進行分類、打包啟運等等。

9 加賀：日本律令制下的行政區劃，位於今石川縣南部。

10 佐渡島：位於今日本新潟縣西部的島嶼，礦藏豐富，歷史上的著名礦場有佐渡金山、鶴子銀山。

11 白村江之戰後，為防止唐軍進攻，日本於九州島北部（今福岡縣太宰府市）設置行政中心，負責沿海防禦。其後成為貿易重鎮，十二世紀以後逐漸衰落。

道。

我們要回顧一下中古內亞黃金時期的這個格局。內亞大草原，陸地上的海洋，它是西起多瑙河，東到滿洲，幅員極其遼闊。但是以河中地區——也就是撒馬爾罕和布哈拉，今天的烏茲別克斯坦一帶；同時也是古老的夏水，「夏」和「漢」這兩個字的發源地，以這個地區為界，內亞草原可以分為東西兩部分。東西兩部分的地位是不對等的。西部，我們可以說是一個網路狀結構。沿著黑海，從拜占庭到北方烏克蘭的斯基泰諸部落的這樣一個圈，正如美國前國防部長馬蒂斯的說法，它不是「一帶一路」，而是「多帶多路」，因此很難分得清楚誰是中心。我們只看到東地中海、黑海、烏克蘭這塊區域之間存在著快速的技術交流，但是很難說哪個地方是絕對的中心。而東部就不一樣了，東部的秩序水位差異很明顯，也就是西高東低。撒馬爾罕和布哈拉占據了制高點，越往東水位越低。從西向東，更符合習近平口中的「一帶一路」，只是方向顛倒了——而且準確地說，這其實像是一條瀑布，基本上屬於內亞對東北亞和東亞的單方面輸出，是河中地區向謙謙州[12]、貝加爾、滿洲以及東亞窪地的大規模傾泄。

黑貂之路和絲綢之路的意義是一樣的。東亞對外輸出的是什麼呢？是絲綢。而東北亞對外輸出的是什麼呢？是貂皮。不是說它只輸出絲綢或者貂皮，而是在它輸出的各種產品當中，絲綢和貂皮是最具有土特產性質、最能夠作為標誌的物品。非洲有黃金海岸、象牙海岸，這就跟東北亞的黑貂之路和東亞的絲綢之路是一樣的，說明非洲這些地方是輸出象牙和黃金的地方。還有一個更加難聽的地方，在今天的加納附近，叫做奴隸海岸，也就是說它是一個輸出奴隸的地方。我們要注意，在國際貿易體系當中，凡是輸出土特產或者原料的一方，就是落後的一方。例如，今天的俄羅斯輸出的是什麼呢？它是石油、天然氣和木材之路的輸出點。如果你按照類似的方法命名的話，那麼俄羅斯就是一個木材海岸、石油海岸、天然氣海岸，或者是木材之路、石油之路、天然氣之路。今天的中國則是一個廉價勞動力之路。如果按照十六、十七世紀的殖民主義那種不講情面的方法來講，那麼今天的奴隸海岸就不在西非的迦納，而是在東亞的珠江三角洲或者長江三角洲了。

黃金海岸、象牙海岸的對面是什麼呢？就是三角貿易的歐洲。它們輸出的是什麼呢？它們輸出的不是像黃金或者象牙這樣可以用單獨一個名字來命名的原材料，而是例如最重要的軍火。軍火在歷史上的大多數時期，都是那個時代的高技術產品。非洲的各部落如饑似渴地蒐求歐洲的軍火，沿海的部落拿到這些軍火以後，就可以打敗內地的部落，打敗他

12 謙謙州：元帝國地方區劃，在今俄羅斯圖瓦共和國一帶，居民主要由葉尼塞吉爾吉斯人、蒙古人、畏兀兒人組成。

們的競爭對手，俘獲大量的奴隸，或者是買下大量的土特產，再運到歐洲去換藝術品、工業品或者其他東西。

唐人也是如此，作為絲綢之路的原材料輸出點，輸出了大量的粗鐵和生絲作為原料，運到布哈拉和撒馬爾罕去。在這裡，它的生絲被拆碎了，用伊朗傳來的織錦工藝重新織出成品，然後再重新賣到吐蕃或者長安。唐人的大臣一般穿的是波斯的織錦。這些織錦是由唐國自己出產的生絲，到海外轉了一圈回來，由原材料變成製成品以後，回到了長安。出口的是廉價勞動力和原材料，進口的是高技術產品。大量的鐵塊被運到布哈拉或者阿爾泰山，加上從印度進口的烏茲鋼[13]和源於敘利亞的其他原料以後，製成精緻的刀劍或者鐵箭頭，然後再賣回給唐國，唐國依靠這些「進口武器」才能跟突厥人對抗。

東北亞的黑貂之路也是這樣的。從渤海時期留下的記錄來看，渤海的輸出品一般是熏肉、各種珍貴動物的毛皮（例如熊皮貂皮之類）、松果釀成的酒、各種珍貴的可食用菌類，總之是以土特產為主。只有一樣例外，就是馬匹：在渤海國成立以前——至少是在五世紀之前，滿洲不以產馬著稱，馬匹是從內亞引進的。滿洲的馬種不如內亞的馬種，但是跟日本的馬種有非常密切的關係。所以，日本在五世紀以後由東南亞文化圈轉入東北亞文化圈，其原因很可能就是來自滿洲的內亞文化的輸出。日本馬跟滿洲馬有非常親密的關係，而歐洲馬有很多品種是從中亞和阿拉伯半島引進的。例如，英國人就曾經在詹姆斯一世時代專程到西班牙去引進阿拉伯馬的血統，以至於明治維新以後，日本人騎著小馬到歐洲去，遭到歐洲人嘲笑，同時日本人發現自己的馬跟歐洲人的高頭大馬完全沒辦法相提並論。於是他們下了苦功，定了一個三十年馬種計劃，要用歐洲大馬來取代日本小馬，終於在第一次世界大戰前夜實現了日本馬的血統替換。這些日本小馬最有可能來自滿洲，而滿洲馬的淵源就是布哈拉和撒馬爾罕。

滿洲人出口這些產品，從布哈拉進口的是什麼呢？跟唐人一樣，他們也進口織錦。最重要的是，他們要進口大量的鐵製品。鐵製品是內亞極其重要的輸出。在四、五世紀之間，龜茲這一帶出產的鐵器已經相當著名。鐵器在東亞取代青銅器，主要是匈奴人的功勞，但並不僅僅是匈奴人的功勞。在五世紀以後的內亞黃金時代，外伊朗又一次發生鐵器技術革命。這次技術革命的來源很可能不是在內亞海洋的東半部——就是那個瀑布式東向輸出的東半部，而是在西部，有可能是在東地中海，也有可能是在黑海沿岸的烏克蘭草原

13 烏茲鋼（Wootz Steel）：西元前六世紀出現於印度南部，適宜於製作武器，更是大馬士革鋼的原料之一。十八世紀後，烏茲鋼的生產技術失傳。

上。但是它影響到東亞，是通過阿爾泰山一帶的冶鐵基地。突厥人——不是廣義的、今天所謂的泛突厥主義的突厥人，而是狹義的突厥人，即在隋唐之際縱橫北亞的東突厥和西突厥汗國的突厥人，比如阿史那部落的藍突厥[14]——是依靠阿爾泰山的鐵器工業而崛起的。他們推翻了柔然人，就是憑著這些鐵器。但是這些鐵器技術很可能不是他們自己的發明，而是從黑海沿岸的斯基泰文化那裡傳來的。

滿洲在前渤海時期和渤海時期輸入的技術產品當中，以這種鐵器為大宗。與此同時，隋唐輸入的鐵器當中，也以這種鐵器為大宗，尤其是至關緊要的軍工業。我們要注意，唐人在軍工業方面也是輸出粗製鐵、然後輸入精製鋼的，這些精製鋼包括所謂的突厥式鐵箭頭。突厥式鐵箭頭大概就是拜占庭人為了遠交近攻，在聯合突厥人打擊薩珊波斯帝國的時期，在突厥引入的那種鐵箭頭。如果是這樣的話，這種鐵箭頭很可能是由黑海北岸的斯基泰人最先發明出來。無論如何，唐人為了抗拒突厥人的技術封鎖，同時為了在戰爭中取得勝利，為了得到這些鐵箭頭，是像漢武帝為了得到汗血馬一樣不計工本。但與此同時，滿洲各部，包括那些黑水的拓荒者集團，得到這些鐵箭頭卻是輕而易舉。

契丹和渤海的關係猶如國共對峙

從渤海人的角度來講，他們的主要競爭對手不是唐人，而是契丹人。契丹和渤海這兩個政治集團在中世滿洲的地位，有點像是國民黨和共產黨在近代東亞的地位一樣。他們的技術都是從內亞輸入的，而且相對於內亞這個瀑布式的輸出區，東北亞跟東亞都是邊緣地區，它們的輸入線都要通過大北方，就是今天的蒙古高原或者貝加爾湖一線。這條線在上古時期只有一些人數很少的處於石器時代的部落，不算重要；但是在中古時期，隨著人口的增加，漸漸變得重要起來了，也變成網路狀商路的途徑之地。這條交通線如果掌握在契丹人手裡面的話，那麼渤海必然要衰落；掌握在渤海人手裡面的話，契丹人就必然要衰落。所以渤海人跟契丹人咬得很緊，反過來也是這樣，是三國演義裡周瑜和諸葛亮的關係。但是雙方都不敢得罪突厥人或者突厥人的繼承者，因為突厥人正好卡在從布哈拉到滿洲這條至關緊要的商路上。

14 藍突厥（Kok Turks）：指最初從中亞遷到阿爾泰山、並建立突厥汗國的塞種人諸部落，他們構成突厥部落聯盟的統治核心。基於騰格里信仰，這些部落最為尊崇藍色，並以「藍（色）突厥」自稱。

可以說，突厥人站在史達林元帥的那個位置上，而渤海人和契丹人則站在國民黨和共產黨的地位上。蘇聯人如果像是它在伊拉克那樣決心扶植薩達姆，那麼毛澤東的共產黨就要像伊拉克共產黨一樣只有死路一條，鐵定會被蘇聯人出賣給海珊（Saddam Hossein），而被後者趕盡殺絕；反過來，如果蔣介石沒有伺候好史達林、而史達林決心要做掉蔣介石的話，那麼毛澤東就可以作威作福，國民黨絕對沒有好下場。中世時期的東北亞外交就是根據同樣的原則而展開的。契丹人和渤海人像國民黨和共產黨一樣，彼此對另一方的看法都是必欲除之而後快。

同時，渤海和契丹對於跟東北亞一樣同樣處於秩序窪地的唐國就不大在乎，可以在公開外交場合稍作逢迎，但是唐國手中並沒有什麼它們非常想要得到的技術。你封鎖我，我也不用害怕你。在明人關於〈李謫仙醉草嚇蠻書〉的記載當中，當唐玄宗接到了渤海國的來信之後，朝中大臣誰也看不懂，只好請李白來翻譯並回覆。而李白不是省油的燈，他就要求高力士為他脫靴，楊國忠為他磨墨，要不然這封回信，他就不肯起草。如果沒給渤海方面回信的話，渤海人就可能向唐人發動戰爭，而唐玄宗承擔不起後果。照這個故事的記載，長安宮廷接到的這封著名來信，上面寫的是一些誰也看不懂的文字。這種文字很可能是突厥文，因為渤海宮廷同時使用幾種語言，包括漢文、日文、渤海大字和突厥語，而突厥語則是當時的國際交涉標準語。

如果我們生活在當時的長安或者撒馬爾罕，偶然大街上碰到一批外國人，彼此都不懂對方的母語，那麼最有可能使所有人都聽懂的語言只有兩種，一是波斯語，二是突厥語。漢語，對不起，是根本行不通的——日語也是。渤海大字的話，在渤海以外沒有幾個人看得懂。日本人和新羅人可能懂，但是東北亞以外真的是沒人懂。出了自己的國境，在廣闊的外交場合裡面，就是波斯語和突厥語縱橫天下，像近現代以來英語和法語的地位一樣。如果你是一個有教養的紳士，除了你的本國語以外，這兩種語言多多少少你也要懂一點的，哪怕半通不通。這種狀態直到忽必烈和馬可波羅的時代仍然沒有根本性的改變。李白為什麼會懂這種文字呢？原因當然是因為，他自己可能就是外伊朗人或者突厥人，至少也是在中亞混了多年，因此當地的語言文字是懂的。

從鳥獸一樣的字跡看，他們用的很可能就是阿史那藍突厥貴族用的那種古突厥文，因為今天的蘇聯學者從葉尼塞河、鄂爾渾河一帶發現的古突厥碑文上面的古突厥字母，看上去確實像是唐代宮廷記錄的那樣，像是鳥獸的腳印。而渤海大字給考古學家留下的印象卻不是這樣。如果明人的傳說包含一些歷史的真實成分，那麼渤海人在境外活動的時候有可能不使用自己的民族文字，而是直截了當地選擇了宗主國突厥的文字。儘管鮮卑帝國的大使或者後來的中國人可以面不改色地說，唐國才是渤海的宗主國，但是當時的滿洲人認為，要嘛它自己是一個獨立國家，有自己的朝貢貿易體系；要嘛它就是突厥的附庸，而不是唐國的跟班。對東亞人，它沒什麼好害怕的；對突厥人，卻是實實在在的惹不起。

渤海與唐的登營之戰

渤海使者這一次對唐玄宗的外交勸諭，大概就是對應於七三二年渤海的海陸兩軍對唐國的戰爭——登州、營州之戰。這次戰爭，照舊唐書和新唐書的記載來說，實際上跟渤海獨立的天門嶺戰役[15]同樣重要。天門嶺戰役可以說相當於是滿洲版的「萊辛頓槍聲」。而登州和營州的戰爭，可以說就相當於是一八一五年傑克遜將軍的美英戰爭。努爾哈赤的七大恨誓師被很多滿粹分子認為是滿洲民族主義的真正起點，其實對於滿洲歷史而言，這已經跟潘興將軍[16]組織本土軍隊參與歐洲戰事沒有什麼區別了。這時候的滿洲其實已經根深蒂固，根本不存在後來很多滿粹分子渲染出來的那種好像薩爾滸一仗不打、滿洲就注定要滅亡的悲情。這次戰爭的起點是，唐玄宗作為一個帝國主義者，企圖瓦解渤海在東北亞的霸權，所以他越過渤海，深入到渤海的背後，向松花江外的黑水各部落派出使團，要求他們背叛渤海人。這種做法就相當於蒙古皇帝忽必烈越過京都的朝廷和鎌倉的幕府，跑到坂東武士那裡去，比如說跑到產生出源義經和他的武士集團的奧羽國去，要求那些蝦夷人血統很重的奧羽人在源義經的率領之下推翻源賴朝和京都的朝廷，配合忽必烈征服日本的戰略。

當然，源義經實際上沒有做這件事情，但是他在奧羽邊境上集結起來的關東武士確實是日本國最精銳的力量，他們代表了拓荒者的集團。他們給京都公卿留下的印象，差不多像是十九世紀美國西部荒野的快槍手到了倫敦那樣——英國的貴族驚訝地發現，儘管他們自己也精通馬術，但是居然比不上這些從小就在馬背上長大，能在飛馳的馬背上百步穿楊的美國牛仔。京都朝廷所集結的平家武士在跟北陸和東國武士作戰的時候，也有類似英國貴族面對美國牛仔的感覺。渤海和高麗都是二元體制，在二元體制當中，他們戰鬥力最強

15 六九八年，武則天部下、契丹族將領李楷固帶兵攻打大祚榮，於天門嶺一帶被後者擊敗，大祚榮其後即建立震國（之後改名渤海）。

16 約翰・潘興（John J. Pershing, 1860-1948），美國軍事家、陸軍特級上將（General of the Armies）。他於第一次世界大戰後期（19177-1918）任美國遠征軍總司令，見證協約國陣營的勝利，更是眾多二戰時期的美國名將例如喬治・馬歇爾、德懷特・艾森豪、奧馬爾・布雷德利、喬治・巴頓和道格拉斯・麥克阿瑟等人的導師。

的兵團就是黑水部落的人，而唐人在高句麗戰爭中最害怕的就是這些黑水兵。

所以不難理解，渤海國宮廷對唐人在他們背後插一刀極為痛恨，因此他們下定決心要進行報復。報復的做法就是派出陸海軍，從登州和營州這兩路，進攻東北亞原先的核心地帶——燕國和齊國。如果是在上古時代，這樣的進攻是不可想像的，因為那時候的東北亞，滿洲、韓國和日本都好像是十六世紀的美洲大陸一樣，只有些野蠻部落，在高級政治上面算不上數。但是現在他們已經強大到了這個地步，就像是傑克遜將軍時代的美國人已經強大到完全可以跟英國人和法國人打一仗的地步了。儘管他們還沒有像第一次世界大戰以後的美國，對歐洲取得壓倒性的實力優勢，以至於老歐洲都必須反過來有事求他們，但是美洲已經可以跟歐洲平起平坐了。渤海時期的滿洲，就發生了相當於傑克遜時代的美國一樣的轉變。以前的東北亞是以燕齊為中心的，以後的東北亞就要以滿洲和日本為中心。舊世界行將衰退，新邊疆正在崛起之中。

這次戰爭的結果是不利於唐人的，唐人不得不放棄了對黑水部落的外交經營。之後的黑水部落使臣，都是作為渤海使臣團的一部分而出使長安，而在這以後長達幾十年甚至一百多年的時間內，黑水部落更加是再也沒有在長安出現。這些現象說明，這些部落當中的很大一部分像是鐮倉幕府時代的坂東武士和蝦夷部落一樣，漸漸被納入了渤海宮廷的控制之下，渤海宮廷的力量有很大一部分來自於他們。但是另一方面，由於渤海宮廷和律令制國家的存在，他們產生出來的財富和資源將會用在渤海的宮廷外交和宮廷政治上，而渤海的宮廷政治家，毋庸置疑，他們的注意力在南方，對於背後廣闊的滿洲新大陸並不重視。

可以說，如果京都的朝廷占了上風的話，那麼日本的外交政策也會向著朝鮮半島和亞洲大陸，後來的日本就不會出現了。後來的日本之所以會出現，就是因為京都的朝廷鬥不過關東的武士。關東的武士面向東方和北方的新大陸，把日本引向了發展自發秩序的方向上去。而在滿洲，上一次出現類似的危險是在高句麗時期。隋唐對高句麗的征服實際上解放了北方新大陸的自由秩序，因此才會有現在的渤海，正如把北美從英法帝國主義的控制下解放出來才會有今天的美國一樣。但是渤海的律令制國家興起以後，同樣的危險再次出現。幸虧契丹人摧毀了渤海的帝國、女真人又摧毀了契丹的帝國，才相繼使松花江外的拓荒者集團得以解放。我們如果只相信書面文字的記錄，就會以為宮廷文化就是一切，京都的朝廷衰敗了，我們就會說日本文化衰敗了，龍泉府的朝廷衰敗了，就會說是滿洲文化衰敗了，但是實際上恰好相反。考古學，特別是俄國學者的考古成果非常明確地證明，京都文化和龍泉文化都是消費性的，滿洲的大發展是在宮廷解散和瓦解之後，而不是之前。

中古滿洲的龍原—日本道

蘇聯學者發現的考古遺址顯示，在渤海人統治的時候，圖們江口，今天烏蘇里江東岸、興凱湖南岸、大彼得灣的克拉斯基諾[17]，就是渤海國的鹽州，屬於當時的「龍原—日本道」的樞紐。之所以叫做「日本道」，是因為這裡是從內亞通向日本的黑貂之路由陸路變成海路的中轉站。我們要注意，後來滿洲國在一九三〇年代開闢的圖們江航道，就是從新京，把滿洲國的貨物沿著圖們江運到日本海，然後直接運到日本，而不用額外耗費時間南下經由大連和渤海、黃海一線，這條航道其實並不是二十世紀才開拓的，而是在渤海國時代就已經存在了。鹽州就是這樣一個港口。從鹽州出海的渤海船隊一直開到佐渡島、加賀港和太宰府，然後交換日本的貨物。日本的馬和渤海樂很可能就是通過這條路進入日本的。很多證據證明，在鎌倉時代以後才慢慢發展出來的日本冶鐵技術，包括著名的日本刀，在這個時候還處在雛形狀態，它們的原型也是通過渤海轉手的內亞刀劍。

這裡有一個有趣的故事：一九一三年，在俄羅斯和中華民國的邊界線上曾經出土過渤海人的古墓，裡面發現一些刀劍。俄羅斯的考古學家把這些刀劍剛剛拿出來的時候，路過的日本軍官看到以後，一口咬定這個刀肯定是日本刀。因為從式樣看，全世界其他地方沒有這樣的刀。但是年代測量的結果顯示，這些刀是渤海國統治鹽州的時代打造的。在這個時代，日本刀尚未產生，是在之後的鎌倉時代才出現的。所以唯一合理的推論就是：東北亞文化其實是一體的，彼此之間互相影響，它比二十世紀南滿鐵路和大連港歸於日本、日本建立滿洲國以後對滿洲的秩序輸入要早得多。

實際上，在中世時期，秩序流動的方向正好是相反的。這時，西方地中海和黑海的文化和技術沿著內亞之路，就是蘇聯人所謂的黑貂之路，通過滿洲和北海，輸入到日本。二十世紀日本在滿洲的經營，實際上是日本對自己東北亞鄉親的一種反哺。二十世紀的秩序輸入，西方——這時的西方已經不是在地中海，而是大西洋——通過美國和英國，向日本輸出秩序，然後日本再反過來反哺滿洲和東北亞。近世時期的東北亞和中古時期的東北亞差異在哪裡呢？主要就是在海路取代陸路。陸路占優勢的時代，也就是說依靠馬匹和馬車運輸的時代，秩序是從撒馬爾罕、到龍泉府、到鹽州、再到日本的。在海路壓倒陸路的時代，秩序就是從倫敦和紐約到橫濱和東京，然後再從東京到大連或者新京的。中古時代的滿洲實際上是東北亞的中心，正如近現代的日本是東北亞的中心。但是，就東北亞的整

17 克拉斯基諾（Kraskino）：位於今海參崴西南部，俄羅斯與北韓邊境附近。

體來說，滿洲和日本都是東北亞的新邊疆，燕國和齊國才是東北亞的舊世界。

雙子城——內亞商人在滿洲的租界

在發現的渤海國時代遺址當中，蘇聯學者發現了更加有趣的現象：這些地方實際上已經存在著大批撒馬爾罕人或者其他內亞商人的居留地。我們要注意，內亞人在東北亞和東亞都有大量的租界。例如，李淵和李世民父子起兵反隋的時候，他們經過了一個叫做賈胡堡的地方，賈胡堡，按字面意思就是做買賣的洋人的居留地。關於租界這個詞，例如，漢口英租界就是英國人的居留地。翻譯成租界還是居留地，那不重要，都是一個意思。所以賈胡堡是什麼？就是外伊朗商人在隋國境內的居留地。這樣的居留地從晉國一直到隴右，是連綿不絕的。李軌周圍的安家那些商人，可以說是伊朗在河西走廊的租界頭目，他們配合李淵的長安政權推翻了李軌[18]的西涼政權，給唐國送上了建國第一份賀禮。而他們的後裔，在安祿山占據燕國造反的時候，也給唐人提供了決定性的幫助。他們的後代被唐人賜姓李以後，就是李抱玉[19]這個家族，世世代代為長安朝廷效力。沒有他們的話，也許安祿山已經勝利了。這樣的租界，我們從北齊和北周的對峙態勢就可以看得出來——北周之所以最後能夠戰勝北齊，很大程度上就是因為這些租界比較多。

其實這些租界很可能早在先秦時期就已經存在了，因為現在有很多記錄顯示，商鞅在秦國實行的編戶齊民制度似乎跟後來朱元璋和毛澤東實行的戶籍制度一樣，是只針對秦人，而不針對這些外國人的租界的。如果不是這樣的話，那麼兵馬俑就沒有人造，而秦國的武器裝備也就沒有人製造了。秦國實行的是雙重體制：自己人被商鞅的編戶齊民管得死死的，沒有戶口本和身分證，連商鞅本人都是哪兒也去不了；而這些租界的外國商團領袖卻是什麼地方都可以去的，他們甚至可以不經過秦國的官方體系就跑到秦國之外，甚至跟秦國的主要敵國魏國展開外交。魏國君主把這些事情解釋為朝貢，但是這些人恐怕不是去朝貢的。如果是朝貢的話，那他們就是魏國的附庸。很難想像，他們如果是魏國的臣子的話，在秦國把魏國打得滿地找牙的時候，他們為什麼不出來幫一幫魏國。所以他們很可能是打著朝貢的名義去貿易的。而秦人容忍他們存在，大概是因為他們有秦國編戶齊民不具備的高超技術。沒有這些技術，秦人就不可能戰勝趙國和魏國。

18 李軌於六一七年占據涼州，自稱「河西大涼王」，又在翌年稱「涼帝」。六一九年，唐高祖李淵派安興貴出使，要求李軌投降，李軌不從，安興貴便聯同弟弟安脩仁（時為李軌部下）發動兵變，最終李軌一家被捉往長安城，全遭斬首。

19 李抱玉，本名安重璋，曾在李光弼麾下效力，協助擊敗安史聯軍，其後又擔任鳳翔（位於今中國陝西省西部）節度使。

儘管渤海的宮廷文化沒有留下這方面的記錄，但是蘇聯學者卻發現，渤海境內遍布了這樣的租界。烏蘇里江東岸、大彼得灣一帶的城鎮往往是雙子城式的。所謂雙子城就是，一個滿洲人的城市，配一個伊朗人的城市。而伊朗人城市的技術水準明顯高於滿洲人的城市。滿洲這時候的技術水準，跟後來渤海解體以後的水準沒法相比。也就是說，在渤海建國的這段時間內，技術進步是比較緩慢的。最先進的技術掌握在伊朗人手裡面，尤其是作為中古技術之王的鐵器冶煉技術以及紡織技術——這兩個當時的主要軍用工業和民用工業，主要集中在租界裡面。這個格局非常像是近代的上海，有一個英國人主持的上海公共租界或者上海自由市，而旁邊也有一個清國官僚所主持的上海縣。上海縣有一個上海縣道台，上海自由市則是由歐洲式的議會統治的。這兩個部分的差異，簡直是雲泥之別。一般人對上海的印象，十里洋場，那是英國人的上海。清國的上海雖然因為沾了洋大人的光，在清國各城市裡面算最先進的，但是在英國人眼裡面看還是一座屎尿橫流的中古城鎮。滿洲人的城市放在內亞人的城市旁邊，在渤海時期，給人的印象也是這樣的。

這時，他們的技術發展到剛好可以製作鐵甲、產生重甲騎兵、但是還產生不出鎖子甲的那個地步。他們這時候製造出來的鐵甲是幾塊鐵片拼成的鐵甲，而不是像後來金兀朮時代那種綿密的鎖子甲，技術還沒有發展到那一步。同時，鐵箭頭的形狀也要少得多。而且有幾種鐵箭頭，特別是那幾種梯形的鐵箭頭，具有穿甲功能的鐵箭頭，很明顯是從突厥進口的，本地的工匠還製造不出來。但是渤海國解體以後的一百多年內，松花江以東、圖們江下游和烏蘇里江以東這些被漢字史學家貶稱為蠻夷的黑水部落或者生女真部落當中，技術有了突飛猛進，進步的速度比渤海國所在的二百年要大得多。因為渤海國解體以後，契丹人強迫渤海人南遷到遼東，實際上契丹人就像是唐人攻滅高句麗以後只把高句麗屬於律令制國家的那一部分拿下了，屬於封建制部落的那一部分都等於是解放了。契丹人滅渤海國的結果也是，把渤海屬於宮廷文化和律令制國家、編戶齊民那一部分拿下來，遷到遼東，變成契丹人的東丹國；而原先半封建、自治的那些藩國這一下反倒解放了，不再受渤海的貿易體制的束縛了。

例如我剛才提到的龍原—日本道，龍原—日本道的用途是什麼？黑水各部落到加賀、太宰府等地開展貿易是早已有之的。司馬遼太郎有一部小說，叫做《韃靼疾風錄》。它裡面提到，日本有一個小武士在度島認識了一位元度島小姐，是滿洲的一位貴族女子，小武士跟她結了婚，到努爾哈赤和皇太極時代的滿洲旅遊了一陣子，然後在滿洲即將滅明的時候又回到了日本。這是根據真實歷史寫的，但是這種事其實也不是在明清之交才開始的，它的淵源比這要早得多。早在渤海以前的時代，這樣的度島小姐已經很多了，也就是說，女真的祖先黑水部落的商人和領主已經經常在其他無數個「度島」定居了。度島是日本通向亞洲大陸的一個門戶，朝鮮的商人、滿洲的商人和明國的商人經常來，所以司馬遼太郎才會這麼寫，但是在隋唐以前，其實滿洲的商人、亞洲大陸的商人以及朝鮮半島的商人也已經經常來類似的地方了。度島小姐的故事不是只發生過一次，而是在長達幾百年的時間內發生過無數次。

渤海人的貢獻是什麼呢？他們想要黑水部落的錢，於是就把黑水部落通向日本的商隊組織起來，由渤海宮廷派代表去監督他們，從中抽了很大一筆頭寸，也就是說你現在必須把利潤的很大一部分交給渤海宮廷。對於商人來說，這是一項大損失。這些商人代表的是黑水部落的各個集團。日本人注意到，這些商人經常不服從渤海國派來的正使的領導。因為在首領制國家當中，首領或酋長像是坂東武士集團一樣，對天皇只有名義上的效忠，交一筆錢給你就可以了，剩下的事情是我自己管理的，所以渤海國的正使在日本經常管不住這些首領。因此日本人的史官就認為奇怪，不知道該不該把這些人算成是渤海國系統的一部分。有的時候他們說這些人是渤海人，有的時候又說他們是黑水人。其實如果在同一個時期你到日本去的話，你也會認為奇怪，源賴朝時代的這些關東武士到底算不算是日本人的一部分。鎌倉幕府本身，北條政子他們，對京都的朝廷是畢恭畢敬的；但他們手下那些武士，無論對於朝廷還是幕府，都不是亦步亦趨的，動不動就會翻臉甚至造反。黑水部落和渤海宮廷的關係也是如此。

靖康之變前的內亞與東北亞

渤海的宮廷被契丹人摧毀以後，度島小姐和她的父親——也就是松花江畔、圖們江畔的滿洲領主一下子獲得解放了。而這件事的效果就像是鎌倉幕府建立以後的坂東武士和土豪商人之間的聯盟一樣，滿洲人的技術水準有了突飛猛進。當然，在這個過程當中，內亞方面的輸入也起了一定的作用。其中，葉尼塞吉爾吉斯人[20]對於回鶻人的襲擊也起了作用。葉尼塞吉爾吉斯人自稱是李陵的後代，而無論他們究竟是誰的後人，反正他們把回鶻汗國給打垮了。在這次活動當中，大批的回鶻人和他們的盟友波斯商人逃到了松花江外的滿洲各部族當中。在這一時期，他們的居民點有了爆發性增長。然後，渤海國就解體了。外來秩序的輸入和中央集權的瓦解，從兩個方向極大地促使了生女真部落技術的進步。

20 葉尼塞吉爾吉斯人，葉尼塞河上游的最早期居民。起初臣服於匈奴，後來又先後被突厥、薛延陀、唐與回紇統治。

後來靖康之變體現出來的滿洲技術，實際上是之前的三百年間長期醞釀的結果，正如鴉片戰爭所體現的英國技術，實際上是從文藝復興的義大利城邦以來的積累，並不是平地一聲雷，突然就出現的。

而吉爾吉斯人自稱是李陵的後代，其實這裡面也有很多值得玩味的地方。我們剛才已經提過，商鞅變法時期的秦國實際上是有很多租界的，這些租界有很多到漢武帝時代還存在。例如像外交大臣公孫賀，其實就是租界的代表，他主管漢國外交或者蜀國事務，差不多就像是蒲安臣[21]在總理各國事務衙門主持清國的外交事務一樣，清國既然不可能在辦理外交的時候依靠蘇州士大夫，那麼就只有依靠美國人了。楚才晉用一下，然後這個客卿還管用——漢武帝任用公孫賀這個異族也是如此。

我們不要看「公孫賀」[22]這名字是三個漢字，你就說他是漢族。這句話的意思就等於說李世民是漢族、史思明是漢族、鮑羅廷是漢族、龍雲也是漢族。如果將來二十世紀的歷史失傳了，肯定會有一些所謂的歷史學家說，龍雲他們家其實是江西龍家的後人，是帶著先進的漢文化遷到雲南以後，才做了當地的領導人的。但是因為我們現在還能夠看到二十世紀的史料，我們知道龍雲其實是姓納吉的，他的血統是西北印度的血統。有朝一日失傳以後，大家也可能會以為史思明和李世民都是漢人了。公孫賀這個名字當然也只是看上去像漢人的名字，只不過他原先的波斯名後來失傳了。而隴西李氏，很有可能也是一樣的情況。

正如明國初期的軍官絕大多數都是蒙古人和其他內亞部落的人一樣，秦漢帝國的軍事、外交和財政官員也有很多是外伊朗人。實際上，無論東亞帝國的皇帝本人是不是東亞人，它的外交官、軍官和財政官一般都是伊朗人或者外伊朗人。這是個鐵一般的定理。即使是在宋明這樣所謂的本土性的朝代當中，真正本土的一部分也僅僅是皇帝本人還有他身邊的那些文學侍從和史官是東亞人，但是真正涉及憲制要害的部門——財政、軍事、外交這三個部門，從來都是由外國人、也就是內亞人主持的。儘管他們可能和明朝的李賢和猛如虎[23]那樣取了漢名，然後又像龍雲那樣也被後人認為一定是漢族，但是查找他們的真正出身的話，他們都是蒙古帝國留下來的內亞人。

21 蒲安臣（Anson Burlingame，1820-1870）：美國著名律師、政治家和外交家、美國共和黨創始人之一，也是美國對華合作政策的代表人物。蒲安臣在其美國駐華公使的任期結束後，受清國委託，返美擔任第一任清國駐美大使，其能力與品格深受兩國信任。

22 公孫賀，漢武帝劉徹時代的大臣，祖先為匈奴人。前一〇三年至前九二年任漢丞相，後死於「巫蠱之禍」。

23 李賢：韃靼人，活躍於元末明初，一三八八年降明，先後供職於明太祖朱元璋、明成祖朱棣、明仁宗朱高熾。猛如虎，明末塞北人，多有戰功，一六四〇年受明廷命，率軍追擊張獻忠，惟遭後者擊敗，更被圍困於南陽城，翌年戰死。

李陵家族也可能是這樣的。因為他們到了匈奴以後，被匈奴單于派到了吉爾吉斯部落去，然後就住在那裡、跟當地土著聯姻，後來的吉爾吉斯人也才會說他們是李陵的後代。結婚這件事情是不能隨便的——基於當時的情況，兩個人如果不是同族的話，很難成親而且過得了日子。所以，以弓馬嫻熟著稱的李家很可能就是定居在漢國境內的斯基泰文化載體，他們自身就屬於某一個內亞部落。「李廣」和「李陵」很可能像是「鮑羅廷」和「史思明」一樣，只是他們的漢名。

所以這也可以解釋，漢武帝之所以那樣子不信任和欺負他們。這就跟後來宋國皇帝和潘仁美對楊家將的各種歧視和迫害一樣，為什麼？因為你們楊家將出身於沙陀人的系統，是中途投降過來的，我們漢人怎麼能夠信任你呢？共產黨有可能信任從國民黨叛變過來的將領嗎？道理是相通的。所以，遭受漢武帝的迫害以後，他們徹底死了心，在李陵這一代投靠了匈奴人，而他的子孫就融入吉爾吉斯人的後裔當中了。這就反過來說明，他們很可能是出於關隴集團當中深受斯基泰文化影響、甚至自己就是吉爾吉斯人祖先的某個分支的一部分，他們到了吉爾吉斯部落，只是回到自己的表兄弟和表兄妹當中。

無論如何，吉爾吉斯人和回鶻人的戰爭所造成的其中一個後果，就是大批攜帶內亞先進技術的回鶻人和波斯人在滿洲定居下來。然後在渤海國的解體當中，原先的雙層體系漸漸融合了。八世紀左右，烏蘇里江和大彼得灣沿岸的遺址一般是雙子城類型，一個內亞人的租界，旁邊就有一個滿洲土族城市。但是到十世紀和十一世紀，也就是女真人崛起的前期，這種現象就消失了。顯然，這兩種居民已經融合在一起了。而在這兩者之間的時間段內，滿洲技術出現了戲劇性的突飛猛進，一個明顯例子就是所謂的「靖康恥」。

滿洲的技術進步源於內亞推動

在這裡有必要描述一下，在靖康前夜，滿洲的技術已經達到了什麼樣的水平。首先，滿洲人自古以來就是有很大的房子和石頭城鎮的，但是在渤海時代，他們的城牆還是單層的。在女真入侵也就是金兀朮時代之前，他們已經有夾心餅（不同材質的牆壁貼合）式而且帶斜坡的城防工事了。這些城防工事的意義是什麼呢？它們是伴隨著進攻性武器的發展而產生出來的。原來單層的城牆無論多麼厚，它們禁不住攻城機的攻擊。原始的攻城機產生於巴比倫。《聖經》裡面俘虜了但以理和猶太人的那些巴比倫王，他們是怎樣攻擊耶路撒冷的呢？他們用攻城機拋出的無數火箭，把耶路撒冷城厚達幾十米的石頭城牆燒到上千度的高溫，又用砍下的橄欖樹和死海附近的石油做成攻城的火炬，將無數火箭投射到城牆上面，把石頭燒熱以後，燒得城牆炸裂開來。原先堅不可摧的石牆，像《聖經》裡被約書亞用號角吹倒的耶利哥城牆一樣，就這樣碎成了一片一片。今天的考古學家在當年的戰場遺址裡面發現了一大片一大片被砍伐的橄欖林和無數被燒焦的橄欖核，還有無數石牆的殘骸。另外，單層的城牆也禁不住另外一種投石機的攻擊。投石機也是在外伊朗產生的。後來蒙古人所用的回回大炮，是這種投石機的一個表兄弟。

靖康以前的滿洲人，已經有了單層城牆的改良版本。無數的投石機可以把直的城牆打垮，但是如果城牆是彎彎曲曲的，同時是多層的，而兩層石牆中間夾著一層土牆，然後石牆的內外兩層還有硬土堆成的斜坡，同時石牆上有多個圓弧形和六角形的突出，那麼上述的兩種攻城戰術就沒有辦法把牆立刻打倒。即使石牆燒裂了以後，因為有兩邊土牆的扶持和斜坡的支撐，它只是有裂紋，不會直接倒下來。攻城一方無法立刻殺進城裡面，然後守城一方可以在傍晚再把這些有裂紋的石牆用水泥或者其他東西再重新填補起來。這就是新型城防工事產生的內在邏輯。類似的城防工事在十世紀左右開始出現在烏蘇里江沿岸，與此對應的就是剛才提到的兩種西亞和內亞的攻城機器——投石機和攻城機的發明。

與此同時，滿洲遺址出土的鐵箭頭也已經由三、四種增加到二十五種，其中包括至少四種穿甲箭。穿甲箭的產生，也是從反面證明了防禦技術的進步。也就是說，如果滿洲人還不具備生產鎖子甲的技術的話，那麼那些梯形的、羽狀的和菱形狀的穿甲箭是沒有用處的。這每一種穿甲箭，像現代軍隊使用的每一種穿甲彈，都反映出T－34式坦克或者後來的某種坦克的裝甲。裝甲進步了，原先的穿甲彈就打不動，所以就必須有新的穿甲彈。穿甲箭和鐵甲的關係也是一樣的。沒有新型的多層鐵甲和鎖子甲，棉布、皮革和鐵片構成的複合性鐵甲，那麼這些不同類型的穿甲箭也就沒有誕生的必要。它們就是為了對付不同類型的鐵甲而產生的。

這些東西都是通過突厥人輸入的內亞文化的產物，跟吐屯這個原先產生於伊朗分水官的職位和金兀朮之前的女真人的政治和技術結構變化都有深刻的關係。在這個變化的過程當中，恰好是宋人退出內亞路線、從劉淵[24]、石勒[25]到唐太宗這個時期伊朗殖民者輸入的技術開始瓦房店化[26]的時代。經過了這三百年的變化，原先同樣是屬於內亞技術輸入的下

24 劉淵，匈奴人，冒頓單于後裔，西晉爆發「八王之亂」時，他率部眾自立為王。

25 石勒，羯族人，曾在劉淵麾下效力，其後自立門戶。他原本沒有漢名，「石勒」乃是由一同與他起兵反晉的牧人汲桑所取。

26 瓦房店，位於遼寧省，軸承工業發達，被稱為「軸承之鄉」。作者常以「瓦房店化」比喻東亞帝國（尤指中華人民共和國）技術衰退的過程。

游、基本上在同一水準的東亞和東北亞，以後就分出上下了。從此以後，東北亞相對於東亞，取得了後者無法逾越的技術優勢。

三、東北亞、東亞和內亞的三角鬥爭

從「吐屯」看突厥在契丹—渤海之爭中的角色

東北亞在五世紀以前也是技術落後區，那時的先進區只有內亞；但是到了十至十二世紀，東北亞的技術水準，包括冶鐵技術、武器技術和造船技術，已經明顯領先於同時期的東亞。這就是後來靖康之變的技術基礎。它像是鴉片戰爭一樣，事先是有長達三百年的醞釀的。這段轉型時期，基本上就跟渤海從興起到衰亡的時期相重合。主要的因素在兩方面：一方面是滿洲北部的社會組織和政治組織方式，另一方面則是來自內亞的技術輸入者。

內亞的技術輸入者在中古時代經常籠統地被稱之為突厥，但是這個說法當然是不對的。突厥本身不是一個種族概念。跟以前的匈奴人一樣，它是一個貴族階級的名稱，或者不如說是一個統治的貴族王朝的名稱。由於它經常充當統治者，因此被它統治或者說是想要攀附它的其他部族往往就把「突厥」這個名詞加在自己身上。也因為它自己的語言一度相當強勢，也有很多外國人覺得這種語言可以作為通用語來經常使用，結果使得突厥語言的使用者也連帶著自稱或者被稱為突厥人了。嚴格和原始意義上的突厥人，為了把自己跟這些亂七八糟、他們覺得不能算正宗同胞的人區分開來，往往把自己稱之為藍突厥人。藍突厥人就像是英國的蘭開斯特王朝或者約克王朝一樣，是一個很小的貴族集團。突厥鼎盛時期的內亞，種族結構其實跟匈奴時代差別不是很遠。阿爾泰山以西基本上是白種人的天下，阿爾泰山以東是蒙古人種和雅利安人種交錯縱橫的狀態。藍突厥人似乎主要由雅利安人組成，就算不是全體人都屬於雅利安；但他們在東部也有很多屬民是以蒙古血統為主的集團。

從東亞和東北亞留下的記錄來看，突厥人向他們的盟友或者附庸國派遣一種叫「吐屯」（Tudun）或者「吐屯發」的官員。漢語世界經常把這個角色譯成欽差大臣或者監察御史之類，而且認為它是屬於突厥人的具有上國監督下國性質的官員。但是西部世界，就是俄國人和法國人所謂的前亞，也就是說包括今天所謂的西亞和內亞大部分的這個亞洲，這個詞另外有一個來源，而且它的來源不是突厥語，而是伊朗語。在這裡，吐屯這個詞不是指的一個官員，而指的是民間自治組織的一個類似英國太平紳士的角色，他的主要任務是分配水源。他跟遊牧生活方式沒有關係，而是比如說一個小的共同體自己選舉出來處理自己內部糾紛的一個比較德高望重的長老。它產生的最初時間不可考，但是反正比歷史上最早的突厥人都還要早得多。從內亞西部和東部的相互關係的角度來看，可以認為，後來的突厥人運用這個官銜實際上是從更加古老的伊朗世界借用的，而且改變了它的含義。很可能是，突厥人在自己的自治部落裡面為了顯擺或者其他什麼原因，把自己的部落長老用伊朗人的「太平紳士」[1]頭銜來稱呼，然後由於突厥人強勢，有了很多依附者，他們自己的長老在跑到外國去或者跑到附庸國去的時候又把這個稱號沿用下來。而那些附庸國從自己的角度來考慮問題，覺得這些人是欽差大臣，他們就覺得吐屯這個詞原始的意義也就是欽差大臣。其實吐屯原來的意思應該就是長老。

而吐屯在伊朗世界最主要的職能就是分配水源。這個職位大概跟西漢陳平在鄉里面給長老分肉的那個角色差不多。陳平家鄉的長老認為他將來可以做大官，因為他分肉分得公平。同一個鄉，各家各戶都是抬頭不見低頭見的熟人，所以公共祭祀活動不僅是他們重要的社交活動，大概也是處理地方事務的一個現成的機制。從處理祭祀問題上就可以看出，哪些人比較擅長當領導，辦事公正，能夠使別人畏服，哪些人或者是沒有辦事能力或者是處事不公，不但不能使人心服口服，反而會在鄉里引起糾紛。所以，陳平因為擅長幹這種事情，很年輕的時候就被他的鄉親父老們認為這孩子將來一定會有出息。而在西亞，從蘇美爾人開始拓墾低地的時候開始，灌溉系統應該就是財富的主要來源。在很多地方，特別是由沼澤地開墾出來的良田，給某一家田地分水分得比較多，那他就能夠豐產，分水分得少，他就不能夠豐產，所以水是財富的主要來源，分水這件事情大概就是鄉里最重要的政治事務了。我們可以設想，在這些政治共同體比較健全的時候，也就是說他們還像近代的英美鄉鎮一樣基本上是自治的時候，自然的，本鄉長老的主要業務就是分水。本鄉的人就有能力判斷誰是比較公正的、德高望重的人，讓他來做這個分水官比較合適。他們能夠控制自己的命運，就體現在於他們能夠選舉自己的吐屯。然後等到政治秩序衰退的時候，這個詞就可能不再指的是自治性質的長老，而可能就變成強勢政治人物派來的官員了。事情發展到這一步，隨著原始含義的消失，原有的政治自由也就趨向於衰落了。

分水這個職務在內亞的東部相對而言就變得不太重要了，但是類似的仲裁官的地位仍然是相當重要的。渤海人引進鐵器技術和紡織技術的過程，跟它和契丹人之間爭奪突厥吐屯這個代表的過程是密不可分的。契丹人和渤海人實際上分別代表了滿洲的東部和西部，渤海人占據的是東部比較多石多山的部分，契丹人是占據著西部西拉木倫河附近的那一部分，是接近山地的居民。從交通路線的角度來講，契丹人實際上處在更容易截斷渤海人內亞通道的狀態，所以它跟渤海人是始終不和的。但是渤海人通過跟突厥人的聯盟，或者更準確地說，是通過依附於突厥人，成功地壓倒了契丹人。如果沒有突厥人的介入、加上突厥人極其堅定的

---

1 太平紳士（Justice of the Peace，也作治安法官）：源於英國，由政府委任民間人士擔任維持社區安寧、防止非法刑罰及處理一些較簡單的法律事務的職銜。太平紳士較常見於適用英美法系或是曾實行英美法系的國家和地區。

反契丹傾向的話，那麼渤海人可能是鬥不過契丹人的，契丹滅渤海的事件可能會提前兩百年發生。從武則天和狄仁傑的角度考慮，當李唐軍隊或者武周軍隊被契丹人打敗的時候，他們就向突厥人求助，讓突厥人去攻打契丹人，一而再、再而三地使用這種戰術。從他們的角度來講，這是軟弱的吏治國家採取的以夷制夷的戰術。但是從突厥人的角度來看，打擊契丹實際上是打開黑貂之路、使東北亞變成突厥人領導的內亞聯盟的政治附庸的一個必要措施。如果契丹人以燕北和遼西為主要根據地，繼續隔斷西拉木倫河和松花江之間的通道的話，那麼渤海人和黑水人跟突厥人的交往就要面臨嚴重的障礙，而突厥的可汗、以及在可汗朝廷裡面扮演商業代理人角色的撒馬爾罕人和布哈拉人就沒法獲得東北亞的皮毛。

三角外交大多數情況下是以渤海人和突厥人聯合起來對付契丹人的形式進行的，渤海早期的盛世主要建立在這個基礎上。渤海境內的冶鐵工業的發達，多半就是隨著突厥吐屯進駐渤海而展開的。但是這並不意味著這些突厥吐屯本身是直接的技術人員，只是說，他們相當於是水面上的樹葉，他們向東漂移，就說明水流向東移動，說明內亞通道是敞開的，說明技術可以源源不絕地輸入。現有掌握的考古學資料說明，冶鐵技術主要的進步並不在渤海宮廷所在的幾座大城裡面，而是在渤海宮廷直接控制範圍的封建領主——黑水人的幾個聯盟所控制的東部和北部的那些小城鎮裡面。這就說明，與其說是渤海宮廷從突厥人那裡引進了新技術，不如說是渤海宮廷的外交政策打通了內亞通道，然後從內亞來的各種分散的商人和技術人員進入了渤海國的領地以後，各自為自己尋找出路，然後他們找到了對自己來說是最能發揮特長、又能得到最高待遇的地方。這些地方大多數不在於渤海王室控制的那幾座大城市，而在於圖們江、烏蘇里江和松花江流域的那些分散的封建領地。大量的雙子城就是在這一時期漸漸形成的。等到突厥人再度衰弱和契丹人再度崛起，可以說，渡來人集團和原住民集團的共生合作關係已經發展得相當完善了。

與「日本人引進朝鮮技術」做比較

這種完善跟東北亞原有的社會組織有一定的關係。同樣是技術輸入，比如說一個官僚國家來處理，它最容易採取的做法就是像後來的奧斯曼帝國政府那樣，把這些人攏納到皇家的海軍部或者其他什麼總督府去，集中使用，而不讓他們流入民間社會。而渤海時期的滿洲引進內亞技術的方式，跟同時期的日本引用朝鮮半島技術的方式是極其相似的。日本有很多姓氏集團，比如說秦這個姓氏，很明顯就是渡來人集團的標誌。但是今天秦氏的後裔顯然是純粹的日本人。他們在日本，在蘇我氏或者其他貴族的庇護之下，自己也變成了日本的豪門世家，加入了日本的封建體系。最後跟其他來源的封建領主一樣，變成了日本封建體系的有機組成部分。這裡面的關鍵就是在於，他們的關係要建立在自治和自由選擇的基礎上。

日本雖然在近代號稱是單一民族國家，但我們要明白，它的種族來源是多元的。史前時代的日本主要是東南亞人，五世紀以後增加了很多東北亞的成分。滿洲和日本東北部，加賀和太宰府一帶，尤其共享了很多人類基因。這個很明顯就是之前曾經提到過的從圖們江出海、從鹽州出發、越過日本海、到日本西北部和東北部的這條航線產生的結果。日本北部有很多火山玻璃製成的箭頭，就是孔子時代的人們曾經見過的所謂的肅慎箭頭。這些箭頭說明，當時的滿洲人還沒有掌握先進的冶鐵技術，以至於用這種在各種石料中間相對而言屬於最硬的東西來做箭頭。這種箭頭也正是日本先史時代北部和東北部獵人的重要特徵。很明顯，他們的技術和基因的交流都是非常頻繁而密切的。

至於近代的日本為什麼會被認為是一個單一民族，不是因為它的基因非常單一。如果某個居民集團的基因非常單一，那麼一般的原因就是，在不久以前發生過「大洪水」[2]，原有的人都死光了，然後新來的移民本來只有很小一撥，而基因的變異度不大，然後在相對很短的時間內擴散到全境。如果沒有發生過大屠殺，那麼基因的多樣性一般是很大的。

日本就是屬於後面這種狀態，它的基因多樣性是很大的。之所以說是單一民族，是因為它在政治和文化上的向心力和凝聚力很強。而這種強勁的向心力和凝聚力，恰好不是建立在專制國家和官僚機構之上的，因為專制國家和官僚機構維持凝聚力的方法當然就是壓迫，拆散各種能跟它對抗的社會組織，結果造成一種面和心不和、敢怒不敢言的局面。恰好相反，真正能夠形成凝聚力的是複雜多元的封建結構。封建結構是互補性的。比如說，秦氏從朝鮮半島來，帶來了朝鮮半島的某一種技術，我們假定這種技術是金屬冶煉技術，然後他們就專門幹這種事情去了，去賣他們的金屬產品。然後其他的紡織產品或者什麼產品，他們去找別的渡來人集團或者別的土族集團去買了。這樣，他們像在資本主義世界形成的商業配合一樣，自然而然形成了誰都離不開誰、拆散的關係對大家都不利、分工合作對大家都有利的狀態。

這種民間自己形成的、以高信用度為運作基礎的社會可以維持幾百年。也就是說，你生下來就知道你是要做打鐵的工匠的，而且還可以合理預期，你的孫子還繼續要做打鐵的工匠。這樣你就可以像是川端康成在《古都》裡面描繪的那些近視眼的匠人一樣，他們自

2 大洪水，作者術語，指秩序消耗殆盡後，人口因戰亂、屠殺等情況而大規模減少的情況。

古以來就是專門給和服設計圖案的。一門心思，像居禮先生（Pierre Curie）在過馬路的時候還在想科學上的道理、結果被馬車撞倒那樣，一天到晚恍恍惚惚，像天才科學家一樣，就去想那些服裝設計、色彩配伍之類的東西。同時也不擔心說他們會沒有生計，因為他們只要設計出來，就憑他們家是姓這個姓，他們設計出來的東西絕不會沒有老客戶要的。就是在這種絕對專心致志的狀態下，才有我們今天所謂的匠人精神。這種精神跟封建制度的穩定度是有不可分割的聯繫的。在這種狀態下，秦氏和其他渡來人集團毫無疑問會自認和被認為是純粹的日本人，而且他們自己的安全感使他們能夠長期投入技術研發當中。

封建嵌套性社會結構有利於社會進步

可以說，由內亞的各種技術輸入者所形成的渡來人集團，儘管他們走的是陸路而非海路，在滿洲社會融入的方式跟通過朝鮮半島或者通過滿洲進入日本的那些人的融入方式是非常相似的。這說明東北亞在史前時代和中古早期的社會結構有高度的一致性。這個高度的一致性也體現在其他方面，也就是京都朝廷和關東武士二元政治體制，同樣也是渤海人及其前身高句麗人和契丹人共同的特點。這種特徵就是，高檔的那一部分、京都文化所在的那一部分其實不是最重要的部分，真正的技術革新、真正的秩序擴散和生產是在關東武士——對於滿洲來說就是圖們江和松花江開拓者集團和渡來人集團形成的黑水聯盟那一邊，這一部分基本上不會受京都朝廷及其律令制國家的影響。律令制國家的負面影響是非常大的。當它的負面影響大到一定程度的時候，就會發生改朝換代，就體現於高句麗滅亡然後由渤海替代、渤海滅亡然後由契丹替代。每一次都把東部和北部的自由的拓荒者集團留了下來，使他們可以在融合中發展和培養他們的技術。

從八世紀到十世紀這二百多年到三百年時間內，滿洲從技術上的落後區一變為技術上的先進區。很顯然，儘管沒有文字記載，或者說正因為沒有文字記載，才說明這樣的封建嵌套性社會結構對技術進步是最有利的。中世紀歐洲的技術進步和中古以來日本的技術進步，都是在類似的社會結構之下展開的。在這種社會結構之下，因為沒有受到官僚系統的干擾，所以它也就沒有一個強大的知識分子傳統。沒有知識分子傳統，所以就缺乏書面記載。這一點恰好是他們的優勢。如果有了不斷地編寫官方史書的知識分子的話，那也就意味著寄生性的官僚集團非常強大，他們會為了自身的利益去破壞家族的自治權利。結果，小說《古都》裡面描寫的那些專心致志的工匠精神就會不復存在，代之以全社會瘋狂想要做官的那種科舉精神。科舉精神是急功近利和短視的，都想迅速做官，然後做官了就刮地皮，刮完地皮以後迅速離開，把一片廢墟的社會留給自己的繼任人，如此一來整個社會就不可能維持長達幾百年的長期投資了。

我們要弄清楚，近代資本主義是封建文化經過數百年長期投資和技術革新以後長期積累的產物。凡是實行了官僚制度的地方，長期投資都會變得不可能，因為你在掠奪性的官僚機構的壓迫之下，越是長線投資，越是容易受剝削。而短期行為，刮了地皮就走，反而能夠取得優勢。凡是建立了官僚帝國的地方，他們的資本主義都發展不起來。所以在這一點上不能有絲毫誤會：封建主義和官僚主義是兩種截然相反的統治形式。近代資本主義是封建主義的直接延伸，同時也是官僚主義的死敵。近代的社會主義才是官僚主義的繼承者。封建主義和官僚主義在古代的關係，就像資本主義和社會主義在近代的關係一樣，一個代表自由，一個代表受奴役，兩者是不能同時存在的，此消則彼長。

日本史書中的滿洲海盜

在渤海國如日中天的時候，內亞草原上發生了政變。這次政變發生在李德裕在唐國擔任首相的時代，就是葉尼塞吉爾吉斯人摧毀了回鶻人在蒙古草原上的政權，使大批的拜火教徒和伊朗技工四散奔逃，有很大一部分進入了滿洲和渤海境內。圖們江和松花江沿岸的雙子城在這一時期達到了最高峰，說明渡來人的數量在這一時期達到頂峰。然後，蒙古高原上的混戰使在回鶻時代由拜火教商人和敘利亞基督教徒建立起來的那些城市遭到了相當大的打擊。這次政變導致了滿洲西部的契丹人的崛起。契丹人之所以長期以來一直倒霉，就是因為東面的渤海人和西面的突厥人以及突厥人的繼承者回鶻人兩面夾擊、不斷打擊他們的緣故。現在他們最大的壓迫者垮台了，他們一下子就振作起來了。而他們振作起來的結果對渤海是極其不利的，因為他們在西邊，離內亞更近。可以說，他們把輸液管掌握在手裡面以後，第一件事情就是切斷內亞對渤海宮廷的輸入。

這樣做造成的結果是：渤海宮廷不斷向東、向北遷移，但是宮廷文化製造出來的那些軟弱的王公貴族又鬥不過黑水部落強悍的封建武士，因此在這兩面夾擊之下變得越來越弱小；而契丹人完全控制內亞輸液管以後，漸漸變得日益強大，在征服渤海以後，把渤海律令制國家那一半享有的資源完全遷徙到自己的東京城內，然後模仿渤海的五京制，建立起了自己的律令制國家。但是，渤海國內屬於黑水聯盟和屬於封建領主那一部分不但沒有受到打擊，反而獲得解放了。對於他們來說，這意味著經濟上的壓迫大大減少了。過去在鹽州貿易當中，他們要接受渤海人的監督官。雖然日本人很懷疑這些監督官到底能夠發揮多大的作用，因為這些監督官經常要被黑水人（也就是女真人的祖先）狠狠地打，但是毫無疑問，他們分成還是要分的。沒有這些人，圖們江航線就變得非常自由了，全部或者至少是更大份額的利潤都要歸這些黑水人的聯盟了。

與此同時，大致上在渤海人的律令制國家瓦解的同時，京都的律令制國家也走到了窮途末路，關東武士崛起。隨著我們都熟悉的源平大合戰，使京都公卿的權力縮小為陰影。在這個時候，日本的史書上出現了所謂的滿洲海盜浪潮。滿洲海盜浪潮說明什麼呢？因為這些記錄的記錄者顯然是京都的公卿，這就說明京都的朝廷和龍泉府的朝廷在衰落以後，以滿洲人為主體的那些海上商隊變得不受控制了，他們首先經營起走私貿易來了，然後在京都朝廷的官員企圖向他們要錢的時候，他們公然反對朝廷，而且還把朝廷的官員給打跑了，朝廷居然打不過他們。我們要注意，後來的倭寇是什麼？倭寇就是吳越走私商人和日本走私商人的聯盟。因為明國朝廷想要壓迫他們又壓迫不下去，所以就汙蔑他們是倭寇。

所有的相關考古學記錄都顯示，滿洲貿易比京都律令制國家產生的時間要早得多，在京都律令制國家不復存在以後仍然存在。也就是在京都律令制國家衰落的這個關口，突然冒出一撥滿洲海盜，那就說明什麼問題？以前沒有滿洲海盜，就是因為京都的朝廷和龍泉府的朝廷一樣，能夠壓得住這些滿洲貿易者，讓他們不敢走私，乖乖給朝廷交錢。以後的鐮倉幕府時代沒有海盜是什麼意思？不是說貿易消失了，而是說朝廷已經不復存在，貿易已經掌握在分散的商人和分散的武士集團手裡面，所以已經不存在走私貿易的問題了。因為大家都是走私貿易者，已經沒有一個可以鎮壓走私貿易的朝廷海關了。既然大家都是走私貿易者，所以也就誰都不會把誰叫做走私貿易者，因此大家也就用不著相互罵對方是海盜了。也就是說，它進入了一個封建體系之下的自由貿易時代，這個自由貿易時代導致坂東武士的財富和技術都突飛猛進。而所謂的女真海盜，正是從上京和京都兩朝廷的統治貿易時代轉型到坂東武士和黑水聯盟的自由貿易時代中間發生的事情。顯然，勝利者是海盜，也就是說，勝利者是走私商人。

也就是在這個時期，像沙伊金古城[3]這樣位於滿洲東部的市鎮有了最大限度的發展。他們在遼國的歷史記錄中完全沒有存在，說明遼人對他們的管制能力比起渤海人和高句麗人還要差得多。正是因為這樣，遼人的統治對於滿洲來說意味著進一步的解放。可以說，

3 沙伊金古城是俄羅斯濱海邊疆區的一座富含女真文化遺存的山地古城。作者本人另有一段相關評論：「沙伊金古城是女真帝國前夜的東滿軍事工業技術的體現，一百八十九片疊壓的鎧甲無疑就是金兀朮重甲騎兵的來源。李約瑟吹上天的河北河南煉焦爐，一百年總產品還不如蘇聯一九六九年在五千人的遺址發現的鐵器多。滿洲對宋的技術優勢，像蘇聯對蔣介石一樣明顯。韓世忠的部隊在金兵面前，基本上等於裸體作戰。」

遼人就像是鐮倉時代的朝廷一樣，以其衰敗，最大限度地造福於滿洲。照遼人的記載，所謂女真部落不能滿萬，滿萬不可敵。這個當然不是事實，因為所謂的七大部落或者九大部落實際上與其說是部落，不如說是各個渡來人集團和各個土族集團形成的封建聯盟。只不過官僚機構會把所有跟官僚機構不同的政治管治形式都稱之為部落，以便蔑視對方、實現自我優越感。這些聯盟當中的大多數都有三千人到七千人的武士，所以加起來早已超過上萬了，不可能存在什麼女真不能滿萬、滿萬不可敵的說法。只能說，遼人對他們的記載是把他們每一個單獨的集團分割開來計算的。

這些集團從血統上來講，跟後來自稱滿洲的滿人有直接的繼承關係，跟以前自稱為高夷人或者貊人的高句麗先民也有直接的傳承關係，跟漢帝國、晉帝國和東亞諸帝國統治下的遼東半島的各豪族也有直接的關係。我們不要以為，在漢字的世界裡面把他們寫成不同的形式，他們就是不同的人了。這話的荒謬之處就等於是說，突厥人和土耳其人是兩個不同的東西，土耳其人是土耳其人，突厥人是突厥人。其實看英語的話，「Turk」既是土耳其又是突厥，只是在漢語中間被翻譯成兩種不同的方式而已。蒙古、鮮卑或者其他諸如此類的部落，在漢語當中也有很多種不同的翻譯方法，實際上是同一撥人，像是「雷根」和「列根」一樣。他們跟東亞人接觸的時候，東亞士大夫沒有發現他們是同一撥人，每一次碰到他們的時候都給他們加一個新的翻譯名詞，你就以為他們是不同的人了。

同時，帝國統治下的遼東居民除了極少數的、人口不會超過十萬分之一的官僚士大夫以外，基本上還是滿洲的土族民。而官僚士大夫的特點就是，他不是像商業移民集團或者拓荒者那樣來了以後就住下了，他來是為了刮地皮的，刮完地皮以後就會滾蛋的，所以他的流動率是很高的。無論是在漢國的樂浪，還是在近代明國或者清國的閩粵，大多數做了官的人都會刮了地皮跑到別的地方去，很少會在原地留下來的。而本地的在帝國衰亡時期崛起的豪族，實際上跟後來的女真人是同一批人。

如果用漢族發明的形式發明拉丁族

「女真」這個詞如果換成拼音文字的話，跟「金」是同一個詞，「金」則是指一條河流的名稱。寫成漢字就是「烏孫」兩個字。在先秦漢字中，「烏」和「公」這兩個字的發音是相同的。所以，遼東公孫康、公孫淵他們這撥人，就是跟曹操和司馬懿曾經打過仗的那一撥人，他們是公孫氏，其實他們姓的就是金。「公孫」就是「烏孫」，「烏孫」就是「金」，「金」就是「女真」，「生女真」就是「滿洲」。這幾個詞在漢字中間差得非常之遠，像是「蒙兀兒」和「蒙古」、「土耳其」和「突厥」一樣，好像是不一樣的。但是如果用拼音文字寫的話，只有一點點尾碼的差別，基本上是同一個詞。

當然，公孫氏必然是學了漢語，接受了一些帝國文化，跟漢帝國的遼東官吏打過長期交道，才能夠像是竇憲他們家族在帝國衰落的時候接管河西一樣，在漢帝國衰落的時候篡奪地方政府的權力，把遼東半島和樂浪郡掌握在自己手裡面。他們跟松花江外完顏部落的那些女真人或者金人的關係，差不多就像是比如說今天湖湘被劃分為土家族的高地部落和湘潭城裡面居住的低地人一樣，血統上是一樣的，只不過低地人被帝國統治了多年，已經學會用官話了，還給自己取了很多漢姓，姓甄、姓項之類的。但是甄和項代表的都不是一個音節，而是幾個音節。他們其實跟山上那些姓氏發音是幾個音節的生番是同一家。生番和熟番的區別不是基於血統上，而是政治和文化的歸屬。

比如說，「哥白尼烏斯」（Copernicus）是義大利人嗎？不是的，他是波蘭人。為什麼他叫「哥白尼烏斯」呢？因為他是一個知識分子。知識分子也是讀書人，不能因為我是一個斯拉夫蠻夷我就不讀拉丁書了。我是一個很有學問的人，我讀了拉丁書以後我就要抬高自己身價，於是我叫自己「哥白尼烏斯」。「哥白尼烏斯」和「哥白尼」（Kopernik）有什麼不同？「哥白尼」是波蘭語，但是加上「烏斯」的音節以後，我就變成一個拉丁人了。

如果你按照梁啟超發明中華民族的方式來說的話，啊哈，哥白尼是一個拉丁族人，他是用拉丁語的，就跟史思明的後代或者李世民的後代一樣。李世民和龍雲都是會寫漢字、會講漢語的人。我們不能說是，李世民他們家原來姓大野，龍雲他們家原來姓納吉，就說他們不是漢族了。他們只要寫了漢字，在漢語史書上扮演了角色，那麼他們的子孫後代都被劃分為漢族。於是，東亞的人口百分之九十五是漢族，只有百分之五是蒙古族。蒙古或者內亞各部族雖然只有百分之五的人口、但是占據了一半的土地，而擁有百分之九十五人口的漢民族卻只占有另外一半。哥白尼是拉丁族，歐洲最大的民族是拉丁民族。拉丁民族占歐洲人口的百分之九十五，但是只占歐洲領土的一半。其他那一半領土在誰手裡面？在日爾曼人的手裡面。日爾曼人分為外日爾曼人和內日爾曼人。外日爾曼人始終是蠻族，不服王化，所以也沒有拉丁文記載的像樣的歷史。內日爾曼人學會了拉丁文，服了王化，然後他們征服了拉丁人的羅馬帝國，建立了內日爾曼人的神聖羅馬帝國。從此以後，他們也融入了由五十六個民族組成的歐洲民族大家庭。

聽到這一套歐洲史論述，我們會不會覺得有點荒謬呢？但是這就是民族發明學的奧妙。有很多糊塗人以為東亞的歷史跟歐洲的歷史有本質上的區別，其實這個區別有一多半都是民族發明學的敘事方式不同造成的，同一件事情在不同的敘事方式中會完全不一樣。

從「辛普森案件」[4]就可以看出，案件是同一個案件，但是在檢察官的口裡面，辛普森是一個只懂得打老婆的萬惡壞男人，殺人兇手十有八九是他；而辯護律師則把辛普森描述為一個溫良恭儉讓的大好人，面臨著不公正的社會，奮力為自己殺出了一條血路，然後由於不公正的社會偏見，遭到了極為荒謬的誣陷。請問，誰的故事是最真實的版本呢？我們得說，正如芥川龍之介的《羅生門》那部小說上描述的那樣，人類瞭解的事實是有限的，而同樣有限的事實，可以編出幾種不同的敘事方式。從人類的認知能力來看，沒有辦法判斷在這其中，到底哪一種敘事方式比其他的敘事方式更真實一些。從有限的實證主義證據來講的話，現有的殘缺不全的這些證據可以同時支援這幾種敘事方式而不出現明顯的矛盾。

按照中華民族或者漢族的構建方式，那麼我們可以說，今天的波蘭大部分人口都是拉丁族，因為他們都是像哥白尼這樣的學過拉丁語的知識分子教出來的，也都是由像雅蓋沃[5]這樣學過拉丁語的王公貴族統治的。按照漢族的發明方式，如果李世民這個鮮卑人講漢語講得比較好，那麼唐國統治下的臣民理所當然都是漢族。根據這個邏輯，雅蓋沃這個斯拉夫人講拉丁文講得也很不錯，所以波蘭和立陶宛統治下的臣民當然也都是拉丁人。只有不服王化的極少數沼澤地的普魯士部落，因為是波蘭國王和立陶宛大公管不著的，經常跟波蘭國王打仗，這一批人才是斯拉夫人。斯拉夫人的人口不可能超過波蘭王國的百分之五，波蘭王國的絕大多數人跟義大利人一樣是拉丁族人，正如湖湘尼亞的絕大多數人跟河南人一樣都是漢族。這個邏輯是顛撲不破的。歐洲人之所以沒有這麼說，是因為他們的政治組織形式或者說是民族發明模式沒有走這條道路。如果我們一定要按照跟漢族一模一樣的發明方式去發明一個拉丁族——順便說一句，我們都很熟悉的小拿破崙，路易·波拿巴，也想要通過這種方式發明一個拉丁族，由他當皇帝，統治大半個歐洲。波蘭人也是拉丁族的一部分——從實證主義的意義上，它是沒有任何毛病的。

女真軍事技術怎樣壓倒宋軍（一）

自由的滿洲或者是松花江、圖們江以東、以北的這個封建滿洲，跟遼河兩岸和遼西那

4 一九九五年，美國加利福尼亞州最高法院向前美式橄欖球明星、演員辛普森（O. J. Simpson）發起刑事訴訟，指控他在一九九四年殺死前妻妮克爾，以及妮克爾的好友羅納德·高曼。惟歷經九個月漫長審判，辛普森無罪釋放。

5 瓦迪斯瓦夫二世·雅蓋沃（Wladyslaw II Jagiello），立陶宛大公、波蘭國王，「君合國」波蘭—立陶宛聯邦的奠基者。雅蓋沃在位期間，採取與立陶宛結盟、對抗條頓騎士團的外交政策，同時波蘭領土得到擴大，通常被認為是波蘭的「黃金時代」。

些屬於郡縣制國家管轄的滿洲部分，我們暫時按照漢語界的習慣，把它們分別稱為內滿洲和外滿洲。內滿洲是一個漢化的地區，也就是說，它的上層階級、王公貴族、豪門和知識分子可以熟練地運用漢字，所以經常被各王朝劃入自己的統治範圍內，也經常被人認為這裡面的居民就是漢族。但是從血統上來講，他們跟外滿洲的居民是沒有任何不同的。如果從血統上來講，他們跟膠東半島和燕山附近的居民也是很少有什麼區別的。高夷人，就是居住在咸鏡道[6]一帶的滿洲人，跟圖們江一帶的滿洲人在血統上沒有什麼差別。他們在齊桓公和管仲的時代是經常到膠東半島來貿易的，所以他們之間的血緣交流與同樣的這批人跟加賀港和太宰府的日本人的血緣交流是一樣密切的。整個東北亞地區的血緣是很難分得清楚的。他們被分為不同的集團，無論古代還是近代，主要都是一個政治問題。最顯著的政治問題就是，他們有沒有接受郡縣制文化和士大夫文化的薰陶。如果接受了，那就很容易變成遼河兩岸的我們都熟悉的那種集團。

但是，這個集團在技術上是退化的。早在興隆窪時代和夏家店時代，滿洲人的特點就是用大量的石料築大房子。然而在高句麗的晚期，半坡村、二里頭、殷墟這些地方經常看到的那種地穴式的泥牆建築開始在高句麗南部出現。在遼河兩岸，這種建築在渤海後期是相當多的。這很明顯就是中原文化或者東亞文化影響了郡縣制地區的居民。或者說，郡縣制地區的居民因為政治自由比較少，所以像是在近代的社會主義統治下一樣，覺得自己要獲得最大的利益，不是在資本主義社會那樣創造盡可能多的財富，誰的財富創造得多誰的利益就大，而是付出更少的投資，因為誰的投資最多誰就最吃虧，少付出的人最占便宜。所以，他們各方面都退化了，包括住的房子退化了，由以前的石頭房子退化成泥磚房子。而北部和東部的居民，可以想像，他們是在郡縣制轄區之外，他們的房子仍然是巨大的石頭房子。從渤海後期直到女真初期，沿著圖們江沿岸和長白山之間，當代的考古學家，特別是蘇聯學家，在當地發現了大量的採石場。有很多採下來的整片整片的石塊，在採石場關閉的時候都還沒有來得及搬走。很可能是，這些石塊在它們原有的主人因為政治上的災難而放棄了這些採石場的時候就遺棄在那裡，性質上比較接近於滿洲國在一九四五年倒台的時候，存在山裡面的糧食還可以支援十幾年，就那麼被扔下了，後來就落到了林彪手裡面，可能是跟這種情況差不多。

這些採石場留給我們很多資訊。渤海早期，例如八世紀時代的採石場，它們採出的石

6 咸鏡道，朝鮮八道之一，位於朝鮮半島東北部。八道是李氏朝鮮的一級行政區劃，也是現時南北韓行政區劃的劃分基礎。

料是比較單一的。所謂的單一是這樣的：主要是圓石和方石。對應於同時期高句麗和渤海的建築物，很容易看出它們的用處是在哪裡。圓石是用來支撐柱子的，方石是用來做牆或者做城牆的。直徑一般來說是六十公分或者六十六公分。大家可以想像，這是一個半人高的一整塊長方形石頭或者正方形石頭，或者是有半個人高、比人的腰圍還要寬得多的一塊圓形石頭。這樣一塊大圓形石頭就用來支撐柱子，或者是，這樣一塊大方形石頭一片一片疊起來，就形成了城牆。按照上古時期和中古時期早期的技術，這樣的石頭城牆怎麼說也是很難攻破的，比起中原地區那種用木頭作為支架、周圍用泥巴糊起來的城牆來說是要結實多了。但是到中古後期，採出的石料就變得多種多樣了，有很多很明顯是數學家專門計算過的。例如，有些石頭是梯形的，而且梯形的角度各不相同。有些石頭是楔形的，有些石頭是圓錐形的，有些石頭是卵形的，有些石頭是碎石形的。再對照一下女真人崛起初期的城防工事，我們就馬上發現這裡面的奧妙了。這時的城防已經不再是圓石搭成的柱子和方石構成的城牆這種比較簡單的組合了，而是非常複雜的、之前提到過的各種組合，包括角樓、箭樓、土牆、女牆和各種拱形結構、各種夾心餅結構的城牆。典型的，在靖康之變前夜的圖們江東岸和松花江沿岸的這些要塞城市，它們的居民不是很多，對應的居民可能只有幾千人，但它們的城牆已經變得像近代的坦克裝甲一樣。

例如，它們的外牆和內牆是用不同形狀的石塊做成的，不像是以前那樣，由一塊塊的大石板拼起來就算城牆了。外牆一般是用我們剛才介紹的梯形石塊，拼成基幹結構，然後大梯形和小梯形互相嵌合、犬牙交錯拼成的結構，然後在彎曲地帶再用碎石塊和硬土做成一種類似水泥的材料填進去。外城之內，像夾心餅乾一樣，有一層純粹的泥土做成的緩衝層。夾心餅的裡面又出現一層石牆，這個石牆就不是以梯形為主，而是以三角形、楔形和各種碎石為主做成的石牆。而這種石牆的背後有著幾道斜坡狀的土牆作為支撐。以此形成的基本結構又有幾個拐彎，拐彎的地方分別形成箭樓和角樓。凸起的箭樓，是為了樓上的武士可以從防禦工事當中，像近代的火炮一樣，用他們的箭雨，使進攻的敵軍無法把他們的攻城車推到比較平直的城牆部分而設計的。箭樓和角樓交錯的地方，又有類似於混凝土、水泥或者卵石結構構成的石柱和土城形成的夾心餅乾一樣的結構在箭樓中間。這些東西很明顯是為了對付當時已經取得技術進步的那幾種投石器、破城錘、攻城車、穿甲箭頭。它們的用處在後來的靖康之變中就可以顯示出來。這是防禦性武器。

防禦性武器和進攻性武器是同時進步的，就像是穿甲彈和坦克裝甲一樣。進攻性武器主要顯示在刀劍和箭頭方面，種類也變得更多了。靖康之難前夜，滿洲遺址當中的刀劍數目有了突飛猛進。大體上說按比例是這樣的：刀和劍不一樣，刀的數量是估計的男性居民的七倍。就是說，你只要是個男人，一定就有好幾把刀。說不定一部分女性也是配刀的，因為一些比較輕便的活，甚至是家務活都要使用刀。但是劍的數目比較少，只相當於成年男性人數的百分之五。這就說明，劍是有身分的人才有的。其中某些刀和劍的式樣跟一九一三年發掘出來的刀劍很相似，看上去也有近代日本刀劍的影子。也就是說，它們要嘛是日本刀劍的表兄弟，要嘛就是它們的祖先。可以說，從血統上和技術上來講，在「滿洲」這個名詞還沒有出現以前的滿洲人，跟日本人在技術上和血緣上都已經有非常密切的關係了。

但這不是最重要的，最重要的是箭頭。這時已經有了二十五種箭頭，各式各樣，用於各種目標，例如摧毀各種形式的鎧甲。例如，有一種箭頭的模樣跟近代的穿甲彈幾乎一模一樣。照蘇聯專家的說法——這種箭頭是為了專門射金兀朮用來打岳飛的那種鎖子甲。在鎖子甲產生以前，這種箭頭沒有什麼用處。另外有一種半圓形和菱角相交錯的箭頭，據蘇聯專家說，這種箭頭的目的是用來射穿宋軍——包括以前曹操的部隊經常用的那種皮革製的鎧甲的，它們對金屬製的鎧甲用處不大。還有一種楔形的箭頭，蘇聯專家認為，這種箭頭是專門用來射穿重甲騎兵的鐵面具，也就是說，它不是用來射穿那種一環一環扣起來的鎖子甲的，而是由整塊的鐵板組成的鐵面具或者護胸甲、護臂甲。還有一種哨子狀的箭，是火箭，它的特點是輕便，它飛得高射得遠，同時下面有勾環和吊環，是用來吊一些浸透了石油或者麻油的麻布，然後點起火炬，在攻城的時候在城牆背後製造火災用的。

總共有二十五種箭頭，而每一種箭頭都有特殊的式樣和專門的用途。同時還有一些特別小的小箭頭，只有三公分或三點五公分，連在打獵時用處都不大，它們的用處是給小孩子玩耍的，或者是作為軍事訓練的用具。滿洲小孩從四、五歲開始，在別的小孩子玩氣球、玩積木的年齡，就拿著這些小弓箭到處去射了，雖然不清楚他們射的是麻雀還是其他東西。而當然，他們長大以後就使用更大型的箭支了。與此同時，還發現了那種各式各樣的、用於重甲騎兵坐騎的甲冑和鈴鐺，給武士本人準備的護臂甲和護胸甲，以及其他各種類型的鎖子甲。

發展到這一步，東北亞的軍事技術已經遠遠超過了東亞的水平。而在這三百年當中，尤其在郭威、柴榮和趙匡胤篡奪了沙陀人的統治以後，東亞的軍事技術不但沒有進步，反而倒退了。這可以從一個傳說來說明。汴京城陷落以後，宋人開始罵宋徽宗是混帳東西，其中的一條罪狀，就是他在推行凱恩斯主義經濟學，使汴京城在通貨膨脹之下顯得非常繁榮、同時自己也賺了很多錢的時候，徽宗覺得原有的街道和城牆都不夠大不夠整齊，所以他把汴京城整個重修了一遍，包括城牆——原來彎彎曲曲的城牆被徽宗修得非常筆直、非常挺拔。但是金人來攻的時候，這些筆直的城牆卻不堪一擊。然後宋人就開始回憶，我們偉大的藝祖皇帝趙匡胤開始修這個城牆的時候，也有一幫庸碌官吏按照直線給他畫了一幅設計圖，藝祖皇帝勃然大怒，把他們臭罵了一頓，說你們真是不中用，還是我來給你們畫，然後他畫了一個彎彎曲曲的圖。士大夫們看了這個圖以後不知道它是幹嘛的，但是因為皇帝發了話，他們只有乖乖去修了一個彎彎曲曲的城牆。然後士大夫們說，如果我們的城牆還是藝祖皇帝修的那個樣子的話，汴京城可能還不至於陷落。但是他們從頭到尾都沒有說清楚，藝祖皇帝修的那個城牆到底是怎麼個彎法。

從前面講的那些女真人在圖們江口和松花江口修城牆的方式，我們就可以看出那些城牆大概是趙匡胤給打過工的那些沙陀貴族修建的城防工事。那些城防工事反映的大概是渤海時代和突厥時代內亞－外伊朗地區的築城技術。在此後的三百年，隨著封建騎士之間的競爭，在滿洲已經更新換代，但是在東亞還原封不動地保存下來。但是無論如何，這些東亞舊城防比起宋徽宗修的那些只具有觀賞性的，像後來奧斯曼男爵[7]修的那些筆直的、便於炮兵在鎮壓暴動的時候向民眾開火的街道和城牆，更適合於軍事用途的，這一點是沒有問題的。那些彎彎曲曲的地方大概就是箭樓、角樓和棱堡，給武士和弓箭手提供掩護用的，讓他們可以有立足點，用箭雨封鎖城牆前面比較平直的的地方。把這些地方去掉了，城牆就變得赤裸裸了，敵人的攻城車很容易開到很近的地方，而守城兵很難阻止他們。趙匡胤之所以懂那一套，大概就是因為他跟郭威和柴榮一樣，都是晉國沙陀軍事集團的下屬，就像是周恩來是史達林的下屬一樣。周恩來活著的時候，史達林教給他的東西他還懂；等到周恩來死了，像習近平這一代成為主力的時候，他們就完全不懂得那些洋把戲是用來幹什麼的，也就是說，又發生了一次瓦房店學的退化，於是中華人民共和國就自然要糟糕了。

女真軍事技術怎樣壓倒宋軍（二）

另一個傳說可以說明當時雙方的作戰方式差了多遠。當時在戰爭已經爆發，金人已經兵臨黃河，宋人的群臣迫使徽宗退位，擁戴欽宗和元佑黨人當權，希望跟金人和談的時候，有一位和談代表到了金人的大營裡面。他們談判的過程當中，他向金人表示說，你們

7 喬治－歐仁・奧斯曼（Baron Georges-Eugène Haussmann, 1809-1891），法國都市規劃師，因獲拿破崙三世重用，主持了一八五二年至一八七〇年的巴黎「現代化都更」而聞名。

不要以為我們打了敗仗就不行了，你們只是野戰比較厲害，我們知道我們缺少戰馬，而我們的軍隊長期不打仗，已經失去了軍事經驗，但是我們的城牆很厚，護城河很寬，都是修了上百年的，我們只要不打野戰，躲進城牆和護城河後面，量你們也沒有辦法。金人對他說，真的嗎？你真的這麼相信？我們剛剛簽了停戰協議，說好了談判期間不打仗的，但是你們既然這麼說了，那你就給我舉一個例子，說你們宋人的城牆和護城河哪一個地方最厲害，給我舉一個最厲害的樣板來，我們打一打試試，打完了以後你們就知道是誰厲害了。他拍拍腦袋說，鎮州，鎮州，鎮州的城牆最厲害。

鎮州的城牆是什麼呢？就是安祿山、史思明留下的河朔三鎮的城牆。這個城牆確實厲害，「雪夜入蔡州」的主角李愬[8]，他在成德鎮[9]再次叛變、企圖以魏博的兵力和中央神策軍平亂的時候就得出結論說，鎮州的城牆是不可能攻克的。安史以後的三百年，無論是李愬也好，李克用也好，還是趙匡胤也好，從來都攻不破。李克用的沙陀集團之所以能夠打敗朱溫的汴梁集團，攻進汴京城，不是因為他能夠直接攻破鎮州的城牆，而是因為他用外交手段遊說鎮州的回鶻統治者叛變，背叛汴京城而倒向晉陽一邊。晉陽和成德結盟以後，魏博集團也就跟著倒下來，然後河朔三鎮的勢力全部歸了河東晉國的沙陀集團以後，他們才成功地渡過黃河，消滅了汴京的朱梁集團。他們並沒有認真長期攻這個城，因為他們也跟安祿山和史思明的後裔、跟李愬和趙匡胤他們一樣，認為鎮州城的城牆是不可能攻破的。

鎮州城的城牆體現的是安祿山時代築城技術的最高峰。安祿山是個半伊朗半突厥的人，他們當然體現的就是薩珊波斯末期、外伊朗黃金時代、在阿拉伯人入侵和穆斯林入侵初期體現的城防工事水準。這個水準是趙宋王朝一直維持的水準，除了對汴京城防的那些破壞以外。他們認為這是金城湯池，不可能攻克的。唐代後期，所謂的殘唐五代、藩鎮割據時期，之所以各藩鎮之間打來打去、但是彼此之間的邊界很少變化，主要就是因為華北平原上布滿了這些安祿山引進的城防工事，而各方面的野戰部隊打到城門口就很難再打進去了。這種格局就很像是，笛卡兒和奧蘭治親王的時代，法國軍隊、英國軍隊、荷蘭軍隊在今天的比利時境內打來打去，但是他們打了幾年，很少能夠攻陷任何一個要塞。這就是沃邦元帥[10]或者笛卡兒所提倡的軍事工程學。笛卡兒的數學之所以很厲害，不是沒有

8 李愬（773-821），鳳翔節度使，曾率軍擊敗淮西節度使吳元濟。

9 唐藩鎮之一，位於今中國河北省中部。該藩鎮先後由李氏家族和王氏家族（契丹王氏、回鶻王氏）統治，歷經一百五十八年，最終被後唐攻滅。

10 塞巴斯蒂安・勒普雷斯特雷・德・沃邦（Sébastien Le Prestre de Vauban, 1633-1707），路易十四時期的法國元帥、著名

背景的，背景就是英法和這幾個當時世界上最強大的國家競相發展當時最先進的築城技術和攻城技術。後來炮兵技術更是成就了拿破崙，因為在那個時代，炮兵就是當時的高科技兵種，炮兵軍官必須是當時最優秀的數學人才，也是這個原因。而拿破崙之所以要在巴黎建立所謂的工藝學校或者科大，同樣也是為了培養未來的炮兵軍官或者說軍事工程師。但是，宋人的城牆是抵擋不住女真人在靖康之前的一百多年裡、在女真封建領主的相互鬥爭中已經使用得很頻繁的攻城機器的。

回到剛才的故事部分。於是女真人說，既然你們宋人說了，鎮州城的城防是最厲害的，那我們就打下來給你們看。然後女真的野戰軍和攻城部隊開到鎮州城的城門口，從早上開始進攻，不到兩個時辰，鎮州城就破了城，然後他們就回營吃午飯去了。接下來的故事是，這個談判代表看到這個場面以後嚇得腿都軟了，立刻就接受了女真人提出的所有要求，而且還認為這就是他能夠爭取到的最好條件。他回到汴京城向宋朝皇帝和大臣彙報後，立刻就引起了主戰派大臣和書生們的極大憤怒。這些人憤怒地向皇帝抗議，這傢伙一定是一個賣國賊，拿了女真人的賄賂來出賣大宋江山的，我們應該把他殺掉。皇帝說，對不起，現在朕也保護不了你，在群情激憤之下你還是趕緊逃為好。愛卿說吧，你想去哪裡？這個談判代表這時已經放棄了拯救帝國的任何希望，立刻表示離北方越遠越好，但是也不希望被流放到純粹是野蠻地帶的、百越人聚居的嶺南，只有犯人才去嶺南。這樣吧，我想到贛越最南的地方，請皇上給我安排一個當地的官職做吧。在那裡做官期間，他收到了汴京失陷、欽徽二帝到五國頭城[11]去「旅遊」的消息。

鎮州之戰顯示出來的女真人的進攻方式是怎樣的？他們依靠攻城機和破城錘。攻城機的主力是投石機和燃燒彈。投石機投出的是尖銳的、像炮彈一樣的石塊。如果是打到夾心餅乾一樣的城牆上面，它嵌進外層以後，就會被中間層的土塊部分卡住，接觸不到內層。然後這個石頭就算是白打了，等於是在對方的城防工事上面多加了一塊石頭，反而使城防更結實。當然，這種城防工事也是滿洲人在相互鬥爭和升級的過程中間形成的。但是對於安祿山時代那種單層的石頭牆的話，那就不行。這樣一個石頭彈只要把單層的石頭牆打穿了，那麼整座牆都會裂開來。燃燒彈是點燃的油布、麻布和飛箭的結合。城樓上不可能全

軍事工程師。沃邦著有《論要塞的攻擊與防禦》、《築城論文集》等軍事書，更先後親自領導修築要塞三十三座、改造三百座，指揮五十三次要塞圍攻戰。沃邦的築城理論體系對歐洲軍事學術的影響長達一百多年，而他攻陷荷蘭的馬斯垂克要塞的策略，更被視為堡壘攻擊的標準方法，直至二十世紀。沃邦也改變以往每當火槍射擊時士兵必須取下刺刀的做法，改為槍口上插固定刺刀。

11 五國頭城，位於今黑龍江省哈爾濱市東北部，宋徽宗、宋欽宗，以及宋高宗生母韋氏均被囚禁於此。另外，此城也是愛新覺羅氏的發源地。

是石頭，它必然有一些給射箭的武士準備的各種木台之類的東西，而城樓背後又多半是木結構的建築物。你只要箭射得足夠多、足夠高，嗖嗖嗖地像黑斯廷斯戰役[12]的諾曼弓箭手那樣，把箭射到對方刀斧手的陣地後面，把木頭的東西點燃就足夠了。這是燃燒箭。攻城機還會發射另外一種東西，有些是用北魏時期常見的那些琉璃瓶子或者諸如此類的東西，有些是上釉的陶罐裝，裡面裝的是什麼呢？是油——豆油、魚油和石腦油。這些東西也被攻城機用發射箭頭的方式嗖嗖地往天上發射，掉到對方的城牆背後。一面放火箭，一面給你扔油罐子，火箭接觸到油罐子，然後燃起熊熊大火。石頭雖然硬，但卻是很脆的東西，就像是巴比倫縱火隊攻打的耶路撒冷城牆一樣，會裂出無數個三角形的碎塊。然後再上最後一種武器，就是破城錘。手執破城錘的士兵衝破對方的箭陣，一直衝到城牆下，把長條狀的錘子在對方已經出現裂紋的石牆上猛撞，於是城牆就整個被撞開了。

石牆打開以後，重騎兵部隊、輕騎兵部隊和重裝部佇列陣前進，對方原來守在城裡面的部隊就不得不出城迎戰了。出城迎戰的結果就是，雙方要比射程了，箭頭射程比較遠的那一方面怎麼說都能贏。如果你的連弩射程比較遠而對方的射程比較近的話，那就像是一九三八年武漢會戰中企圖用馬當要塞抵擋日軍的國民黨軍隊一樣，你是死定了。另一方面就是比防禦。如果你有鎖子甲、胸甲、護甲之類的，因為這些盔甲比對方的箭頭硬，對方的箭頭射到你身上也射不死你，而你的箭頭能夠把對方射死，那你就贏了。然而在這兩方面，宋人都比不上對手。宋人的紙甲和皮甲頂不住女真人的穿甲箭；宋人的部隊中間主要是由重裝步兵和弓箭手兵團形成的，弓箭手兵團又依靠所謂的神臂弓（這大概也是宋人從沙陀人那裡引進的內亞武器）形成的箭陣保護重裝部隊兵團的移動。然後重裝部隊兵團在能夠接觸敵方陣形的時候，再用自己的長矛進行近身搏鬥。如果你的箭陣鬥不過對方的箭陣，對方的箭陣迅速地射穿你的重甲步兵的鎧甲，使重甲步兵的陣形陷入一片混亂，重甲步兵保護的輕裝斥候部隊也喪失了自己的機動優勢。失去重甲步兵保護的輕裝步兵在對方弓弩手的襲擊之下基本上是赤裸裸的，只能是倍受屠殺。喪失了輕裝部隊，鉤鐮槍和長刀也就失去了用處。你不再能夠依靠你的輕步兵部隊，依靠你的機動優勢，在重裝部隊和弓箭手的保護之下衝到對方的騎兵部隊跟前，像後來岳飛和楊再興[13]採用的那種辦法一樣，用你自己的長砍刀和鉤鐮槍去刺對方騎兵馬匹柔軟的下腹部，打垮對方的騎兵部隊。

12 一〇六六年，諾曼第公爵威廉率軍渡海進攻英格蘭，在今東薩塞克斯郡一帶與英格蘭軍遭遇，是為黑斯廷斯戰役。諾曼軍取得勝利，其後威廉加冕為英王，史稱威廉一世。

13 楊再興：南宋將領，曾與岳家軍交戰，更殺死岳飛之弟岳翔，惟岳飛仍予以重用，隨岳飛北伐，其後於對金戰事中陣亡。

這樣一來，只要你事先在弓箭和鎧甲這方面落後，首先，你的重裝步兵會死光，失去重裝步兵以後，輕裝步兵就打不到對方的騎兵部隊，輕裝步兵和重裝步兵都死完了，弓箭手面對對方重裝步兵的砍刀和長矛的攻擊又變成純粹的炮灰。這樣一來，你的部隊在女真人的攻擊之下很快就會潰不成軍。

最後宋人真正能夠抵抗女真人進攻的地方，也就是到了女真人的勢力推進到秦嶺一線的時候。這時候宋人採取的辦法是什麼呢？放棄渭河一帶的平原。而和尚原（今中國陝西寶雞市西南）這樣的丘陵地帶，就算在那裡打贏過仗也要棄守。一直要撤退到渭水上游，仙人關一帶的萬山叢中。在這裡，只有兩種兵種能夠用：一種是西南夷——橫斷山脈和雲南一帶出產的小馬，這種小馬跑不快，力氣也不大，但是它們善於走很細很窄的山路，在山路上面還能夠馱各種物資；一種是輕裝步兵，依靠密林的保護。他們就依靠這兩種人，在山上的羊腸小徑對抗女真人。女真人進入這種羊腸小徑的時候，所有複雜的攻城機和技術機械都上不去，這些器械都只能在寬闊的道路運輸。而重甲騎兵也上不去，因為重甲騎兵像龍蝦一樣，翻山越嶺的時候他們很累的。在漢中一帶的山地裡面，重裝步兵跑起來沒有輕裝步兵跑得快，你上來以後簡直就是一個活靶子。你在明處，別人在暗處，別人在森林當中嗖嗖嗖地給你射冷箭，而你在羊腸小徑上看不見黑黝黝的森林裡面有什麼人，而你穿的鎧甲又太厚了，所以你轉彎也不好轉，閃避也不好閃，反而會變成活靶子。也只有在這樣的地方，女真人的技術兵種全都上不來，只有輕步兵才能上來。輕步兵對輕步兵，而宋軍熟悉地形、享有地利。而且宋人那種巴蜀和滇國的小馬也是女真人所沒有的，結果女真人還得用手扛著自己的輜重走，而宋軍還可以用自己的小馬扛輜重。在這樣的情況下，女真人才打了敗仗，他們的軍事擴張就在這裡停下了。

而殘唐五代、安祿山時代以後，天平節度使、武寧節度使、宣武節度使[14]在黃河中下游平原修葺的那一系列要塞，曾經在兩百多年時間內都是攻不破的，在女真人的協同作戰之下，基本上都跟鎮州城一樣，沒有堅持幾個時辰就垮了。汴京城之所以堅持的時間比較長，是因為外交談判打打停停的緣故，真正攻城的時間實際上也只有半天時間。半個時辰，女真人的部隊就成功登城，占據了城牆上的所有箭樓，用弓箭對著城內的居民，命令他們放下武器。

14 節度使又稱都督、總管，為古代軍事職位。唐初的節度使主管軍事而不涉及民政，但在安史之亂後轉變為軍事民政兼管的一方諸侯。天平（主管今山東西南）、武寧（主管今江蘇北部）、宣武（主管今河南東部）皆為安史之亂後新設立的節度使；其中宣武軍治所在的汴州，即為後來的北宋首都開封。

文明—野蠻對立論：宋人的敗戰反思

後來宋人的大臣總結經驗的時候說是，我們過去跟遼人作戰的時候，從早上打到天黑鳴金收兵的時候還沒有打出分曉來；跟女真人作戰的時候，從早上打仗，還沒有打到中午，就勝負已分——當然是指的宋人一敗塗地。他們描寫的措辭十分具有文學性，給人一種印象，好像是宋人的體格非常羸弱，所以連打幾個小時以後就喘不過氣了，而女真人都是一些壯漢，從早上打到天黑還不嫌累。這樣就給普通讀者造成極其混亂的印象，覺得宋人是不是已經腐化到這個程度了，他們派出去打仗的人都是些苦力。但就算是苦力的話，一般至少幹活還是有些膀子氣力的，不可能說是連工作十幾個小時都做不到。就算是在碼頭扛大包的苦力，也有這個力氣，怎麼軍人還比不上他們呢？但是實際上，從現在的考古學資料顯示，他們之所以沒法在戰鬥中堅持下去，顯然不是因為體力不足，而就是因為技術裝備的落後。但是宋人不肯承認自己技術裝備的落後，因為在他們政治正確的措辭當中，女真人沒有什麼了不起，就是一幫蠻族，我們是文明人，他們是野蠻人，他們是依靠野蠻才征服我們文明人的，我們文明人比較文弱，所以打不過野蠻人，但就算我們打了敗仗，我們還是文明人。這套邏輯一直到鴉片戰爭以後還在用，只不過後面這一次是已經腐化的滿洲朝廷在用了。而這個當然不符合歷史事實。

所謂的野蠻人，他們的野蠻性體現在他們沒有官僚機構，封建領主是親自上陣打仗的人。因此，他們不會像是宋軍那樣以無產階級作為兵源。貴族的生命是不能隨便犧牲的，所以他必然要給自己用最好的鎧甲。而最好的鎧甲總是很貴的，所以他就非常需要錢。需要錢，他就需要有商人和資本主義集團，需要有各種政策吸引商人。商人不僅僅給他交錢，而且還能給他引進先進的技術。這樣，領主和領主之間的軍事競爭自然而然促進了資本主義的發展和軍事技術的發展。領主、商人和工匠三者聯動，導致財政和軍事滾動式、競爭性向前發展。這個模式正是十一世紀到十六世紀義大利城邦軍備競賽、進而產生資本主義的模式。然後這個模式又通過英、法、荷蘭在低地國家的競爭迅速放大，普及到全世界。這是典型的資本主義大發展的基本模式。

日本之所以能夠趕上資本主義，關鍵就是在於日本的封建結構其實也是屬於這種模式，也是領主、商人和工匠三者聯動的模式。它只是地方比較偏遠，沒有得到最先進的東西。一旦接上了歐洲以後，這個模式可以自行啟動的。靖康以前的女真部落實際上跟日本一樣，屬於同一個東北亞文化圈，它也使用這個模式。而宋人接受的就是唐和五代時期沙陀政權留下來的那些三百年前的城築技術。自從關閉了內亞通道、推翻了沙陀殖民主義政權以後，他們在技術上就再也沒有進步了。他們的菁英都去做士大夫階級、去寫類似人民日報的東西或者編各種意識形態去了，就再也沒有在技術上用心。這是兩種不同的體制。以士大夫為菁英階級的體制，他自己不打仗。打仗的是賤民，是相當於城市流氓無產階級的那撥人。他們是死不足惜的，根本犯不著花錢去給他們更好的技術。

四、內亞的衰微和東北亞的崛起

漢人不過是在歷史記錄留下漢字名的人

有很多詞從漢字看風馬牛不相及，其實它們只不過是同一個人、同一件事物的不同翻譯。像「雷根」和「列根」，其實只不過是台灣翻譯和香港翻譯的差別，指的都是同一位美國總統。愛新覺羅家的「愛新」和「覺羅」，實際上就指的是姓「愛新」的家族。而「愛新」這個詞跟「諸申」和「金」又是同一個詞，姓「愛新」和姓「金」其實是同一個意思，也跟遼東豪族公孫淵、公孫康他們的「公孫」是同一個詞。看到這幾個詞以後，會有一撥糊塗人以為，這指的是幾個不同的姓，尤其是他們很可能以為，姓「金」的是朝鮮人，姓「公孫」的是漢人，而姓「愛新覺羅」的是滿洲人——其實他們都是同一批人。僅僅憑這個姓氏就可以判斷，他們至少從理論上講都是來自於「按出虎水」或金水一帶的滿洲人，只不過姓「公孫」的那一家屬於熟番而不是生番，而完顏家和愛新覺羅家就屬於生番。

所謂的熟番，例如我是滿洲人或者湖湘尼亞人[1]，但是我像曾國藩一樣，因為我所在的地方被帝國的官吏統治了，而我也是一個有功名心的人，很想到帝國去做一做官，然後我就不能夠說我們家原來姓「紇石烈」什麼的，那樣的話你這個名字在考卷上顯得很不像樣，考官不會錄取你。例如，如果一個中國人在北京火車站買票的時候，一定要說他的名字叫阿卜杜拉或者穆罕默德，那麼他就買不到車票，因為車票系統只能夠接受「杜師古」、「穆志誠」這樣的名字，如果有四、五個字以上，它就沒法成功錄入。所以你如果要參加科舉的話，不管你原來叫「紇石烈」還是什麼名字，反正你另外取一個只有一個字或者兩個字的漢名就行了。於是，同一個姓就變成了「公孫」或者「烏孫」。有了這樣一個姓以後，你就可以理直氣壯地跟來自湖南的曾家或者項家一起去考取舉人、進士、狀元了。

然後公孫家的狀元跟曾家的狀元在北京城或者洛陽城會面的時候就有人會說，這些人都是漢人。其實，有沒有「漢人」這個東西是很難說的事情。有些人之所以被稱為「漢人」，主要就是因為他在歷史或者新聞記錄上留下了兩個漢字或者三個漢字的名字，僅僅根據這一點，你就算是漢人了。實際上這個名字後面掩蓋著什麼東西，那是得另說的。漢字是一種表意很不精確的文字，而漢字的發音系統恐怕又是全世界所有複雜文字體系當中

1 此處的「湖湘尼亞」（Fuhsiaugria）是作者根據其「民族發明學」而另外定義的用詞，詞尾加上-ia的後綴以表示該地區的「獨立性」，詳情請參見《逆轉的東亞史（壹）：非中國視角的東南（吳越與江淮篇）》對湖湘尼亞定義及江淮民族歷史的詳細討論。

最單調的，所以即使也把所謂的「平、上、去、入」各種聲韻加起來的話，同音字仍然特別多，特別容易混淆，而同一個字所能夠代表的不同的來源又實在是太多太複雜了。

何謂女真的勃極烈制度

滿洲在女真帝國時期實際上是兩個政治結構的聯合：一個政治結構是女真人自身的封建領主的聯盟結構，在滿洲帝國相當於英格蘭王國在大英帝國當中的地位；另一個則是它的分層次的帝國結構，包括兩種帝國屬邦，一種是像澳洲和加拿大那樣的，跟英格蘭性質比較相似，也是有政治自由的自治領，另一種則是英屬印度這樣的行省，也就是降虜部分。我們先講第一個部分，是核心部分，就是滿洲領主聯盟的部分，照女真人的術語叫做「勃極烈」。「勃極烈」這個詞其實就是後來滿洲帝國所謂的「貝勒」。

女真人在他們的松花江外的統治機構裡面，基本上是我們非常熟悉的在很多文明以前的族群——包括希臘人的祖先、凱爾特人的祖先、日爾曼人的祖先都實行過的那種非常自然的制度，就是由武士集團聯合統治的民主制度。你可以說它是一種民主制度，因為它大體上能夠囊括能夠參加作戰的大多數武士，也可以說它是一種貴族制度。這些族群如果默默默無聞、再也沒有擴張，就很難進入高檔次的歷史記錄當中。而能夠進入高檔次的歷史中的族群，都是後來通過征服或者其他手段贏得了巨大的名聲。因此，他們最終都把自己原本的部落民主制變成了封建制。

日爾曼人在征服羅馬帝國以後，很自然的，征服者的武士各個都變成了領主，原來的武士的領主會議在封建制度建立以後就自動變成了貴族會議。被他們征服的人，或者說墮落的、沒有戰鬥力的人，才會變成平民階級。所以，最初被認為可以稱之為是一種「部落民主」的體制，最後就變成了封建主義的拱心石。直截了當地說，它就是英國上議院和歐洲各封建邦國

1625年努爾哈赤將都城遷往瀋陽並興建宮殿，即現存瀋陽故宮的大政殿和十王亭；前者為皇帝或大汗主持的議事廳；後者則為左右翼王與八旗旗主的獨立辦公室。此設計體現了「八和碩貝勒共治國政」的「勃極烈」制度，也是部落封建秩序的象徵。

上議院的直接起源。上議院是什麼？貴族的議事組織。貴族是誰？貴族就是武士。什麼叫做勃極烈？我們從清國的「貝勒」這個詞就可以看出，勃極烈就是貝勒，貝勒就是貴族武士的意思。最初的勃極烈也跟日爾曼人的武士一樣，是由拿得起武器作戰的重要武士組成的。但是聯盟擴大到一定程度以後，就像易洛魁聯盟[2]或者其他類似的組織一樣，自然而然會形成聯邦的結構。因為每一個邦國或者小邦的戰鬥力都是有限的，他們很自然而然的，早在渤海時代就結成了很多七部聯盟或者九部聯盟之類的聯邦組織。在這樣的聯邦組織當中，因為涉及面很大很廣，自然就不再是所有的男性武士都能夠參加會議了，結果就變成貴族武士的代表會議——就像是美國的州議會之上再出現參議院。最初的參議員是由州議會選舉產生的，而不是由全民選舉產生的。完顏氏崛起前夕的勃極烈統治，大致上就是這種情況。

完顏家族和勃極烈之間的關係最初並不是固定的，也就是說他們並沒有什麼特殊地位。對遼、對宋戰爭的勝利給完顏氏製造了一個極好的機會，可以一方面用征服得到的大量財物延攬其他地方的名臣和物資，另一方面利用殖民帝國結構的外交手段把原來很多聯盟沒有的權力攬到自己手裡面，結果它就形成了雙重身分。這個雙重身分跟維多利亞女王的雙重身分是非常相似的。她在英格蘭是立憲君主，在貴族院和平民院的約束之下只是一個禮儀性的角色；但是在印度，她繼承了蒙兀兒帝國的專制君主的角色。副王是女王陛下的代表，他對各土邦和直轄行省行使絕對君主的權力。

當然，在加拿大和澳洲，女王仍然是國家元首，但是這些地方是自治領，自治領的法律地位跟英格蘭本身比較相似。從理論上講和面子上講，他們比英格蘭王國是要低一級的，但是實際上，女王的代表，也就是總督，在這些自治領行使的權力跟女王在本土差不多，也就是說他們是有自治權的。也許他們的自治權在例如樞密院這些需要歷史傳統的地方，因為他們的普通法的歷史比較短，遠遠不像英格蘭那樣源遠流長，所以雖然他們論地盤比英格蘭要大得多，但是他們在上議院、樞密院這些貴族性質很強的機關所占的分量，實際上可能還不如英格蘭的一個男爵。

滿洲帝國也是類似的三元結構。第一個結構在他們自身內部，即滿洲女真人的勃極烈結構：在這個結構中間，完顏皇族並不享有多麼特殊的地位，其他的武士對他的尊重是有限的。第二個結構是類似於加拿大和澳洲的結構，就是燕晉兩國。燕晉兩國是介於自治領

2 易洛魁聯盟（Haudenosaunee，意為「居住在長屋的人們」），是北美原住民之間形成的政治─軍事聯盟。起初由五大部族莫霍克人、奧奈達人、奧農達加人、塞內卡人和卡尤加人組成，其後於一七二二年，塔斯卡洛拉人再加入，是為「六族聯盟」。

和行省之間的結構，所以它的豪門貴族享有一定的自治權。但是它也是一個過渡地帶，所以它其實也是有相當多的郡縣制居民的。那些郡縣制居民在政治上仍然是被動的順民。只不過那些高於郡縣制之上的豪門享有類似女真貴族或者滿洲武士的地位，他們享有相當的自治權，通過五京制度是很難罷免和調離的。第三個地區就是金帝國所說的南人——就是今天所謂的河南山東一帶地方的人口，跟蒙古帝國後來所謂的南人有相同也有不同。相同之處在於，南人指的都是降虜，是完全被動的、費拉一樣的郡縣制居民，而且都是從前屬於趙宋帝國的臣民。但是女真帝國的南人是北宋的臣民，也就是北宋垮台以後割讓給金帝國的河南山東一帶的居民；而蒙古帝國的南人是南宋帝國的郡縣制居民，也就是南宋帝國滅亡以後，淮河秦嶺以南這些行省地區的居民。南人所在的地方像英屬印度和羅馬屬埃及一樣，既不是滿洲人自己的本土，又不享有自治領的地位，而是像以前的趙宋帝國一樣由郡縣制國家治理，他們享有的政治權利是最少的。

「Easy Money」使勃極烈制度由盛轉衰

勃極烈制度在滿洲本身經歷了由盛轉衰的過程，主要就是由於征服所帶來的Easy

Money。征服這件事情，按照降虜的眼光來看是件大好事，國土越大越好，越了不起的國君，擁有的降虜就越多。就好像，一個農民或者牧場主，越有錢，越了不起，他的土地就越多，牛羊就越多。專制帝國都是這樣的。專制帝國的特徵就是，它的人民是無權的費拉，也就是純粹消極被動的居民，他們的用途就是像牛馬一樣為帝國增加財富。所以，對於這樣的君主來說，我有十頭牛就比有兩頭牛厲害、有一百頭牛就比有十頭牛厲害，有一千匹馬就要比有一百匹馬厲害，這自然是很容易理解的。所以對於他們來說，征服是件好事，帝國的疆土越大越好。但是對於無論是部落、封建還是民主的自由政體來說，政治權利的稀釋就不是好事。

例如，今天我們讀美國的歷史就會發現，美國共和黨人就曾經長期反對南方各州把今天的亞利桑那、肯塔基、內布拉斯加這些州以蓄奴州的形式併入美國的企圖。波爾克總統[3]這些出身南部、代表南部利益的總統，他們就很想運用美國的超強國力，把墨西哥、古巴甚至中美洲這些地方統統納為美國領土，因為這些地方都是不會抵抗蓄奴的，這樣一

3 詹姆斯·諾克斯·波爾克（James Knox Polk, 1795-1849），一八四五年至一八四九年任美國第十一任總統。他是唯一擔任過眾議院議長的總統。

來，蓄奴州就在美國境內占有壓倒優勢；而北方各州根據同樣的理由，堅決不允許美國開疆拓土。有很多議員堅決反對美國和墨西哥的戰爭，甚至認為連德克薩斯都應該放棄。我們也許覺得這些議員是高尚的，熱愛道義與和平，遵守華盛頓將軍和開國先賢的理想。這話並沒有錯，因為他們有理想主義的一面，但同時議員們也是現實的政治家。他們知道，在國會的平衡當中，如果南方一下子多出十幾票出來，自己的黨就會遭受重大打擊。所以，這些議員無論為了立國理念還是自身的現實政治利益，都必須反對美國領土的擴張。

擴張的結果，很可能像川普一樣，因為雖然川普關心的是移民而不是擴張，但是這兩者對於自由政體來說意義都是一樣的。如果國家裡面突然增加了一大批不習慣自治、沒有自治能力的順民，那麼本國的自由政體就難以維持，獨裁者或者野心家很可能會利用這些人來破壞自由政體。因為他們自己不習慣於民主的、議會工作的習慣，而是像他們在自己原來的母國一樣習慣於聽一個領袖的話，領袖怎麼說他們就做什麼，那麼就很容易有人去利用他們，自己去當他們的領袖，把他們煽動和組織起來，構成國內的顛覆力量。

所以，羅馬強盛的時候，實際上東方各國有很多早就願意歸附了，像帕加馬的國王[4]和埃及的托勒密都曾經立下遺囑，「我活著的時候當了一輩子國王就算了，我死以後把我的國土饋贈給羅馬人民」，但是元老院經常否決他們的饋贈。理由跟美國議員不願意開疆拓土的理由是一樣的，因為這些東方專制國家的君主，統治下的是順民，順民作為一筆財產進入羅馬共和國，它的人民既沒有辦法加入羅馬的元老院，又沒有辦法加入羅馬的公民大會，羅馬人怎麼樣管理他們呢？無論把他們放到誰的手裡面，都會改變原有的政治平衡。

元老院相當於上議院，是貴族性比較強的代議制機構，公民大會相當於下議院，是民主性和平民性比較強的代議制機構，但都是羅馬政治習慣的有機組成部分。兩者是處在平衡狀態的，今天貴族方面多占一點便宜，明天平民方面又會把它扳回來。那麼，帕加馬這樣富饒的東方小國，你把它給誰呢？如果按照國王遺囑的字面規定交給羅馬人民，那就是交給羅馬的公民大會，那麼公民大會有沒有可能產生出格拉古兄弟[5]這樣的煽動家，利用帕加馬的國庫，在下一次選舉當中取得壓倒性的優勢呢？原來的政治態勢是在接近平衡點

4 亞歷山大大帝死後，其部將以小亞細亞半島西岸的城邦帕加馬（Pergamon）為核心，建立了帕加馬王國，並在三次馬其頓戰爭當中均採取親羅馬政策。

5 指提比略・格拉古（Tiberius Gracchus, 168 BC-133 BC）和蓋約・格拉古（Gaius Gracchus, 154 BC-121BC），羅馬平民派領袖，兩人的外祖父為大西庇阿、姐夫為小西庇阿。格拉古兄弟分別於前一三三年（提比略），前一二三、一二二年（蓋約）當選保民官，並各自在任期內領導了土地改革。因觸犯貴族勢力的利益，先後被當眾謀殺。

上，現在格拉古的民主黨突然得到了一大筆錢，一下子就把貴族黨壓倒了，那麼格拉古會不會變成獨裁者呢？果然，在元老院最終接受帕加馬的遺產以後，這樣的事情就發生了，格拉古真的就這麼做了，結果在羅馬引起了一場小型的內戰。因此到後來，托勒密王也想把比帕加馬還大得多、富饒得多的埃及饋贈給羅馬的時候，羅馬元老院就堅決不肯接受。結果，托勒密的埃及延長了五十年的國祚。要是羅馬元老院當時接受了埃及的話，就沒有後來的埃及豔后克麗奧佩脫拉的故事了。

不是說羅馬人像是東方專制國家的臣民所想像的那樣，我有了實力為什麼不使用，我明明可以吞併埃及，我應該早點把它吞下來，臥榻之側，豈容他人鼾睡。但是，羅馬人和美國人怕的就是這些降虜順民。國內的順民太多了，那麼我們還算是共和國嗎？我們會不會像東方專制國家一樣，讓每一個潛在的獨裁者得以利用額外財富來破壞我們的自由民主呢？最後在屋大維拿下埃及以後，這樣的事情果然也發生了。埃及以屋大維私人財產的形式併入了羅馬，於是屋大維就得到了一個取之不盡、用之不竭的財庫。元老院能夠管得住軍隊選舉出來的大將軍，是因為大將軍也要吃飯，軍隊也要發軍餉，臨時的戰利品不能夠一直維持開銷，所以它才能夠管得住軍隊。現在大將軍有了埃及，他可以不經元老院和人民的同意。得到埃及的錢，他以後再也不需要元老院給他什麼了。至於公民大會，他可以把從埃及得來的錢分出一大部分，通過社會福利的形式，也就是所謂的麵包與競技，大筆大筆地發錢，來收買羅馬平民的歡心。這樣，屋大維就輕而易舉地顛覆了羅馬的共和制，使羅馬共和國變成羅馬帝國。在這個過程當中，埃及的Easy Money發揮了極其重要的作用。

如果今天有一位美國將軍，他像麥克亞瑟一樣跋扈，然後不聽美國總統的號令，直接就征服了中國，再把中國的國庫用來給他麾下的士兵發餉，他的軍隊歡呼說，我們只知道有我們的將軍，不知道有參議院。然後他帶領這支軍隊浩浩蕩蕩地殺回華盛頓，此時美國要嘛面臨淪為帝國的危險，要嘛就爆發內戰。這正是羅馬曾經發生過的事情。類似的事情在歷史上曾經發生過很多次。所以，赫斯廷斯[6]征服了印度次大陸、在印度撈了很多錢、準備像波斯人和蒙古人的君主一樣花天酒地地生活下去的時候，英國國會和埃德蒙·伯克[7]就一定要彈劾他，因為此風斷不可長，以後就會威脅到英國的憲制本身了。亞歷山大東征，他的將領們迫使他撤退，因為他們看出，馬其頓國王可以做波斯的大君，但是馬其

6　華倫·赫斯廷斯（Warren Hastings, 1732-1818），英國殖民地官員，長年在印度次大陸各地任職，一七七三年至一七八五年間擔任首位印度總督。

7　埃德蒙·伯克（Edmund Burke, 1729-1797），愛爾蘭裔英國政治家、作家、演說家、政治理論家及哲學家，輝格黨人，曾於英國下議院擔任議員。他被廣泛視為英美保守主義的奠基者。

此為美國畫家湯瑪斯・柯爾（Thomas Cole, 1801-1848）於1833–1836年間創作的組圖《帝國的歷程》（The Course of Empire）中的二幅主要畫作，分別是「帝國的美好」（圖①）與「帝國的毀滅」（圖②）。西方傳統的歷史思想認為，文明與國家皆為經歷美好與毀滅的時刻，而其中的關鍵便在於帝國強盛、物質繁榮所導致的美德敗壞，使人們自願放棄政治自由獨立，此為歷史發展的既定軌跡，也是本書作者的所使用的術語「文明季候論」的核心觀點。

頓的貴族和武士應該怎麼辦呢？他們過去是跟國王平起平坐的人，現在國王變成了波斯的大君，他們豈不就要變成國王的奴隸了？而馬其頓王得到了波斯大王的寶庫以後，這種事情是真的可以做得出來的。

「滿洲大憲章」的覆滅和政治自由的喪失

完顏家族在起兵滅遼的時候也面臨著同樣的問題，所以他們的太祖和太宗在起兵的時候，都跟各位貝勒簽署了一個我們可以稱之為是「滿洲大憲章」[8]的文件，發誓說，無論他們征服以後得到了多大的領土，都絕不會背棄勃極烈制。最初幾位皇帝雖然到了燕京，俘虜了宋國的徽宗皇帝和欽宗皇帝，對這個規矩在形式上還是遵守的。所以在金熙宗以前，滿洲朝廷始終實行眾臣合議制。儘管比較偏遠的部落武士不可能都來參加會議，但是被征服的宋人以為，絕對君主的皇帝卻必須跟他的貴族和重臣、跟能夠跑到燕京來的大貴

8 《金史・本紀第二・世祖》：「九月，太祖進軍寧江州，次寥晦城……遂命諸將傳挺而誓曰：『汝等同心盡力，有功者，奴婢部曲為良，庶人官之，先有官者敘進，輕重視功。苟違誓言，身死梃下，家屬無赦。』……詔諳版勃極烈吳乞買貳國政。以吳勃極烈斜也為忽魯勃極烈，蒲家奴為吳勃極烈，宗翰為移賚勃極烈。」

族和部落酋長共議國是，一定要大家一起同意以後皇帝才能夠做出決定。宋人認為，這種做法是極其荒謬的，是部落簡陋之習，就應該像我們的太上皇（徽宗）和皇帝（欽宗）那樣，一個人說了算，其他人都是他的奴才。你們這些野蠻的女真武夫不把皇上當一回事，在皇上面前指手畫腳，在皇上面前大口喝酒，喝完了酒以後還伸手摸皇上的鬍鬚，這簡直是反了！按照趙家的規矩，這種人早就應該殺頭，但是你們居然容許這種無視朝綱的事情一而再、再而三地發生，這充分說明你們滿洲人是野蠻民族。

要注意，近代嚴復以來的東亞歷史學家和思想家，對這一點是異常地弄不清楚，他們採取了一種精神分裂的處理方式：一方面他們被英國人和法國人打敗了，對西方民主崇拜得五體投地，所以英國人說的任何事情都是絕對正確的，英國人做的任何事情都是自由民主的；但是英國人以外的其他蠻族如果做出跟英國人差不多的事情，他們還是會像宋國和金國的那些儒家士大夫一樣面不改色地說，這是部落簡陋之習。其實這兩種東西是一樣的。我們不可否認，英國的憲制是全世界最完善的，英國上議院的檔次顯然不是其他蠻族所能比擬的，但是蠻族這個詞就暗示他們是有政治自由的。實際上，英國政體在發展最初，在阿佛烈大帝[9]以前的時代，也是很簡陋的。也是貴族和國王坐在一起喝酒，喝醉了以後弄不好還要拔出劍來大打出手，甚至發生像「手杖國會」這樣的事情。手杖國會是什麼意思呢？就是說國會議員開會時吵起來了，越吵越激動，最後各人都拔出手杖和劍，當場大打出手。

想想，如果大宋國的士大夫坐著時光機到了西敏宮，看到英國的上議員做出這種事情，他們會不會像是看到金國的勃極烈會議發生的那種喝醉了酒拔鬍鬚的事情一樣，理直氣壯地說：日爾曼人和撒克遜人真是野蠻民族啊，像我們儒家士大夫效忠的專制皇帝制度，誰敢在宮廷上做出這種事情？要知道，阿佛烈大帝的英國、懺悔者愛德華的英國和愛德華三世的英國，從物質上講確實都是貧困落後，顯然沒有宋徽宗的朝廷富裕，也不見得比完顏阿骨打起兵攻遼的時候有錢。宋國的士大夫如果有機會坐上時光機的話，肯定會認為這三個英國名君和完顏阿骨打沒什麼區別，都是一幫天殺的野蠻部落酋長罷了，一天到晚跟自己的部落武士沒大沒小地嬉戲打鬧。我們文明人就不是這樣的，文明人最明顯的特點就是尊卑有序，見到皇上就要下跪磕頭，善於磕頭是成為文明人的首要條件。你們之所以是野蠻人，主要是因為你們的貴族竟然以為自己在皇帝面前還可以平起平坐。

9 阿佛烈大帝（Alfred the Great, 849-899），威塞克斯王國的君主，他控制了英格蘭的大部分地區，並率領軍隊擊敗維京人。

儘管有金太祖、金太宗的兩次盟誓，勃極烈這個制度還是隨著時間的推移而漸漸衰弱了，關鍵也就是因為Easy Money。皇上雖然從燕晉兩國得到的錢並不多，但是從南人和降虜手裡面得到的錢像是羅馬元戎從埃及手裡面得到的錢那樣，是足夠的多。再加上金宋議和以後承平日久，他就漸漸地不再需要原有的貴族武士，甚至覺得這些人沒上沒下，太討厭了。我從宋國俘虜來的這些大臣和美女，一見到我就把我當主子一樣侍候。亞歷山大到了巴比倫，從波斯宮廷接管的大臣和美女就是這樣侍候他的。他在馬其頓被自己母后欺負、被他的貴族欺負，也不敢造次；到了東方，娶了大流士王的女兒以後，錢也有了，美女也有了，過著每天花天酒地的生活。自己的一個朋友或一匹馬死了，就要把罪責放在醫生身上，大肆殺人，為了一個女歌星，就要放火燒掉波斯的首都。這種事情，請問他在馬其頓能幹得出來嗎？那是絕對不可能的事情。但亞歷山大追求的偏偏就是這種唯我獨尊的感覺。蠻族的自由君主在征服了太多降虜的土地、得到太多Easy Money和太多「藍金黃」[10]服務以後，就會變成這樣。

女真人的皇帝自然也並不例外。所以到金熙宗以後，他就最終廢除了勃極烈制，開始實行宋國公卿最喜歡的那種皇帝獨裁制。當然這不是一步走完的，是分幾步進行的。最初的時候，汴京城只有一個殖民機構，叫做行台。行台是什麼意思？「行」跟現在中華人民共和國的派出所是同一回事，「台」就是政府的意思，「行台」的意思就是分支政府。汴梁城所轄的宋國土地是我們征服來的土地，就像英國國王派副王或總督到德里去統治印度一樣，我們派一個分支政府到汴梁城去坐鎮就行了。但是最後，分支政府撤銷，全國各部分在理論上合併，由一個政府來統治。從法律上講，這就好比大不列顛及北愛爾蘭聯合王國和印度帝國合併，而印度的文官制度適用於英格蘭。

這樣一來，孟加拉人保證沒有什麼意見。早在英國人征服以前，他們就是被科舉文官統治的，然後英國人征服以後先混亂了一段時間，最後也開始開科取士，實行公務員制度。但是，英國貴族和英國資產階級肯定要反對。我們英格蘭的自由民族以前曾經是砍了查理國王的頭的，你竟然拿我們當孟加拉人一樣來統治，簡直貽笑大方！我們的貴族哪裡去了？我們的資產階級哪裡去了？你竟然想派幾個國王的宮廷侍臣和國王通過考試派來的公務員就想統治我們，西敏宮的國會議員哪裡去了？只有西敏宮才能統治我們。他們肯定要這麼鬧的。所以，印度和英國統一是不可能的事情。寧可讓印度獨立，也不可能讓印度

10 流亡美國的中國商人郭文貴聲稱，中共於近二十年來一直對台、港等地推行「藍金黃計劃」，以控制當地官員、商人。藍色指以駭客實施網路攻擊、製造網路輿論等等，金色指以錢財收買，黃色指性賄賂或用性醜聞勒索對方。

和英國統一。英國人比女真人高明的地方就在這一點。而女真人最後還是在金熙宗一朝，走過了類似於平行時空下，英國和印度統一的這條路，於是金國最終就變成了專制國家。這樣一來，不僅毀了金帝國，而且損害到滿洲本身。如果英國人因為征服了印度，按照印度本身的方式來統治英格蘭本土，那麼自然就會像是羅馬人征服了東方、然後元戎再用東方專制主義的方式來統治西方一樣，整個羅馬帝國都變成東方化的專制帝國，然後文明的火焰就漸漸熄滅了。這正是女真帝國時代滿洲發生的事情，儘管規模比較小。

其實從憲制角度、從孟德斯鳩《論法的精神》的觀點來講，金太祖和金太宗對他們的貴族武士所做的盟誓，發誓說「無論如何都不會取消勃極烈制」的那些承諾，跟英國每一個新國王登基都要發誓「我一定遵守王國的傳統和權利，遵守前王發布的權利約章或者其他什麼文件」一樣。後來大憲章有了以後，每一屆新王上台以後，貴族和議會都要迫使他，在加冕以後立刻發布一條詔諭，說先王曾經簽署過大憲章，我重新承認一遍大憲章。他死了以後，他的兒子又要再重新承認一遍大憲章。大憲章的權威性是在這樣反覆承認的過程中確立起來的。從金太祖和金太宗的做法可以看出，滿洲的貴族和武士最初也是有一點英國貴族的那種意識的。他們覺得，皇帝有了錢以後就要漸漸靠不住，於是事先就要迫使皇帝盟誓。盟誓了一次還不夠，還要盟誓第二次。但是，第三次盟誓就沒有了。這就等於說英國人過了兩屆國王以後、新國王就不再宣布他一定要遵守大憲章一樣，雖然沒有發誓說一定要遵守大憲章，但還是不敢廢除西敏宮的國會，然後再過幾屆國王以後，他的膽子就大到連西敏宮都不再開門召集會議了。

如果這種事情發生的話，那麼就是，英國從部落民主發展到封建自由、發展到立憲君主國以後，最終走上了東方專制主義道路。而滿洲人就在僅僅五代君主的時間內走完了這個歷程，從部落民主走向封建自由，然後因為征服了遼國和宋國的大批郡縣制土地，皇帝一有錢就變壞，最終導致了「滿洲大憲章」的覆滅以及滿洲本土喪失了政治自由。但是這對於南人來說，對於河南山東的順民來說，這沒有什麼區別，他們覺得自古以來就是這個樣子的。宋國皇帝是這樣統治他們的，如果金國皇帝不這樣統治他們，他們反而要覺得不對勁，渾身不舒服。燕晉介於兩者之間——因為金國也是有五京制的，五京制當中真正重要的就是燕晉這兩方面，它們繼承了唐國和遼國的傳統。五京制對於他們的實質意義就是說，燕人和晉人享有一種澳洲和加拿大那樣的自治領地，他們不完全是降虜，他們的豪族有一定的地位。這些豪族的來源非常古老，可能比永嘉之亂時期的那些蠻族還要古老。

郭子儀家族的政治決斷（一）

別的不說，我們從微觀來看待歷史，就說一位著名人物：平定安史之亂的大將郭子儀。因為唐人好用番將是出了名的，而唐皇室自己也是鮮卑人出身，所以就有某些擁護中華民國或者信奉漢族沙文主義之類的人就跳出來說，這些只是小插曲而已，他們的總司令畢竟還是郭子儀，郭子儀可是漢人啊。問題恰恰就出在這一點上。李光弼、僕固懷恩[11]那些人是胡人，沒有問題，但是郭子儀也只是有一個漢人名字而已，他們家跟李世民是同一個族群。其實他的身分跟鮑羅廷是一樣的，只不過照二十世紀的政治正確，即使鮑羅廷是國民黨實際上的主人，但是他不能公開站出來、由他自己直接當國民黨的總理，國民黨的總理必須是孫文和蔣介石，鮑羅廷只能在他們幕後活動。如果是按十九世紀以前封建時代的遊戲規則的話，那麼鮑羅廷就自己跳出來當郭子儀了，然後變成國民黨中央委員會的委員長或者其他什麼人物，他的子孫也住在南京或者廣州，然後他的後代就會改姓鮑了。這不是玩文字遊戲，所謂的漢化就是這樣的。

同樣，國民黨手裡面還有另外一個大將，他的名字叫堯樂博斯[12]，他是維吾爾人，本來也不是很擁護國民黨，只是他所在的利益集團跟共產黨和蘇聯的矛盾更大，所以在共產黨快要把哈密、吐魯番吃掉的時候，他跑過來投奔了國民黨，然後國民黨把他帶到了台灣。他到了台灣以後做了一件事情，就是讓他的兒子姓堯。以後他的兒子就是堯某某，他的孫子自然也是堯某某。再過幾代，如果他祖上的歷史失傳的話，就會有人說堯某某他們家世世代代都是國民黨帶來的這批漢人。他是漢人嗎？他當然是維吾爾人了。鮑羅廷他們家如果在廣州住久了以後，估計他的孫子也要開始姓鮑，然後他就要像鄂爾泰[13]的後裔改名鄂昌一樣，鮑羅廷的孫子也可能叫做鮑昌，他的重孫子也可能叫做鮑賢，他的重重重孫子可能就叫鮑子龍，然後他們就會給自己編出家譜來，說我們家原來並不是蘇聯人，而是山東齊國的鮑叔牙之後，後來遷到廣州以後加入了國民黨的。歷史上所謂漢人的家譜，百分之九十以上都是這樣編出來的。

當然，大多數人是小人物，他們閉上眼睛編，說是開漳聖王之後或者堯帝之後諸如此

11 僕固懷恩（691-765年），鐵勒族人。他曾於安史之亂期間，跟隨郭子儀作戰，立有戰功，後聯合吐蕃、回紇軍隊先後兩次進攻長安城。

12 堯樂博斯・汗（Yulbars Khan, 1889-1971），漢名黃景福，反對盛世才允許中共紅軍進入新疆省的決定，後又率領軍隊與解放軍作戰，惟失敗，經中印邊界逃至台灣。

13 鄂爾泰（1677-1745），與田文鏡、李衛並為雍正帝的心腹，曾任雲貴總督，兼轄廣西，在當地積極推行改土歸流政策。

類的，那就隨他胡說八道去好了，雖然實際上真正能夠考察出來的家譜一般來說不會超過明朝嘉靖年間，在那以前的話他多半是一個馬來人的酋長或者諸如此類的角色。像曾國藩家族，百分之九十以上的可能性就是一個湖湘尼亞高地的酋長，論血統來講應該也是馬來人，但是他既然把自己編成「曾」了，一代一代就叫曾國藩、曾國荃下來了。然後何清漣就反駁說，湖南漢人占到湖南人口的大多數呀，除了極少數湘西山地以外，湖南哪有少數民族？其實她本人這個「何」姓也是一個胡姓——如果仔細盤查下來的話，可能也能夠找到類似的來源。至於冉雲飛[14]，單憑這個「冉」字，那就更不用說了，冉家世世代代都是造反的酋長，從南北朝時代一直造反到明朝時代。每一次湘西、鄂西或者巴東發生動亂以後，總有一個或者幾個姓冉的酋長出來殺人戕官，把歷朝歷代東亞帝國的文官武將弄得無比頭疼。

作為一個典型的晉國軍事貴族，郭子儀的這個家譜從頭到尾還是可以查得清的。他的祖先是一個蠻族酋長。我們不知道他是匈奴酋長、鮮卑酋長還是河中來的伊朗人的薩寶武士或者商團領袖，但是我們知道，他們的祖先按歷史記載一直居住在雁門關一帶，在北魏時期大概就是和爾朱榮[15]一樣的當地部落酋長。平城的元魏鮮卑政權收編了他們，讓他們負責軍事防禦，按當時的情況很可能是去安撫遷入的六鎮部落，於是他們和六鎮體制融合在一起了。六鎮的普六茹家族和大野家族隨著元魏政權而內遷，他們也經歷了所謂的漢化。而漢化這個詞的含義，之前已經解釋過了：對於皇帝來說就是相當於金熙宗那種做法，削奪貴族武士的權力，建立一個獨裁的皇帝政權；對於士大夫階級來說就是曾國藩那種做法，原先是酋長或者武士，今後要做讀書人和士大夫，放棄自己的武力，變成知識分子。這樣一來，從上到下都喪失了政治自由和戰鬥力。這個東西就叫漢化。如果從羅馬共和國和英格蘭王國的憲制史眼光來講，沒別的說法，這就是費拉化和專制化。這根本不是什麼歷史的進步，而是自由民族在喪失了政治權利、淪為專制國家臣民以後才會有的現象。就憑這一點，所謂的漢人是不可能實現政治自由的。政治自由必定是蠻族的產物。只有在喪失了政治自由以後，才有可能自稱和被稱為漢人。就像是，一個人只有在閹割以後才可以自稱為太監；如果想讓這個人生孩子，首先就是要避免使他變成太監。

回到原來的話題上。郭家的祖先就是這樣的一個酋長，他們跟大野氏、未來的李家關係很好，然後隨著大野家族進了關。先到了洛陽，然後在北魏帝國一分為二的時候跟著宇

14 冉雲飛，生於一九六五年，中國四川省作家，參與聯署《零八憲章》，二〇一一年曾因「涉嫌煽動顛覆國家政權罪」被當地警方實施刑拘入獄。

15 爾朱榮（493-530），鮮卑化羯人，北魏權臣。他發動「河陰之變」，從而控制了北魏朝政，後被北魏孝莊帝殺死。

文泰的集團到了長安，在長安那邊以武將身分效力。然後到隋人篡北周、唐人又篡隋以後，他們又跟著唐國當官。他們自稱汾陽郭氏，也就是說他們把郡望放在晉國的汾陽，實際上他們的遠祖處在雁門關地區。雁北可以說是外境，汾陽、平陽、平城這些地方可以說是內地。我們要知道，歷史上的匈奴人和晉人實際上是同一個族群的不同分化，跟烏克蘭人和俄羅斯人的關係非常相似。烏克蘭人起源於哥薩克，而哥薩克是怎麼來的？就是俄羅斯的農奴。俄羅斯的農奴不願意受俄羅斯地主或者波蘭地主的剝削或者壓迫，然後他們就逃出來，建立了自己的軍事民主制，這樣一個軍政聯盟就叫做哥薩克。他們獲得自

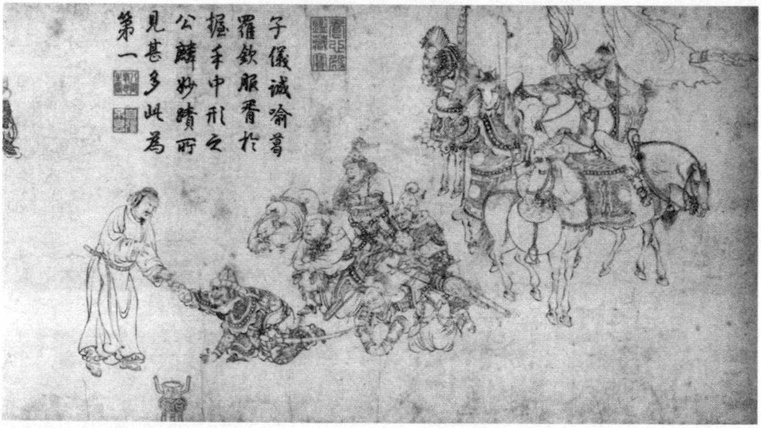

北宋畫家李公麟之《免冑圖》，描繪了郭子儀（圖左站立者）率數十騎免冑（徒手不著盔甲）之戰士，孤軍前往回紇敵陣，其勇敢受到回紇戰士敬佩，因而下馬拜見的情景。圖中的郭子儀雖身著漢服長袍，與回紇戰士有著明顯區別，但他是否為漢人，歷來也多所爭議。

由以後就反過來去打波蘭人或者俄羅斯人，搶劫那些過去壓迫他們的貴族地主，然後波蘭人和俄羅斯人都要出兵來討伐他們。他們跟波蘭的農奴或者俄羅斯的農奴有什麼血統上的差別？沒有。同一家的兄弟兩個，一個冒著生命危險跑出來加入了哥薩克，一天到晚過著刀頭舔血的日子，他就是哥薩克人，也就是後來的烏克蘭人；如果留在波蘭貴族地主的保護之下，或者是留在俄羅斯皇帝的保護之下，在波蘭那一邊他的名字就叫羅塞尼亞人，在俄羅斯這一邊他的名字就叫小俄羅斯人，總之是沒有政治自由。這三種人的區別在哪裡？根本不是血統上的區別，而是政治選擇上的區別。秦漢帝國建立以後，滅趙滅代以後，古代道上的晉民族也是這樣一分為二的：願意接受郡縣制奴役的，以後就變成編戶齊民，就變成帝國的郡縣制居民了；不願意受奴役的，他們就逃亡，逃到晉人的發源地軍都山，然後再逃出邊塞，到晉人東下進入內亞的老家陰山，盤踞在陰山山脈，於是他們就變成了匈奴人。

匈者漢也，漢者夏也。匈、漢、夏三個詞在外伊朗的語言中是同一個音，跟「列根」和「雷根」的關係也是一樣的。夏水在哪裡？在山西北部的軍都山，匈奴人就是在那裡起源的，他們跟晉人原本是在同一個地方。夏水有兩條，一條在軍都山，一條在歷山，曆山那個夏水就是傳說中堯舜的起源。這兩者的差別在哪裡呢？同樣它們都是內亞的部落，從河中地區的最古老的夏水，也就是烏滸水，向東遷到陰山——後來沙陀人李克用，他的祖先也是沿著這條路徑建立中世晉國，然後再從陰山南下到軍都山，從軍都山南下到歷山。然後他們把原先的大夏——也就是烏滸水那個夏水的名字帶到了東方，就像是英國人本來在英國有一個約克郡，然後到了美國又成立一個新約克。新約克是什麼？就是紐約。大夏和東亞的夏的關係是什麼？大夏就是夏的源頭，真正的夏。東亞的小夏、那些一連串的夏是什麼？那就是夏人或者內亞人在遷徙過程中建立的一系列紐約。真正的約克——烏滸水在外伊朗，然後一連串的紐約在東亞。陰山一定還有一個鄂爾多斯的紐約，也就是鄂爾多斯的夏，然後晉北的軍都山有了第二個夏，晉南的歷山有了第三個夏，這三個小夏跟原來那個大夏的關係就是紐約和約克郡的關係。內亞人一路東遷，一路把自己原來得名的夏水的名字帶到東方。走到鄂爾多斯，就使鄂爾多斯變成了最古老的夏；走到軍都山，也就使晉北變成了下一個夏；然後再走到歷山，晉南又變成新的夏了。這就是夏的來源。這也是歷代西亞內亞各民族殖民東亞的傳統路線。從外伊朗到天山，從天山到陰山，從陰山到晉北，從晉北到晉南。

郭家的祖先，我們只知道這個遷移過程的後半截，因為他們的歷史是從北魏開始的。他們從雁北走到中原，從中原走到長安，最後變成了唐國的大臣。他們最初的郡望當然是在太原、雁北之類的地方，但是在這個中途他們在汾陽停留了一下，於是他們的籍貫就變成了汾陽。再往南走，他們就到長安了。他們接下來在郭子儀那個時代，他們實際上是住在長安的，並不住在汾陽，但是這並不會妨礙說我們家是汾陽人。這個很自然，就是說，你取自己的郡望、說自己是哪兒的人的時候，通常是選擇你們家在政治上發跡、成為重要政治人物、封侯拜相時候的居住地。因為在雁北那個時代，我可能還只是一個無名酋長，到了汾陽那個時代，我是朝中的大臣、六胡州的重要主管了，於是我選擇汾陽作為自己家譜的起點，然後搬到長安以後繼續說我是汾陽人。籍貫這個東西，本質上是一個政治上的選擇，而政治上的選擇都是取決於你所在的集團在政治上發揮作用的那個時間點的。所以郭家就自稱是郭汾陽，變成了汾陽人，雖然他們在長安做官。

然後安史之亂爆發，也就是突厥人和伊朗人開始在燕國作亂的時候，鮮卑人的唐國沒有什麼辦法，既然你們依靠內亞來的蠻族跟我們作戰，我們也只能依靠內亞來的蠻族跟你們打仗，於是他們派出了郭子儀。之所以派郭子儀而不派其他什麼人，因為第一，郭子儀仍然是半蠻族，第二，郭家跟楊家和李家的關係是特別密切的。我們可以看出他們是同一批關隴集團，郭家的遷任歷程始終跟楊家和李家是同步的，只不過楊家和李家的官始終要比郭家當的大一些。楊家和李家封了公爵、可以篡位的時候，郭家還只是大將或刺史之類的。但是他們之間的關係是什麼關係？他們之間的關係就是林彪和黃永勝的那種關係。無論林彪做什麼官，黃永勝都跟在他身邊，而黃永勝的官總比林彪低一級，但是他們肯定是最親密的政治集團。李家最能信任的人當然就是郭家。然後僕固懷恩或者回鶻人什麼的跑過來幫助唐人跟安祿山打仗的時候，唐人對這些蠻族部落很有點鎮壓不住的感覺，於是他們就只能依靠郭子儀了。

而郭子儀身邊又有一個敘利亞基督徒，照新舊唐書的記載是「為公爪牙，作君耳目」，也就是說他實際上很可能是郭子儀的特工。這位仁兄在長安城建立了最早的基督教教堂，舉辦了聖誕節活動，所以一般描繪基督教歷史的時候都會把他寫進來。郭子儀就是依靠這樣的班底打敗了安祿山和史思明的。請問，郭子儀到底算是漢將還是番將？這完全是一個自由選擇的問題。說他是漢將也可以，因為大多數漢將，像呂布、董卓這樣的人，他們的情況其實很可能也跟郭子儀是一樣的。明代的李賢、猛如虎，擺明了就是蒙古人取了漢姓漢名的。近代的龍雲也是這種情況。當然，多過幾代以後他們就會為自己編造出假的家譜，如果比較謹慎一點、有點良心的話，就說我們家是什麼唐代朝廷或者宋代朝廷的某一個流放大臣的後代，如果不靠譜，連炎帝、黃帝和堯舜禹湯都搬得出來，無論如何，這些故事全是編出來的。郭氏家譜也是如此。

然後安史之亂平定以後，朝廷繼續任命他們的後代當北方各要地的節度使。這實際上也是一個半封建化的做法。他們知道郭家原來是北方邊境的部落。他們應該即使是在郭子儀他們家封了這個官封了那個官、他們家的女人也封了霍國夫人、看上去完全像個漢官的時候，肯定也跟僕固懷恩一樣，跟內亞的各部落還保持著多重的密切關係。僕固懷恩後來之所以不得不造反，就是因為他雖然一門之內為朝廷戰死了四十三人，可以說是功勞大得不得了，但是他們的女兒還經常跟回鶻人和內亞其他部落聯姻，在唐國皇帝看來有如芒刺在背，尤其是這些內亞部族比長安朝廷更強大的時候——就算功勞再大，就憑們有這麼多內亞的姻親關係，朕也覺得你們早晚是要造反的。

而郭子儀則是為人很謹慎，就像《醉打金枝》那個傳奇故事中所說的那樣，他盡可能地不讓皇帝猜疑他，其中辦法之一就是儘量求田問舍，表示我除了愛錢以外、除了貪圖享樂以外，其他都不追求。但是這些姻親關係必然還是存在的。而皇帝也可以看出，反正我沒有辦法控制這些蠻族，那就還不如派一個比較忠誠於我、我還比較信任過的蠻族去控制他們吧。除了郭家以外，還能有誰對我們更加忠誠呢？而之後唐國是滅亡了，但郭家他們還是繼續在沙陀人的晉國做官。

郭子儀家族的政治決斷（二）

然後遼宋更迭之際，郭家實際上是像楊家將一樣有選擇的。楊家將選擇歸宋，歸宋以後，我們知道這些人的下場就是被宋人迫害致死。郭家的選擇恰好相反，他們寧願投奔遼國，於是世世代代在遼國西京（今山西大同）的體系裡做官。他們這樣的豪族構成了西京政治體系的一部分。之所以遼國要設置西京，金國也要設置西京，跟後來英國人不能直接統治澳洲自治領的道理是一樣的：晉國的蠻族頭領，像郭子儀家族這些軍事集團，他們不是任外人予取予求的土豪。最好是承認他們對當地的傳統權利，任命他當西京政權的重要官員，比如天德軍節度使之類的。如果一定要剝奪他們的權力的話，他們造起反來自己就更難對付。他們一代一代在遼國繼續統治天德軍，也就是統治晉國。我們要注意，天德軍從起源上來說就是郭子儀朔方軍的一個分支，它在哪裡？在陰山，晉國北部。郭家從內亞來，回內亞去。然後等到宋國和金國簽署著名的海上之盟、瓜分遼國土地的時候，同樣的選擇又來了：他們是歸金還是歸宋？他們家又毫不猶豫地決定歸金。很顯然，因為在金人的統治之下，他們還可以保存傳統的自治權。金人果然也恢復了過去的五京制，使他們家在金國的統治下仍然可以像在遼國的統治下一樣享有高度自治。如果歸了宋，那就完蛋了，他就變成楊家將一樣的人了，開始可能會短暫受到重用，但是早晚會被文官集團排擠，混不下去，最後也只有放棄原有的內亞文化，像楊六郎的後代一樣，自己也跟著做士大夫了。所謂的漢化和胡化，從楊家將和郭家將這些真實具體的歷史就可以看得清楚，胡化就是內亞化，而漢化就是東亞化。以郭子儀在大唐的重要地位做出這樣的政治選擇，就很清楚地表明，在中古時期的晉國土豪眼中，滿洲出身的遼國和金國比後來的宋國更有資格繼承唐國。這就說明，唐國本質上是一個內亞帝國。而後周（北宋的前身）和宋國推翻沙陀人的統治，在內亞貴族的眼中基本上是一場無產階級革命。他們認為，滿洲帝國是鮮卑人內亞帝國的正統繼承者。唐國滅亡以後，他們理所當然應該歸順遼國和金國，而不是宋國。楊家將後來的遭遇，也證明他們的這個選擇是正確的。

燕國方面，像金國後來收用的張通古、趙元[16]這些人，他們就是燕國的豪族，他們在遼國的南京也享有郭家在遼國的天德軍類似的自治地位。所以宋徽宗海上之盟瓜分了遼國領土、得到了燕國的包括燕山府在內的土地的時候，很想招募當地的名士出來做官，而張

16 張通古（1088-1156），遼天慶年間進士，後擔任金國工部侍郎。一一三八年出使南宋，以「大國之卿相當於小國之君」為理由，對宋高宗趙構並不恭敬。趙元，遼天慶年間進士，後受金兀朮重用。

家就是誓死不肯出來做官。他們在遼國是重要人物，宋國也願意招攬他們，但是他們誓死不肯服從，寧願像傳說中的伯夷和叔齊一樣跑到山裡面去，跑到易州北面的燕山山脈裡面去隱居，也就是表示說我就是不承認你們宋徽宗的統治。但是金兵一旦南下，他立刻就跑到金兵的軍前，向金兵獻計獻策，然後在金國做了宰相。金人滅宋之所以能夠如此順利，主要就是因為燕國土豪深知宋國的底細，而松花江流域的滿洲人對此並不是很瞭解。而且燕人也沿用了郭子儀和安祿山所習慣的那種唐國的重裝步兵戰術。宋人的軍事組織主要就是由弓箭手、重裝步兵和輕裝步兵這三者組合。所以，他們為女真人在情報方面和軍事組織方面提供的援助，是女真人得以攻陷汴京的主要因素，也是女真人願意攻陷汴京的主要因素。後來的宋史作者咬牙切齒地說，女真人本來不想攻汴京的，都是這些燕人一天到晚進讒言，一天到晚誘惑女真人南下，才害得欽徽二帝蒙塵。當然我們要考慮到，宋徽宗在燕雲十六州實行的政策跟今天習近平在東突厥斯坦實行的政策是一樣的，可以說是種族屠殺了，他就是要清除掉唐人遺留下來、並由遼人繼承的這些內亞因素。這樣一來，燕國的豪族自然是人人自危，寧願給滿洲人做帶路黨了。

女真人的帝國就是由我們剛才介紹的這三種因素構成的，所以後來我們稱之為金國的女真帝國包含著三元成分。這個三元成分跟以前的匈奴人、鮮卑人的帝國的不同之處在哪裡呢？就是，代表內亞因素的燕國或者晉國降到了第二流的地位。當然，原來的宋國部分或東亞部分在任何時代都是處在被殖民者的地位，始終是政治地位最低的。但是這個並不重要，重要的是，在原先的帝國當中是以內亞人為核心、東北亞人為輔助，現在改成以東北亞人為核心、內亞人為輔助。而東亞人或者中國人始終是像印度人和埃及人一樣是被殖民者，所以對於他們來說世界沒有發生任何變化。金國也好，宋國也好，大唐也好，不都是那麼回事嗎？來來來，我們編一部二十四史，再往王朝列表上面加，像糖葫蘆一樣，糖葫蘆可以一直串上去，我們多加幾個王朝不就得了嗎？從他們的角度來講，這樣也是正確的，因為他們始終都是降虜。但是從統治者的角度來講，這個變化是很重要的。最初上古時期的東北亞只是內亞的一個分支，甚至都不能稱之為獨立的政治實體。渤海以後，勉強可以稱之為獨立的政治實體了，但是渤海人和契丹人面對突厥人就像是國民黨和共產黨面對蘇聯爸爸一樣，是大氣都不敢出的，內亞人顯然是占據優勢地位的。郭子儀他們那個時代仍然是這樣的。經過了具有過渡性的遼國的統治、發展到金帝國以後，政治天平就發生了決定性的轉移。以後，東北亞人開始統治內亞人了。金帝國是後來清帝國的預演，標誌著東北亞在整體上的崛起。金帝國的崛起，跟日本坂東武士征服關西的公卿和地頭、然後日本又凌駕於朝鮮之上的意義是相同的。東北亞過去的核心地帶，燕、齊和朝鮮半島，已經不再重要了；東北亞的新大陸，日本和滿洲，即將崛起，不但將會取得原先的舊東北亞沒有的政治地位，而且還要凌駕於原先的宗主國內亞之上。

五、殖民主義與逆向殖民主義

女真人建立帝國卻成為最大輸家

金人南下，使燕人變成了最大的贏家。他們好像是一個小股東，投了百分之五的資本進去，結果卻有百分之五十的分紅，可以說是一本萬利了。宋人變成一個很狼狽的輸家，因為他們連汴京城都給丟了。但是，他們其實不是最大的輸家，最大的輸家其實反而是滿洲自身。滿洲自身通過金帝國的建立，承擔了百分之九十五的成本，只獲得了一半的好處，而這一半的好處實際上對他們是有害的。戰爭大大加速了絕對君主國成立的步伐，對滿洲賴以生存的幾個核心產業造成了很惡劣的效果，首先就是

圖為12世紀的女真戰士與18世紀乾隆朝的滿洲戰士。女真人得以興起的憑藉，在於部落合議性質的「勃極烈制度」，使得政治機制得以精簡而強大，在軍事上則呈現為軍民合一的「猛安謀克制度」。故女真戰士的社會身分類似西方的封建氏族關係，是其戰鬥力的根本來源，而非中原王朝徵募的農民士兵可比。

鐵器產業。當我們談到東北亞逐步從內亞中分化出來變成凌駕內亞之上的一個新趨勢的時候，我們不要以為這些東西都是無緣無故發生的，任何一種秩序的產生都有它背後的依據力量。

對於東北亞來說，它的新生力量很顯然就是相當於美國西部墾荒農場主的那種力量，就是松花江外或者坂東武士經營的那些新墾地，那些分散的領主聯盟所培養出來的產業。日本的產業結構要多樣化一些。滿洲的產業結構，最重要的就是煉鐵業和造船業這兩項。分散的造船集團和煉鐵工廠的興起，是滿洲以金帝國的名義、在靖康戰爭中得以崛起的主要原因。但是這場戰爭本身對這些產業的發展卻是不利的。內亞的衰亡則是因為，內亞自己主要的力量來源是內亞這個漏斗口大的一邊所連接的那個西亞—歐洲的整個巨大世界提供的資源，一小部分則是河中這個比較小的基地，就是撒馬爾罕、塔什干、布哈拉，昭武九姓的發源地，這一帶自身的尖端產業。這些產業的基地不大，但是品質相對於東亞來說是很出色的。唐人比較先進的技術都是從他們那裡引進的，吐蕃和東南亞多半也是這個樣子的。但是他們的人口不多，基地不大，所以迴旋餘地很小，禁不住生態惡化的影響，禁不住後來城邦制度解體、幕府制度興起以後以伊斯蘭教名義不斷推動的社會平等化對原有的各邦國憲制結構的破壞，也禁不住後來蒙古人和絕對君主制的產業摧殘。

東北亞這一塊的好處就是比較偏遠，原先受到的干擾是比較少的，所以在渤海以後的兩百多年時間內，它能夠經由無數寂寂無聞的領主、鐵匠和造船工匠的努力，把原先他們從內亞祭司和流亡者那裡傳來的技術日益發揚光大。他們主要受惠的地方就是在於，沒有一個強大的中央集權國家或者外來的掠奪者來打斷他們的自然發展。日本坂東武士和商人的聯盟其實也是依靠這種條件，才能夠漸漸凌駕於關西的宮廷之上。但是當他們的上層力量凝聚成為金帝國的時候，作為基礎的他們自身就要蒙受多重的損失。

繼承宋國的通貨膨脹，金國蒙受人力損失

首先就是人力資源的大量損失。猛安謀克制度其實原先也是部落制度，但是在進入汴京周圍的地區以後，漸漸就變成了一種失敗的府兵制。府兵制原先是半封建制度，金人南下以後，企圖把猛安謀克制度部署到河南山東，本來也是指望它發揮半封建的殖民作用。但是由於他們推行貨幣經濟學的緣故，這個企圖失敗了，這些人最終變成了領薪水的軍人。而由於紙幣通貨膨脹的結果，真正作戰的軍人和國家財政都受到了災難性的打擊。通貨膨脹這件事情其實是王安石、宋徽宗和蔡京[1]的凱恩斯主義經濟學造成的，金人在入關

以前是完全不懂這一套的。但是他們占領了汴京，也就像突厥人進了君士坦丁堡一樣，不僅繼承了一些有形的財富，而且繼承了無形的巨大災難——就是汴京城留下來的士大夫集團和他們的財政專家。金國的通貨膨脹記錄，等於是繼承了宋國的傳統。

金國是一個複合帝國：從燕、晉的角度來看，金國是唐、梁兩國的直接繼承者；從滿洲生女真和黑水聯盟的角度來看，金國是最純正的滿洲核心；對於宋國或者是所謂的南人來看的話，金國是北宋的直接繼承者。它是一個三元帝國，所以它就同時體現出這三種特徵。而從宋國那一部分繼承的，一方面是編戶齊民，一方面就是財政上的凱恩斯主義和紙幣印刷技術。這個技術對於中央財政是過於有利了，使他們在遇到任何壓力的情況下都可以輕而易舉地用增發鈔票的方式來解決財政問題。交子一發，動不動多增發幾千萬貫，那是小事一樁，再也用不著像以前鑄造銅錢那麼麻煩了。銅錢要多摻一些錫或者雜質，總沒有印刷紙幣這麼樣容易。而且紙幣是要折舊的，三年一折舊，折舊的過程中間在兌換率上做一下手腳，這個鑄幣稅的收入就不得了。以前的鑄幣基地還不是單一的，而紙鈔發行的

1 蔡京（1047-1126）：北宋書法家、政治家，中國歷史上最著名的權臣之一，他早年支持王安石變法，先後四次任宰相，掌權共達十七年之久。他於一一一三年開始，主持一系列的財政改革，使得政府收入劇增，支撐了宋徽宗一朝對外的大規模軍事行動。

基地就完全變成單一的了。它的原料成本空前下降了，徵收鑄幣稅的動機空前加強了。所以，金國的通貨膨脹記錄直接咬在宋徽宗和蔡京的後面，打破了中古時期的世界紀錄。

這樣一來，原先那些本來應該像府兵一樣獲得一部分封建領地、利用他們的武器來保護這些封建領地、然後招攬一些沒有力量保護自己的農民、逐步構成劫後農村再生中心的猛安謀克們，在這些紙幣通貨膨脹的打擊下迅速破產。他們入關以後，自己原先的小共同體組織本來已經被打散，分給他們的土地和財產在惡性通貨膨脹的打擊下又失去了意義，他們必須另外想法謀生，因此漸漸喪失了他們的戰鬥力。這是金人後來在軍事上迅速衰退的主要原因。而對於滿洲本土來說，這樣一來就等於是把它武士的精華大量地抽調到南方，然後在南方的通貨膨脹之下陷入極度的貧困而迅速滅亡。

滿洲煉鋼業和造船業的國營化

煉鐵工業也同樣受到了宋人的國有經濟學的重大打擊。在金國建立以前，這些煉鐵業是分散的，是由各個城市、各個聯盟、各個礦山的擁有者根據各式各樣的習慣法經營的。金國建立起來以後，為了戰爭的亟需，一開始可能是一個臨時措施，但是滅宋以後又得到從宋人那裡輸入的財政專家的幫助，就把宋人已經根據桑弘羊的先例在王安石和蔡京手下已經操練得很成熟的國有經營技術拿出來，把重要的鹽鐵生產和貿易變成了國家統制的一個部門。原先的臨時措施，最後就變成正式的國家制度了。原先在幾百年時間內開發出來的鐵礦和大量的煉鐵爐，以後就要由國家官員來統制了。

以後的發展就說明，種族因素相對於政治因素來說是無關緊要的。我們可以說宋人和宋國的降官、前朝遺留的技術專家是一個腐蝕力量，因為他們是宋人，是中國人和東亞人，並不是真正的滿洲人，所以他們代表腐敗。如果種族解釋正確的話，那麼純正的滿洲人是不應該受他們影響的。而在金國的體制當中，滿洲的鐵礦產業，一直到它滅亡，都是由軍事部門控制的，而軍事部門一般是由純正的女真貴族經營的，並不是由宋人的士大夫、科舉官僚或者財政專家來控制的。但是你只要實行了王安石的制度，無論這些官員的出身血統是怎樣的，他是女真人也好，渤海人也好，還是遼人、燕人、宋人也好，他們的表現都是一模一樣的。

他們的存在，自然而然導致了這些原先在分散的各領主和工匠統治之下欣欣向榮的產業趨於停滯然後衰退。他們的心思以後就不能再用到產業改良上面，而用到假大空的指標上面去了。結果就會出現我們經常看到的情況：在分散的封建統治者、資本家或者工匠和工頭的統治之下，不斷產生新的煉鐵爐或者新的技術；而在國家撥款、國家統一指揮之下，原來有多少就只能有多少，大家都失去了創新和擴張的動力，到最後，原來有的那些企業也都開始採取偷工減料的方式，形式上和數位上還存在，但是生產出來的產品品質反而越來越差了。金國後來滅亡的另一個重要原因就是因為，他們接受了宋人的國營工業體制以後，他們生產出來的產品也像宋人生產出來的產品那樣越來越差，越來越徒具形式，適合於檢閱的時候做得漂漂亮亮，而實戰的時候卻不堪用。當他們還在封建領主手裡面、這些武器和盔甲之類的要符合封建領主自身的需要、跟封建領主自身的安危聯繫在一起的時候，這種現象是不會出現的。

圖為1019年的女真海盜入侵日本的路線，日本文獻稱之為「刀伊入寇」，「刀伊」（トイ）指的是高麗語中的「東夷」（高麗以東的夷狄）。該次襲擊的女真海盜多達數千人，侵入地點包括對馬島、壹岐島與北九州等多處地點，說明了金王朝建立之前的女真部落，已經具有高度的軍事組織與航海技術。

第三個受影響的產業就是造船業。造船業在渤海和女真初期也是非常發達的。日本有所謂的女真海盜侵襲事件，隨著日本封建制度的勝利而消失了，那就說明，女真海盜貿易者已經跟日本的走私貿易者和保護走私貿易的封建領主達成了和諧的關係，因此他們就不再被稱為海盜了；而朝鮮半島的女真海盜問題與高麗王國相始終，那就說明，由於高麗王國沒有實現像日本那樣的封建化和分散化，在它那裡走私貿易始終是不合法的，因此女真的走私貿易者和高麗本國的商業夥伴一直處在非法的和黑社會的狀態，結果就被稱為海盜了。這些現象都說明，女真人的造船技術是相當發達的。後來忽必烈東征日本的時候，滿洲是一個重要的造船基地，承擔了征東行省[2]造船指標的很大一部分，也就說明，整個造船業在金帝國的統治時期至少仍然是存在的。主要原因可能就是因為，金人在南下戰爭中間把他們的武士抽調到了汴京地帶，而這場戰爭很少有需要海軍的地方，所以造船業就沒有像鐵器產業那樣受到嚴格的管制。

但也可能是因為以下的原因：宋人是慣於對黑色金屬和銅器實施管制的，宋人對銅器、銅錢和鐵器工業的管制既有國家安全、也有經濟安全方面的考慮，但是管制體系的細

2 高麗成為元帝國的附庸後，元廷在朝鮮半島設立「征東等處行中書省」，高麗國雖仍然自主國政，但也一度面臨被郡縣化的危險。

密是東亞歷史上到當時為止最複雜的。金人原先沒有這套制度，從宋人那裡學到以後，也找不出比它更好的模仿對象。但造船業就沒有做得這麼絕。宋人在海上也是實行貿易壟斷的，但是它允許私人造船業和私人海商出去，只是回來的時候要把自己貨物的比如說五分之一交給國家包賣，或者是，國家還享有一定的特權，對它認為有必要抽頭的那些貨物，自己就先拿走最好的一批，但是它並不要求把所有的造船廠都納入國營工商業體系之下管制。所以，金人從宋人那裡學不到一套管制造船業的體系。因此，造船業作為跟鐵器同樣代表滿洲先進生產力的核心產業，就沒有像鐵器產業那樣受到如此嚴重的束縛。蒙古人後來崛起，在打通了內亞交通線、獲得了回回大炮以後，不再因為滿洲人的城防技術和鐵器工業而憂慮的，但是對滿洲人製造的海船，仍然認為是相當值得重視的。

女真帝國是中古鐵器帝國

在鐵器這方面我們得注意，漢文的史籍，無論是宋人、明人的，還是高麗、李氏朝鮮的，都要對照考古學資料來使用，否則會犯極為荒謬的錯誤。只能說，這些漢字的史書記錄是有一定套路的，而它們是具有高度誤導性的。這些史書其實記錄了兩種不同系統的不真實材料，至少關於鐵器這方面是這樣。因為滿洲在中古以後主要是一個鐵器帝國，所以這一點對它特別重要。一方面，它有一個太祖高皇帝創業神話的標準版本，這個版本像現代人做講座時用的幻燈片一樣，可以有很多基礎模板，自己根本不用動腦筋去設計，需要時候就把那些標準格式拿出來，往裡面填就行了。這些史書也是有類似的標準格式的。

而格式一般是這樣：我朝太祖高皇帝英明神武，總之是一個天降偉人，無比的天才，他什麼事情都辦得很好，什麼功績都是他的，他是偉大的數學家、偉大的工程師、偉大的詩人、偉大的文學家、偉大的政治家、偉大的軍事家和偉大的其餘行業的專家。帝國所賴以生存和發展的各種各樣的產業，全都是他一手操辦的。在他以前，什麼也沒有；他出現以後，平地一聲雷，全都有了，連鐵器也是這樣。例如，這時的完顏阿骨打和後來的努爾哈赤都被描寫成為從無到有創造了金國和後金的鐵器工業的奇才。據這些記載說，金國和後金其實是沒有鐵器生產的，大家都用骨頭箭或者其他什麼簡陋的東西；偉大的太祖高皇帝出現了，平地一聲雷，把各種各樣的金礦、銀礦、鐵礦都開採出來了，把鐵匠也組織起來了，各種各樣的鐵器都產生出來了，獲得了鑌鐵王國的美譽，或者是受周圍各邦的畏服，諸如此類。

但是這個跟考古學的材料是明顯矛盾的。蘇聯人挖掘出來的沙伊金古城和其他考古材料都說明，早在渤海時代，這些煉鐵工業就已經存在了，而且中間沒有明顯的中斷。在女真人滅亡以後，煉鐵傳統也沒有中斷。也沒有說到努爾哈赤前夜女真人的鐵礦和鐵匠就消失了，然後到努爾哈赤時期又重新把它們撿起來，又一下子煥發出輝煌。這些都是非常矛盾的現象。我們都要明白，有技術性的產業都需要有一定的代際傳遞和積累。不可能說是，我爸爸原先是一個農民或者獵人，然後我突然跑去做鐵匠，一下子就能夠達到最高水準，那是不可能的。一般來說只可能是，我們家世世代代都當鐵匠，然後我繼續去當鐵匠，這種事情倒是比較合理的。第一代鐵匠不可能自行讓技術水準突然上升的，這涉及一個技術傳統積累的問題。

例如，德國企業或者其他什麼歐洲企業到坦尚尼亞去開工廠，他們就會發現，找一個具有工業傳統的熟練工人不容易。當地的部落民其實是沒有錢的，但是他們並不因此而生活困難，由於地處熱帶、物產豐富的緣故，去摘一些香蕉或者其他野生植物，而這所需時間並不長，一天花上幾十分鐘採摘，就足以三餐吃飽了。所以，他們雖然一個錢也沒有，也並不怎麼認為自己有掙錢的需要。而且照坦尚尼亞人原有的生活方式，摘一段時間的香蕉，然後就跑出去玩一陣子，又或者去弄什麼繪畫、祭祀、宗教活動之類的，總之是斷斷續續，沒有那種連續工作八小時的傳統。給加班費也沒用，給錢把這些人招到工廠裡面，他們還是會按照原來的習慣，高興的時候工作個一、兩小時，然後接下來就在機器旁邊玩起來了。

而且，由於他們的父輩並不是工人，你要想一下子就把他們教出很高的技術工人水準，那也是不可能的，優秀的技術工人一般是出於技術工人世家的。所以後來努爾哈赤他們招攬的那些鐵匠也不可能像是明史或者朝鮮李朝史上說的那樣，是一口氣變出來的。它必然是，在努爾哈赤和完顏阿骨打建立軍事工業體系以前，就已經分散地處在女真各部和各地。完顏阿骨打和努爾哈赤的主要功勞應該是把這些原先以分散體系出現的鐵匠和鐵礦之類的統一管理起來，然後把他們生產出來的鐵器統一配發給自己的軍隊，把各政治集團的軍隊統一起來，武器裝備和礦產之類的也統一起來，形成配套系統，使它們發揮了原先發揮不了的巨大戰鬥力。這樣才能夠契合考古學材料，也跟一般的人情事理對應得起來。

但是我們如果閱讀宋史或者其他不涉及滿洲的漢字史書，也會發現同樣的現象。例如藝祖趙匡胤——「藝祖」這個詞就是多才多藝的太祖的意思，他也被宋史寫成一個比起達·文西還要多才多藝的絕頂天才。例如之前提到過的，據說連汴京城的城牆也是趙匡胤設計的。除此之外藝祖還幹過很多事情：發明了太祖長拳，確定了武舉射箭的標準，同時，政府制度也是他設計的，重新出版論語和重新制定學術標準、編制《太平廣記》和各種文化藝術活動也是他在辦，當然朝廷的各個政務也是他在辦。看了以後你就覺得，這個人難道一天不是有二十四個小時，而是有兩千四百個小時嗎？他怎麼能夠做得完這麼多事情？所以合理的假定就是，應該說這都是錦上添花、烘雲托月的修辭手段。從意識形態的角度來講，為了強調英明領袖的重要性，使全國人民都服從領袖，故意把他統治時期的所有貢獻都算在領袖本人的頭上。

如果按照這種邏輯寫美國歷史的話，我們就可以說，川普總統是一個無所不能的人，美國發射的衛星是川普總統一手設計的，美國下水的潛艇是按照川普總統親自畫的圖紙而製造，美國開的鋼鐵廠是根據川普總統親自設計的流水圖而興建，川普總統一天到晚除了出訪各國、會見各國的女王、首相和總統以外，還發明了電腦，發明了疫苗，開創了生物科技產業和玉米酒精產業……總之，只要是在川普時代在美國出現的所有產業，都會被寫成是川普總統一個人發明出來的。接著後人就會以為，川普總統治下的美國是沒有別的工程師、發明家和技術員的，什麼事情都是唐納．川普一個人幹的。估計宋太祖、完顏阿骨打和努爾哈赤的相關記錄也是這樣寫出來，所以鐵器產業的產生也都被算在他們頭上了。

跟剛才明史、金史和高麗王朝的漢字材料當中屬於太祖本紀一類明顯矛盾的還有另一方面的材料。它們剛剛說了，在完顏阿骨打和努爾哈赤以前的滿洲人沒有什麼鐵箭和鐵器工業；然後接下來又說，同樣這一批女真部落在他們的英明領袖誕生以前，很習慣於向朝鮮人、宋人和明人購買農具，然後把農具的鐵拿來回爐，重新冶煉，造成軍器。這個說法跟前面那種說法明顯是相矛盾的。如果那時候的女真部落如此之落後、根本沒有自己的煉鐵爐的話，那他們拿到這些宋人、明人和朝鮮人的鐵器，又怎麼能使它們回爐重造呢？回爐重造這個事情，本身就說明他們已經有一批自己的鐵匠和煉鐵爐了。而且按照煉鐵爐的一般技術來說的話，如果你有能力把別人的鐵器融化了重新煉的話，那麼你必然是在這以前已經有自己的煉鐵能力了。

而蘇聯考古學家非常清楚地告訴我們，這些煉鐵爐從渤海時代以後是一直沒有中斷的。松花江上、在蒙古帝國統治時期那些鐵礦的開採，是因為鐵礦本身快要被開採完了、品質比較低的鐵礦用當時的技術無法開採才放棄的，但是其他地方的鐵礦和鐵器製造業始終是存在的。按照蘇聯學者的金相分析，滿洲的鐵礦技術是相當穩定的，他們通常能夠用他們的煉鐵爐達到一千四百度左右的高溫。這樣的高溫可以煉出生鐵和熟鐵，可以把原先品質不太好的比如說本來是用來做鋤頭或者農具、論質地來說不足以做鐵箭頭的東西拿來改造。沙伊金古城留下來的那些煉鐵爐的遺址也說明，女真人的鐵匠對他們的鐵原料是相當珍惜的。如果有用廢用殘的東西，他們確確實實是收集起來回爐重煉，或者是加上一些含錳的鐵礦以後，把它煉成高硬度的鐵製品。

從《夢溪筆談》和《天工開物》看宋明的技術退化

這個技術其實比李約瑟或者是《天工開物》上記載的明朝帶來的鐵器技術的要求更高一些。照《天工開物》記載的明朝鐵匠的煉鐵方法來說的話，他們應該是除了生鐵以外什麼都煉不出來。除了生鐵以外，需要更高溫度的熟鐵和鋼根本煉不出來。後來的中國古代科技史的發明家大概是望文生義地把古書上的「熟鐵」和「生鐵」直接理解成為現代的熟鐵和生鐵。但是現代意義上的熟鐵是歐洲人定的標準，它有具體的指標，是需要有足夠高的溫度，而宋應星記載的那些比如說吳越或者南粵的煉鐵爐是很難達到這樣高的溫度的。所以合理的推論就是，他們描寫的「熟鐵」和「生鐵」實際上只是生鐵當中的不同品類。生鐵當中比較脆的就被他們說成是「生鐵」，生鐵當中比較軟的就被他們說成是「熟鐵」，其實他們所說的「熟鐵」也只是生鐵的一種而已。

最重要的是，這些煉鐵方法是沒有技術指標的，全憑煉鐵師傅的感覺。他們描寫出來的，像《夢溪筆談》記載的那些「百煉鋼」或者多少煉的鋼的這些煉鐵爐，他們依照的方法都是反反覆覆地捶打，然後根據煉鐵師傅的個人經驗，看它的色澤，在火焰中的光澤，或者其他跟氣功口訣差不多、也就是完全無法量化和可重複驗證的指標，然後斷定，這一塊鐵可以拿出來作為生鐵、鋼或者熟鐵了。這裡面的「生鐵」是沒問題的。但是「鋼」和「熟鐵」到底是不是現代意義上的鋼和熟鐵，應該說非常可疑。按照歐洲標準，可能這裡面所謂的「鋼」和「熟鐵」都只能算是生鐵的另外幾種。報廢率是三分之二，只有三分之一的產品是能用的。三分之一的產品中，根據煉鐵師傅的經驗判斷，認為這個是「生鐵」，那個是「熟鐵」，另外的是「鋼」。

像後來宋應星在《天工開物》中描寫的那種方法就是，土高爐裡面出爐的鐵，然後放

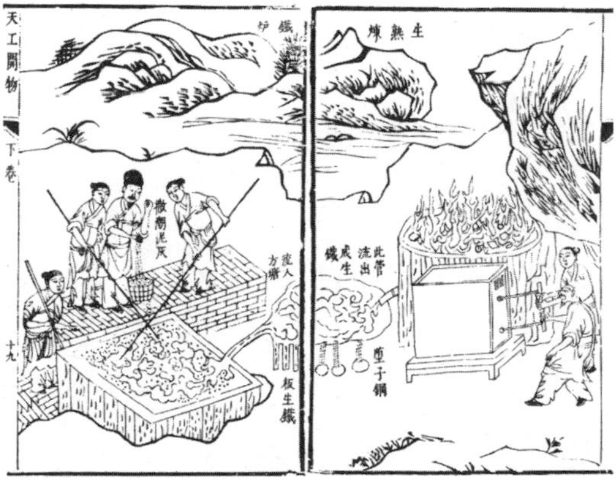

圖為《天工開物》五金篇中，描繪生鐵到熟鐵的冶煉過程，文字說明如下：「生產供鑄造用的生鐵，便讓鐵水流到條狀或圓塊狀的型模中，再從模子裡取出使用。若造熟鐵，則在生鐵水流出幾尺遠而低幾寸的地方，築一個方形的塘，塘邊砌一低牆。讓鐵水流入方塘內；數人持柳木棍並立在牆上。事先將黑色的濕泥晒乾，搗碎並用細籮篩成麵粉狀的細麵。一人迅速將泥麵撒在鐵水中，其餘眾人用柳棍急忙攪拌，生鐵即刻便炒成熟鐵。」

到池塘裡面用水沖幾分鐘就拿出來用。這一套做法雖然被現在的中國科技史發明家發明成為「炒鋼法」、「增碳法」或者什麼方法，但是要按照歐洲的統一標準來說的話，其實是什麼也不能算的。用這種方法煉出來的東西其實是基本屬於廢鐵，只能用來做那些家用器皿——也就是說，只要能夠切開麵包、肉、饅頭，在廚房裡面能夠派上用場就行了。而要應用在其他領域，可能硬度和延展性都是無法達標的。這也可以解釋，為什麼明人到了爪哇島，看到爪哇人那些品質其實是很差、至少在土耳其人和印度人看來是品質很差的東西，卻覺得這是雪花鑌鐵，了不起的東西，是我們沒有的好東西。

當然也還有另外一個因素，就是說，宋應星所記載的那種非常簡陋的土高爐技術可能是瓦房店學退化的產物，可能是不如《夢溪筆談》時代的那些高爐，而《夢溪筆談》時的煉鐵術大概也是不如南北朝時代的煉鐵術的。南北朝時代的東亞煉鐵術是匈奴人和鮮卑人從內亞直接引進的。無論史書的記載還是考古學的記載都說明，南北朝時代重甲騎兵和鐵護具的使用量是東亞歷史的最高峰，以後就每況愈下了，唐不如北朝，宋不如唐，明又不如宋，數量大大減少了。各種偷工減料頂替的東西或者代用品，皮革做的、硬紙板做的鎧甲，都相繼出現，雖然產量倒是有很大的增長。「明人的鐵器產量占全世界一半」的說法大概跟「清朝的國民生產總值占全世界三分之一」一樣不靠譜，但是他們可能真的是全世界最大的鐵礦產區，因此它不在乎品質了。《夢溪筆談》描繪的那些三分之二必須丟掉的廢料，在《天工開物》的時代都不再丟掉了。只要是硬的，哪怕就比木頭硬，都可以拿出來用了。無論如何，土師傅會把它打成一個形狀，無論是斧頭也好還是鋤頭也好，但是最多的是用來打成小剪刀、刮鬍刀、縫衣針之類的對硬度和品質都沒有什麼要求的家用器具。

東亞的「超穩定結構」導致技術退化

明國的各個行省是家用小鐵器的全世界最大生產地。有很多證據說明，他們生產出來的產品是遠銷到伊朗和土耳其的。女孩子的針線包裡面一般都有義烏小商品市場（雖然當時的義烏還不是今天意義上的義烏，但它們的生產模式是非常相似的）產出的這些廉價的、品質低劣的鐵器產品。女真部落開關求貢——也就是說要求開放邊界貿易的時候，他們要買的鐵器主要也就是這些，女孩子用的針線之類的東西。這是他們主要的生產。這種生產的特點有什麼好處呢？它是臨時工都能辦的。像宋應星描寫的高爐，它在技術上講很明顯是不如圖們江外的滿洲高爐的。圖們江外的滿洲高爐至少是三元結構，一個人是操作不下來的。而且，打鐵師傅和負責淬火的技術員是分開的。而宋應星描繪的那種土高爐，一個人就足夠了。

照現代金相學家的分析，宋應星的那種高爐一般來說只能達到一千度左右的溫度，只能煉生鐵當中的幾種，熟鐵和鋼都是不可能的，比滿洲高爐的溫度要低四百度。這是由於高爐的結構比較簡陋，風箱也比較簡陋，所以它沒有辦法達到同樣的標準。但是很可能，南北朝時期的高爐還比那個要好一些。但是，好一些的高爐就需要更多的職業鐵匠的操作，而宋應星式的高爐可以由在農閒時期的農民兼營鐵匠來操作，村裡面的鐵匠往往自己也是要種地的，也不是專營的。這就說明，社會分工的程度很差。你既是農民又是鐵匠，憑自己搭棚子的本事就可以搭一個土高爐出來煉一些鐵，那就說明你的技術水準是不太高的，你不可能全身心地、連續幾代人鑽研煉鐵技術。但是你打出來的鐵會是非常便宜的，賣給你的同階級兄弟，他們是貪便宜、不在乎品質的，這樣正好。而且這樣有一個好處就是，你不會吃虧，你是一個萬金油式的人物。無論社會怎麼變化，你打點劣質鐵，做點針線包，你總有糊口的餘地。雖然你永遠也無法提高社會地位，但是作為一個手藝人，你是總有飯吃的。這個跟內卷化和散沙化的社會結構是高度配伍的。

像日本和滿洲那種透過幾代人傳承而來的鐵匠世家，他們跟川端康成描繪的京都那些精益求精的紡織匠人和配圖設計家一樣，都是禁不住風險的。不用說改朝換代了，假如有朝一日他們的固定買主破產了，買主說我不能再買你的東西了，那麼這些工匠就是那種只會一種技術的人，像川端康成描繪的那個具有藝術家天賦、殫精竭慮、把眼睛都弄近視了、一天到晚都在考慮怎樣給和服上配出更優美的配圖的專業技術員，除了他幾代人的專業那一項以外，他真的什麼都不會幹，這樣的人真的會直接餓死的。但他們沒有餓死，而且在長達幾百年的時間、比德川幕府還要長的時間內，他們世世代代都在精益求精。那就說明，保障他們的那個封建制度是高度穩定的。他們什麼都不用操心，他們不能設想我設計出的東西會沒人要。

但是在高度原子化、散沙化，每個人的人身安全和社會地位都充滿波動性的東亞，在宋國和明國，誰也不知道，你爺爺可能還是縣令，天下大亂以後你自己的女兒就被賣成菜人了[3]，你跑出來能夠當一個農民或者當一個鐵匠就已經很不錯了。同樣，鐵匠的兒子如果讀書讀得比較精明的話，可能一下子科舉中了秀才舉人什麼的，又可以回去當縣官了。在這種高度不穩定、人人都見異思遷的體制之下，鑽研技術第一是投資很高，不一定有利

3 菜人，為作者術語，指沒有能力實踐自治政體、甚至無法獨力保護自身生命、財產等，極為缺之自衛能力的人。

可圖，第二是它禁不住巨大的社會波動，在社會波動的情況下反而會被首先淘汰掉，因此這種文化和社會結構就產生出了大量的廉價臨時工。廉價臨時工是萬金油，什麼都能幹一點。

天下大亂的時候，縣太爺可能官是沒法繼續做了，但是他讀過兩本書，他可以自己去當游方郎中。他既然能讀論語的，當然也能讀黃帝內經。念兩句黃帝內經，揪一點草藥之類的，也能夠混飯吃。鐵匠呢，日子好過的時候多打點鐵賣給他的鄰居賺點錢，日子不好過的時候，他旁邊不是還有一塊菜園子嗎，自己種菜種糧食。沒人買他的鐵器，他也不會餓死。當然，剛才那個從縣太爺改行而來的儒醫，他的醫術必然會像是方鴻漸[4]的爸爸那樣，誰也不知道他給的草藥管不管用，只要不毒死人就差不多了，但是他也能夠糊口。這樣一個鐵匠，你也別指望他精益求精，打出什麼耐用的盔甲或者鐵製品來，他也就是給自己糊一糊口而已。拿出來的東西，供一般的農民、農戶或者小資產階級在廚房裡面或者地頭上用一用，不出毛病也就差不多了。大家都差不多，我是臨時工，你也是臨時工，大家都能夠相互理解。於是，大家都在這樣一個低水準均衡的陷阱下混下去。但是你也可以看出，在這樣一種「超穩定結構」之下，你不可能指望有什麼技術革命或者資本主義。

中古技術史的研究者往往犯一個錯誤，就是說孤立地看待某一個技術遺跡。例如他們發現某一個煉鐵爐相當於歐洲十二世紀的煉鐵爐，他們馬上就會說，歐洲在十四世紀的煉鐵爐達到了什麼水準，在十六世紀的煉鐵爐又達到了什麼水準，現在吳越這個地方有這樣一個十二世紀水準的煉鐵爐，那麼我們可以推斷，他們處在資本主義萌芽和技術革命的前夜了。但是實際情況是，當歐洲人積累到一定程度的時候，大約每隔一百年，他們就要上一個新台階，最終產生出了我們現在所知的資本主義和技術革命，而資本主義和技術革命又是互相連接在一起的，但東亞普遍的情況就是瓦房店化。再過二百年你會發現，在過去曾經有過煉鐵爐的那些地方，比如說北宋在漳水附近、在相州那一帶曾經也是有過煉鐵爐的，雖然不談品質如何，到明代的時候就沒有了。留下來的那些，品質不但沒有前進，反而退化了，簡陋的產品反而更有生命力。

我們可以想像，相州那些最初的產業經營者應該就是石勒和石虎他們從阿爾泰山弄來的匈奴人和突厥人的工匠，這些匈奴人和突厥人的工匠培養出來的弟子就是瓦房店化的弟子。他們就學聰明了，看到單營一行像楊家將一樣非常吃虧，然後就開始變成多面手和萬金油了，一代一代退化下去。最後就變成我們都熟悉的那種跟術士郎中沒有什麼區別的小

4 方鴻漸：中國現代著名作家錢鍾書於二十世紀四〇年代所創作之小說《圍城》的男主人公。

鐵匠，身上背著一個風箱，沿街賣藝一樣的人。本村如果要我，給我一塊地，我住下來，你們有什麼鐵鍋之類的東西，需要我打的，我就給你們打。如果我打的鐵鍋裂了，或者是因為我勾引了本村地主老爺的女兒，讓地主老爺不高興了，我就趕緊跑，帶著我的風箱跑，然後跑到另一個村去，又在那裡安置下來。我的煉鐵設施不是像沙伊金古城那樣需要很多沒法馬上帶走的大件設備，而是用一個皮口袋就能裝滿、我打個包就可以全部帶走的東西。

那些滿洲工匠，如果他們的領主倒台了，他們真會餓死，他們沒別的地方可以去，他們也沒辦法把他們的用火成岩專門配置的那些固定在岩石上的石頭風箱帶走。沒有那樣的風箱，他們的高爐就達不到足夠的溫度。而那樣的風箱是嵌在岩壁裡面的，這樣好的地方，這樣需要一個大工程才能建立起來的高爐和配套設施，不是一個工匠能夠帶走的，他只能守在這裡。如果保護他的領主完了，破產了，不再買他的東西，或者是被其他的外敵攻占了，他只能死在那兒。但是東亞這些工匠就可以，什麼時候混不下去了，就把我全部家當和我煉鐵需要的所有工具都放進隨身行李裡面去，像游方郎中一樣一路跑出去。我是像蟑螂一樣頑強，永遠踩不死的。除非是遇上黃巢和張獻忠那種人，把我殺了吃肉，否則的話我總有一口飯吃。但是我永遠也只能有一口飯吃，也永遠別指望自己的兒子比我更強，十之八九他會比我更差，更萬金油一些，這樣一代一代技術退化下去。

滿洲鐵器工業的停滯和日本鐵器工業的崛起

金帝國在其後期，理論上的全盛時期，滿洲的煉鐵爐實際上反而減少了。原先在金帝國建立以前，特別在渤海國滅亡以後那一百多年時間內，滿洲核心地帶和東北部的煉鐵爐是增加得非常快的。然後金國把統制經濟原則兌現以後，煉鐵爐的增加首先是變得緩慢了，然後就不增加了，最後甚至減少了。蒙古人的征服其實跟契丹人的滅亡一樣，對於滿洲的鐵器產業反而意味著解放。他們的煉鐵傳統沒有像宋明的煉鐵傳統那樣不斷退化消失，大概就是因為中央集權和統制經濟沒有維持很長時間就迅速垮台的緣故。但是造船業的情況就不一樣，造船業在蒙古帝國統治時期反而退化了。這個主要原因大概就是因為，蒙古人對水利和航海這方面是頗有興趣的，不像金人和宋人那樣消極，所以即使是在對日戰爭結束以後，又有對爪哇島的戰爭和蒙古貴族非常喜歡經營的各種海運業和海上貿易業，而這些海運業和海上貿易業往往導致蒙古統治者對既有的海商擁有的船隻實施管制。結果等到蒙古帝國滅亡以後，滿洲的造船業反而衰退了，而蒙古人沒有怎麼管制的煉鐵業反而又重新興旺起來了。當然，滿洲造船業的衰退可能還有另外一方面原因：管制比它更少、封建自由深化程度始終超過滿洲中部和東部的日本東部和北部地方，這時候已經在日本強藩的統治之下漸漸發展出各種造船技術，體現於戰國時期的那些著名水戰。[5]

雖然日本海的走私貿易始終是存在的，因為至少在朝鮮方面關於海盜的記錄始終是存在的，但是記錄的主體卻發生了改變：王氏高麗時代，他們都說是女真海盜是如何如何的壞；到李氏朝鮮時代，說法變了，變成倭寇如何如何壞。因為兩批人從事的是同一種貿易，可想而知，其實他們都是會跟官兵發生衝突的走私貿易者。而在明朝以前，日本海的走私貿易者主要是滿洲的造船者和走私商，所以他們到處都被叫做滿洲海盜或者女真海盜；而元明之變以後，同樣一個地方，主要的走私貿易者和造船者卻變成了日本人。因此，無論是明國的記錄還是朝鮮的記錄，原先都說滿洲海盜如何壞，現在都開始說倭寇如何壞了。當然，有一部分倭寇是到吳越去的，但是朝鮮人記錄的和明人記錄的倭寇很大一部分是到滿洲海岸和遼東海岸的。這裡所謂的滿洲海岸主要就是圖們江一帶的海岸。圖們江和永興灣一帶在王氏高麗時代還不是朝鮮的一部分，而是滿洲的一部分，朝鮮咸鏡南道以北的土地上大部分人的血統其實是滿洲血統，他們是後來才被李氏朝鮮吞併的。朝鮮東部海岸、遼東海岸和大彼得灣、永興灣一帶海岸出現的這些海盜或者走私貿易者現在變成倭寇，這就說明日本的造船技術已經在日本海這一片占了上風，以至於滿洲和朝鮮的貿易者都寧願用日本船和日本武士。

這一點就說明，海上的日本在保護自發秩序生長的方面是比森林中間的滿洲更有利的，東北亞的實力均衡逐步由滿洲移向日本了。在渤海時代，滿洲是內亞技術流入日本的主要通道；但是在蒙古帝國衰亡以後，日本在技術上就漸漸領先了。日本是內亞和東南亞的混合。可以說，內亞交通線是把東北亞的因素和內亞的因素注入了日本，史前時代屬於太平洋文化的因素被壓在了底下。但是隨著西洋人到達東南亞，在戰國時代西洋鐵炮傳入以後，日本又通過東南亞貿易體系接入了西方體系。從此以後，日本的技術水準就不可逆地超過了滿洲的技術水準。在明清兩代，日本和滿洲的輸入輸出關係就顛倒過來了。不僅是在造船業這一方面，而且還在最重要的鐵器製造這方面。雖然努爾哈赤憑藉他的鐵器統制政策再度打垮了徐光啟記載的那些一劈就裂的鐵盔和宋應星記載的那些明國的劣質鐵礦產業，但是這些現象只能說明東北亞的鐵器仍然領先於東亞，卻不能說明東北亞領先於日

5 當中最為著名的，當屬織田信長與毛利氏先後在一五七六年、一五七八年於木津川口（今大阪市一帶）進行的兩場海戰；織田水軍因掌握鐵甲船技術，最終得以擊敗使用傳統木造船的毛利水軍。

本。戰國時代以後的日本刀在技術上已經明顯超過了滿洲，這些日本刀有很多特徵其實比清代的滿洲刀劍更接近於它們的共同祖先，也就是渤海到女真初期那時候的滿洲刀劍。可以說，它們是同一系產生出來的兩個表兄弟，而且日本系從外形和藝術風格來講更多地繼承了中古滿洲的特點，但是從技術指標來看，戰國時代的日本工匠已經遠遠超過了明代的女真工匠。

滿洲人的煉鐵傳統在圍繞著後金和清國興起的那些戰爭中間再度受到摧殘，跟金帝國時期的理由是一樣的：大量的年輕男人被征去做了南下軍團的武士，而且做了武士以後確實分戰利品也分得更多一些，升官升得更快一些，這樣對原有的產業結構是一個巨大的破壞。等於是，最有可能繼承技術傳統和進行技術升級的那些工匠都不再是工匠了。另一方面，留下來的工匠即使不是所有，也有很大一部分像在金帝國時期一樣，被編入了國營企業，為清帝國的軍隊提供各種鐵器，因此失去了技術創造和技術擴張的動力。因此清帝國建立以後，也像金帝國建立以後那樣，滿洲本土的鐵器產業再度進入停滯時期。但是他們的傳統始終沒有中斷，一直到英國人出現在東亞海域，強迫清帝國開放牛莊——也就是今天的營口港（位於渤海灣北岸）。牛莊開港的結果是使西洋鐵器傳入滿洲，這樣才給自從渤海末期就已經興起的滿洲本土鐵器產業造成致命的打擊，結束了中古以來滿洲作為鐵器輸出地的歷史。但是這個空檔期並不是很長，因為日本人很快進行了明治維新，全盤引進了西洋技術，然後日本的科學家在鞍山根據滿洲的低品質鐵礦重新改良煉鐵工藝，研製出瑞典和英國的煉鐵場都沒有的技術，結果產生了後來的鞍山製鐵所[6]，從而開啟了滿洲的第二個重工業時代。

這兩次重工業時代相隔的空檔期其實只有幾十年，就是一八五〇年到一九〇〇年之間。以前的滿洲是中古的鐵器帝國，後來的滿洲是近代的鐵器帝國。這兩個滿洲都跟鐵器有極其密切的關係，很有可能跟當地社會的技術傳統和文化價值觀有非常密切的關係。但是從技術傳承的角度來講，中古的東北亞鐵器和戰國時代的日本鐵器跟近代日本和滿洲的鐵器之間的關係，差不多就是北京猿人跟現代北京人的關係。他們雖然都住在北京，但是實際上，一個是已經滅絕的人種，另一個是從非洲遷來的新人類的後代。這個斷代就是在一八五〇年以後的五十年之內發生的。新來的歐洲品種，首先通過英國商人之手，然後通過日本科學家和資本家之手，在半個世紀內完全消滅和替代了從渤海、遼、金、後金和清國一脈相傳的中古滿洲煉鐵業傳統。

6　一九一三年，時任滿鐵總裁中村是公向日本政府提議，於鞍山興建煉鐵廠，三年後獲批建設，一九一九年投產。

六、清帝國時期的憲制、技術與意識形態

日本史和滿洲史的共同特點是，封建聯盟在帝國體制占上風的時候會被榨取力量；而在帝國崩潰的時候，也就是知識分子所謂的黑暗時代，反而能夠發育成長。但是，日本的封建聯盟戰勝帝國結構是完全依靠自發秩序的力量，而滿洲帝國在崩潰的過程中經常會捲入來自內亞和東亞方向的國際政治因素，因此社會元氣損失得相當大。所以漸漸的，兩者之間就出現了此消彼長的局面。

這個關係很像是歐洲的英法對照關係：英國因為享有島國的地利，因此社會元氣得以保存，封建自由得以成長；而法蘭西則因為不斷牽涉到歐洲大陸的戰事，所以元氣損失就要大得多。滿洲和日本之間的關係也就是如此。滿洲從中古時代稍微領先於日本，到近代前夜逐步落後於日本，主要也是因為這方面的因素。金帝國的覆滅跟高句麗帝國和渤海帝國的覆滅，在性質上非常相似。從知識分子的角度來講，這些帝國的滅亡，有如晚期羅馬帝國的滅亡使拉丁文學者如喪考妣一樣，他們因此覺得文明的光輝從此熄滅了，那些分散的封建領主再也不會像是羅馬元戎那樣任命他們為太守或者祕書，而高雅的拉丁文藝術也就此斷絕。但是實際上，消耗性極大的官僚體制隨之而滅亡，被壓制的地方力量和自發秩序由此得到了解放。金帝國在漢文史學家和詩人最極力歌頌的大定和明昌時代[1]，恰好是它的滿洲本土人口流失最嚴重、技術停滯最嚴重的時代；而金帝國的瓦解和蒙古人的來臨摧毀了燕京和東京（即遼陽）的吏治國家以後，就像之前的渤海帝國和高句麗帝國倒台那樣，滿洲又再一次出現了生機。

努爾哈赤並非白手起家

後來在努爾哈赤起兵前夜，儘管漢文史學家把他描繪成為一個白手起家、從什麼也沒有的野蠻部落中一躍而起的人，但是實際上在努爾哈赤起家以前，野人女真和海西女真的封建聯盟已經發展得非常強大了。後來建州女真使用的那些技術資源，包括後來通過孔有德[2]他們從登州、萊州引進的西洋大炮，實際上早就有相當強大的支援基礎。從努爾哈赤起家的滿文史料就可以看出，當時他經常能夠從某個地方調來一千名戰士、幾百套盔甲或者幾百條三眼槍。三眼槍是明朝中葉時明軍擁有的最先進武器，主要來自安南和奧斯曼土

1 即金世宗完顏雍、金章宗完顏璟先後在位的時期（1161-1208），《金史》認為這段時間吏治清明、文化成果興盛，惟蒙古人也在同時段內崛起，更於完顏璟死後，大舉發兵攻金。

2 孔有德（1602-1652），明末清初武將，原為遼東海盜，先後效力於明國將領毛文龍、孫元化，吳橋兵變後決意歸降皇太極。因孔有德攜帶火炮投順，皇太極大喜，出郊十里迎接。

耳其，也就是說還是來自於西亞—內亞和西亞—東南亞這兩條輸出路線，但是在明軍當中也是很少裝備的。然而在滿洲，努爾哈赤卻可以從一個總人口不會超過一萬的名不見經傳的封建小聯盟裡面，輕輕鬆鬆就徵調出如此大規模的軍事裝備。而明國除了遼東和宣大（宣府大同兩鎮邊軍的總稱）的軍團以外，其他地方的普通軍鎮根本抽調不出這麼多的武器來。從地理面積來看，滿洲是一個很小的地方，而明國的領土很龐大，但是實際上，除了宣大、薊州和遼東這幾個軍區以外，明國絕大部分領土能夠籌集起來的火器和鐵器，加起來還不如滿洲一個普通的封建聯盟能籌集的多。這還是在西洋武器輸入以前的情況。西洋武器剛剛輸入東亞大陸的時候，正如我們所說的那樣，袁崇煥憑借它們的射程和其他方面的優勢，打退了努爾哈赤的進攻。但是由於孔有德在登萊的叛亂，他從孫元化和其他基督教徒那裡學來的火器技術，很快地就被送到了滿洲，然後滿人也開始大規模地鑄造西洋火炮。結果，在松山戰役和以後的一系列戰役當中，明軍就完全喪失了火力的優勢。其時滿洲人鑄造的西洋火炮多達上千門，這是滿洲歷史上鑄造火炮最多的時期。

滿人入關以後，它的火炮鑄造量反而大大減少了。在至關緊要的廣州圍城戰役當中，滿人只出動了幾百門火炮。在同樣至關緊要的雅克薩戰役，康熙帝動員了整個帝國的軍隊，連台灣都沒有遺漏，結果也是只動用了幾百門火炮。這些火炮的數目遠遠不如松山戰役和大凌河戰役時期滿洲人擁有的火炮多，而那些火炮都是在短短幾年時間內迅速鑄造起來的。

為什麼遼東一隅之地鑄造的火炮竟然會比整個帝國動員的火炮都要多？這個就不得不從努爾哈赤自身的角度來考慮了。如果我們相信漢文歷史學家的記載，努爾哈赤是一個英明神武的人，這些東西都是他發明出來的，而在後來的帝王統治之下，武備廢弛，於是大家都不再去研究了。但是實際情況則恰好相反。努爾哈赤之所以有這麼多資源可以運用，原因跟法國的黎塞留和路易十四之所以能夠動員大量的軍事資源完全相同，因為在他們以前，都有一個基於封建自由而來的家底。封建自由的實質就是，小領主和小領主結為聯盟，各人有各人的武裝力量，而這些武裝力量的強弱關係到他們的生死存亡，所以他們必須有自己的技術和資本，必須建立各種獨立的生產機制。努爾哈赤在歷史上的真正角色是，他是一個卡諾[3]和拿破崙式的人物，他把滿洲原有的資源加以整合和組織，但是這些資源不是他獨自創造出來的。可以說，他是一個重複了完顏阿骨打君臣路線的技術國有化主義者。努爾哈赤沒有新發明出什麼東西，他只是把原來分散的資源通過巧妙的外交和軍事手段重新組合起來。

3 拉扎爾·卡諾（Lazare Carnot, 1753-1823）：法國數學家、巴黎科學院院士，一七九三年法國共和政府推行徵兵法，卡諾一手負責組訓七十七萬新軍，陸續投入戰場並頻獲捷報，因此獲得尊名——「組織勝利的人」，被視為與路易十四時代的盧福瓦侯爵並駕齊驅的軍備與後勤天才。卡諾是堅定的共和派支持者，故在拿破崙稱帝後，憤而辭職求去。

海西、野人女真的軍事技術比建州女真更進步

而且，我們從努爾哈赤以十三副鎧甲起兵這件事情就可以看出，他擁有的技術資源其實不是最多的。與一般人的想像相反，建州女真跟海西女真、野人女真相比——也就是說，東南部的女真人跟西北部和東北部的女真人相比，前者非但不是技術最先進的，反而是技術最落後的。落後的原因是因為建州女真更多地接受了遼東半島和膠東半島那些漢化同族的影響。考古研究顯示，建州女真住的房子品質是最差的，也就是說他們使用了遼東半島和膠東半島經常用的土坯房的結構。建州女真的鐵器也是最差的，一般來說只能用作農具、針線和日常器物，也就是說他們的鐵器鑄造技術跟他們擁有的鐵礦資源是不成比例的。靠近內亞通道和東北亞海路的海西女真和野人女真更少地受到明國吏治國家的影響，他們擁有的鐵匠鋪和擁有的鎧甲數目要更多。《滿文老檔》顯示，努爾哈赤一步步地建立他的軍政聯盟以後，被他打散、然後又重新組合的海西女真和野人女真給他提供的鎧甲、三眼槍和火炮，數目比努爾哈赤直接掌握的建州女真還要多得多。

像布占泰[4]這樣的老牌領主，其實從封建主義的角度來講，是一個比努爾哈赤更偉大的人物。如果說努爾哈赤像路易十四和拿破崙那樣，在崇拜宮廷和帝國的知識分子心目中

更重要，那麼布占泰就好比懺悔者愛德華和聖路易，在重視封建自由和滿洲傳統的滿洲人心目中，地位也應該重要一些。布占泰的失敗原因有一部分，按照進步歷史學家的理論來講就是，他是一個食古不化的人，堅持小國寡民的滿洲傳統，對努爾哈赤把絕對主義的技術引入滿洲、同時在國際事務上大顯身手的這種做法很是討厭。這樣，布占泰在外交上就陷於被動了。如果說按照封建自由的常規、一個聯盟對一個聯盟的話，其實努爾哈赤是鬥不過他的。但是努爾哈赤可以左右逢源，以外交手腕利用蒙古人、明國的力量。從布占泰那種唐吉訶德式的想法考慮的話，努爾哈赤的打仗方式是很不地道的，很不符合滿洲封建武士之間的規矩，倒是跟他們最敵視的朝鮮人非常相似。但是儘管如此，由於布占泰個人的驕傲、形勢的不利和戰略上的疏忽，他還是失敗了。努爾哈赤最終能夠把滿洲各部整合起來，關鍵還是因為滿洲各部在華夷秩序之下受了明人、蒙古人和朝鮮人的很多欺負，他們覺得，團結在一個堅強領袖的身邊，無論各部落聯盟的自由受到了多少損失，在現實利益例如戰利品的分配和政治地位的提高等方面，他們還是能夠獲得充分的補償。

4 布占泰（Bujantai, 1575-1618）：末代烏拉國主，曾在一五九三年被努爾哈赤俘虜，後回到烏拉，並於一六〇二年稱汗。因不敵努爾哈赤軍隊，最終逃亡葉赫部，客死異鄉。

「組織天才」努爾哈赤的國有化政策

努爾哈赤設計的八旗制度，其實也並不是什麼新鮮的東西。西遼——也就是耶律大石他們那一批人在七河流域建國的時候，這種制度已經在塞爾柱突厥人和中亞的其他政治勢力當中非常流行了。後來建立奧斯曼土耳其的突厥人也是以「桑賈克」[5]為基礎而整合起來的。努爾哈赤把這種內亞統治技術引進到滿洲，在東北亞的歷史上並不是什麼破天荒的事情。而八旗制度的特點是，努爾哈赤是從絕對君主制的角度來理解各旗的。旗本質上是一種半封建半君主的制度。對於河中地區的穆斯林蘇丹國來說，旗制是他們對抗以西遼契丹人為代表的吏治國家的武器。在吏治國家面前，他們堅持封建自由的原則，因為旗包含著更多的封建特色。但是對於努爾哈赤來說，他引入旗制的目的是要把本來分散和對立的各個封建領主整合起來。儘管相對於明國的統治來講，他們仍然保留了更多的封建自由，但是相對於原先的相互對抗、私戰不斷的情況來說的話，努爾哈赤已經向絕對君主國的方向走了很大一步了。從封建主義到絕對君主制的轉型過程當中，封建主義產生和蘊藉的力量會突然爆發出來，就像拿破崙突然征服了歐洲一樣，但是時間長了以後，它最終會損害到社會創新力本身。努爾哈赤和他後裔的經歷，就很確實地證明了這一點。努爾哈赤對八旗的布置和對滿洲各部的整合，使原先用在領主相互作戰的滿洲武士、鐵器生產力和火器生產力全部集中起來對抗明國，使滿洲的整體戰鬥力有了極大的提高。

努爾哈赤本人並不是一個技術天才，但卻是一個組織天才。他的組織工作是做得非常細緻的。每一支部隊，每一面旗子，多少人要配備一個鐵匠，鐵匠要負責製造多少新盔甲，又要修補多少損害的盔甲，要配多少火槍，又要補多少魯密銃[6]和三眼槍，要鑄造多少火炮，專門負責鑄造火炮的專業集團——最開始的時候，就是由西洋傳教士培訓出來的、孔有德從登萊帶入滿洲那批火炮專家，要負責給哪些部隊分別供應多少火炮，朝鮮人和其他人應該給哪些部隊供應多少糧米，這是他主要的統籌項目。《滿文老檔》裡面記載的，除了努爾哈赤怎樣判案和怎樣辦外交以外，主要就是這些事情。他的工作是做得非常細緻的，可以說是細緻到每一個分隊裡面，確保每一個分隊的武士都沒有後顧之憂，都有相應的鐵匠、炮手和其他後勤部門負責提供支援。因此，努爾哈赤所動員的這支部隊在當

5 桑賈克（Sanjak），奧斯曼土耳其帝國的基礎地方行政單位，其淵源可追溯到一三四〇年甚至更早的年代。桑賈克的首長稱為「貝伊」（Sanjak-bey），負責轄區內的軍政事務，惟職位不得世襲，任期一至三年。

6 據載，明代火器工業專家趙士禎於一五九八年向魯密國（即奧斯曼土耳其）使者請教槍械原理，並加以改進，製成「魯密銃」。

時發揮了最高的作戰效率。這樣一來，原先分散在各封建領主的技術資源現在都被努爾哈赤整合起來了。他和所有的絕對君主一樣，樂於分給那些領主大量的金帛和戰利品，讓他們在財務方面舒舒服服，使得各領主為了這些經濟上的好處，願意繼續追隨努爾哈赤南征北戰，放棄他們的自治權；同時努爾哈赤在政治上採取的是拆散的做法，把原先一個個封建領地內部的鐵匠或者火炮生產者，拉進來統一管理。統一管理是拿破崙和其他絕對君主都喜歡的事情，努爾哈赤當然也不例外。

經過整合以後，滿洲的鐵器生產工業被努爾哈赤劃分成了四個系統。其中最大的一個系統就是著名的本溪湖基地[7]，直到滿洲國時代還在運作。另外三個基地在近代以後就漸漸廢弛了，但在當時它們是跟本溪湖並列的。這四個系統過去是分屬於幾十個小的領主聯盟的，現在都掌握在努爾哈赤一個人手裡面，所以可以說他等於是重建了金章宗時代的鐵器和火器生產的國有化體系。在不斷的戰爭和努爾哈赤的親自督促之下，這個軍工生產體系像是法國的海軍生產體系在財政大臣柯爾貝爾[8]的領導之下一樣，表現非常良好。但是柯爾貝爾一死，法國的海軍生產就人亡政息，漸漸競爭不過英國和荷蘭的私人造船廠了——這是所有國有企業的共同特點，是不可避免的。

滿洲軍事工業的瓦房店化

滿人在入關以前能夠隨隨便便地修補和重新鑄造幾千支西洋大炮，但是進了北京城、得到了更多的資源和更多的輔助以後，反倒只能鑄造幾百門大炮了。到雅克薩戰役的時候，鑄炮能力已經非常衰退，主要依靠搜集現成的火炮，才勉勉強強湊了幾百門出來。再到準噶爾戰爭時期，連這樣的搜集能力都不具備了。準噶爾戰爭，你要從紙面上看的話，好像是發生在滿洲帝國的全盛時代，但是這時候滿洲帝國連弄幾十門炮都非常困難，在這個時候他們反而被迫依靠喀爾喀人的力量來跟準噶爾人對抗。

準噶爾人失敗的主要原因並非武器不夠精良，實際上他們擁有的武器比起滿洲人的武器還要更先進一些，進口的鋼鐵品質也要更好一些，而是因為康熙帝、雍正帝通過《尼布

7 即今遼寧省本溪市一帶。該地區礦藏豐富，從契丹時期起已有冶鐵業的生產運作，到明清之際更為興盛，至今仍然是區域內重要的工業基地。

8 讓—巴普蒂斯特・柯爾貝爾（Jean-Baptiste Colbert, 1619-1683）：因被法國首相馬扎然於臨終前舉薦，得以被路易十四重用。柯爾貝爾執政期間，他推行重商主義，努力維持政府收支平衡，同時大力整頓法國海軍、建設海外殖民地，使法國的國力大為提高。

楚條約》和《布連斯奇界約》[9]收買了俄國人、以及他們在背後被穆斯林的三大汗國——浩罕汗國、布哈拉汗國、希瓦汗國抄了後路的結果。而三大汗國的軍事技術，包括鑄炮工藝，也比滿洲帝國要強得多。這是跟我們看地圖時候產生的第一印象恰好相反的：滿洲帝國在吞併了明國、殖民東亞以後，顯得是一個龐然大物，而希瓦、布哈拉、浩罕的埃米爾們擁有的領土，只不過是河中地區的一部分。但是撒馬爾罕、布哈拉和塔什干的造炮廠，基本上跟彼得大帝之前的俄羅斯帝國是一個水準，而東北亞的造炮技術，在葡萄牙大炮失傳以後已經沒法追得上了。準噶爾人主要是因為人口太少，同時又不斷地被俄羅斯人和穆斯林汗國所消耗，才最終滅亡的。而準噶爾人仍然能夠跟日益衰退的滿洲武士打上一百多年，這就很能說明問題了。康熙帝在尼布楚談判當中最關心的事情就是，確保俄國代表不要跟正在威脅他本人的噶爾丹結盟。如果俄國人跟準噶爾人關係較好的話，兩位滿洲皇帝就沒戲可唱了，那麼蒙古滅金的故事很可能就在康熙、雍正朝重演了。然而俄國人的訴求主要是皮毛貿易，只要滿洲帝國把皮毛貿易的生意做好，他們對準噶爾人的死活是根本不放在心上的。而且從俄羅斯的角度來講，準噶爾人比起滿洲人具有更大的威脅性——相對於滿洲人而言，準噶爾人離俄國人在西伯利亞南部的基地更近，跟俄國人之間的軍事衝突也更激烈，於是俄國人也很高興借助滿洲人去削弱甚至消滅準噶爾人。

等到乾隆一朝，曾經生產出上千門火炮的四大軍事工業基地已經什麼都生產不出來了。而且，承平日久，朝廷的軍隊只拿流寇當作假想敵，根本不準備從事除治安戰以外的任何戰爭了，同時把過去努爾哈赤經營的軍工生產體系看成是一個財政上的累贅，在歷次裁減政府開支當中盡可能先裁減它的部分。而地方督撫則覺得，這些鐵礦與其用來生產賣不出去、沒有用處、消耗國庫的軍工產品，還不如多生產一點鍋碗瓢盆和鋤犁，賣給墾荒者和農民，好歹還能賺一些錢。因此在乾隆一朝

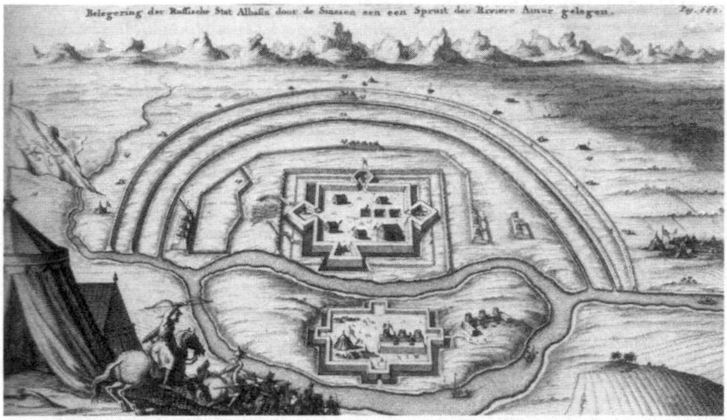

此圖從西方人的視角，精確地描繪了雅克薩城的四面城牆及稜堡，以及周圍的城防設施。1885至1886年，因滿清與俄羅斯帝國的邊境爭議，清軍大舉進攻位於黑龍江畔的雅克薩城，史稱「雅克薩戰役」。清軍雖裝備大量火器，仍無法攻陷具有先進城防技術的雅克薩城，只能圍困之，雙方僵持將近一年，最後簽訂《尼布楚條約》，以政治方式結束戰爭。

9 為確定兩國邊界，清俄雙方先後於一六八九年、一七二七年簽署兩項條約。值得注意的是，兩項條約簽訂時均以拉丁文版本為準，另有俄文、滿文等譯本，卻無漢文。

就發生了滿洲技術史上的一次大災難，當時稱之為是「標」制，也就是我們現在所謂的承包制。

朝廷發下一個被稱之為「龍章標」的標，然後歡迎廣大商人投標——意思就是說，誰出的錢多，過去由軍工企業獨占的鐵礦和煤礦就歸誰。這些鐵礦和煤礦原先在金國滅亡、努爾哈赤興起以前是由各地方的封建領主保護，由他們的鐵匠來經營；在努爾哈赤以後變成了國家軍工企業的所有物；在乾隆皇帝以後又通過投標，出租給私人競標者，誰給朝廷上交的錢多，這個礦就歸你，技術裝備都給你了，你想怎麼賣錢就怎麼賣錢。後來滿鐵的調查員發現，一般來說這些礦山生產得最多的就是鍋碗瓢盆和鋤犁，因為就只有這些東西賣得出去。武器嘛，除了軍隊以外，誰肯要呢？而國家的軍隊在長期不打仗、變成只領餉的人以後，他的動機就是，花錢越少越好，省下來的預算可以交給領導，做各方面的經營，給領導升官發財提供方便。至於普通士兵嘛，反正他們也不用打仗，湊合湊合，在軍事演習上能夠混得過去就行了，實際上能不能用那是無關緊要的事情。因此，這些經費自然而然就變成灰色收入而消耗掉了，原先孫元化時代傳入的火器製造技術也就漸次失傳。

與此同時，在東南亞和中亞，仍然在相互作戰的各小國卻在不斷從奧斯曼土耳其引入新式軍事技術。土耳其的軍事技術是從義大利和匈牙利引進的。從歐洲人的角度來講，他們看土耳其就像川普看中國一樣，你們派出來的每一個留學生都是間諜。土耳其的技術人員，特別是海軍將領，個個都是義大利人，而炮手多半是匈牙利人，他們也是不加掩飾的技術間諜。正如布勞岱爾所說的那樣，土耳其在歐洲面前是一個叫化子，在東方的伊朗面前卻像是一個大富翁。伊朗人對付土耳其人的手段，跟土耳其人對付歐洲人的手段一模一樣。印度人和內亞人對付伊朗人的手段，又跟土耳其人對付歐洲人的手段一模一樣。技術一波一波地傳播下來，傳到內亞和東南亞已經是倒數第二站了，但是仍然比東亞要更先進一點。而且尤其是，東亞在滿洲入關以後承平日久，已經喪失了進一步引進先進技術的動機，甚至原有的技術也要聽其退化，以便節省開支。

鴉片戰爭時，清國的軍事技術仍然停滯在入關時

就在乾隆一朝，小小的暹羅王國和柔佛蘇丹國[10]就引進了數千門土耳其式火器，比起堂堂的大清帝國的全部火炮還要多出幾十倍。這也是違反很多人的直覺的，因為從地圖上

10 柔佛蘇丹國（Johor Sultanate），一五二八年至一八五五年存續的政權，統治範圍為今天的馬來西亞柔佛州及新加坡一帶。

看，大清帝國是如此之大的地方，而準噶爾和暹羅王國又是如此之小的地方。但是實際上，早在後來鴉片戰爭爆發以前，暹羅的武備比起滿洲帝國的武備已經是要強得多的：從硬指標來講，他們的武器水準比起清帝國的武器要先進一百年；論數量上來說的話，更是多出十倍甚至三十倍。僅僅是守衛今天的曼谷港的五個炮台——當然，在十九世紀暹羅變法維新以後那上面的大炮都沒有用了，所以現在都拆下來放在博物館裡面，僅僅是博物館裡面的這些大炮，就比大清帝國在鴉片戰爭和太平天國戰爭時期擁有的全部大炮還要多，比起洪秀全和曾國藩各自的那幾十萬大軍裝備的大炮也多得多。發生這些事情的原因當然就是，原先在努爾哈赤時代曾經造出數千門大炮的那些軍事基地，像是戈巴契夫時期曾經用來造導彈的那些基地在俄羅斯經濟改革以後只好去生產裝可口可樂的易拉罐，因為導彈是只有國家才訂貨的，國家破產以後就沒有其他人來買，而你還要吃飯，所以你只能用你的技術去生產易開罐，這樣至少還能賺錢。而滿洲的「易開罐」，當然就是鍋碗瓢盆和鋤犁了。你當然可以說這是和平主義、天下太平的重大進步，但是同時也要記得，這是技術的重大倒退，生產鋤犁的技術要求比起生產火炮的要求是遠遠低得多的。

到了林則徐和琦善跟英國人打仗、英軍長驅直入到大沽口的時候，大清的官員在驚慌失措的同時，做了一番調查和動員，最後他們上報給皇帝說：現在不要緊了，我們已經在山海關找到了過去明滿戰爭時期我們曾經用過的大炮。但是有多少大炮呢？幾門而已，連十門都不到。不過這樣也很好，我們可以把這些大炮拖到天津來，現在我們不用害怕英國人了。當然，他們拖來的那些大炮就是孫元化時代的葡萄牙火炮，對於兩百年以後的英國海軍是不構成任何威脅的，因為清軍的炮彈打不到英軍，而英軍的炮彈可以在遠距離把清軍徹底摧毀。洪秀全的軍隊打到岳陽的時候，因為挖出了吳三桂留下的幾門大炮，戰力立刻就大幅增加。[11]於是他順江東下，從武昌一路打到南京，所向披靡，所有他們遭遇的清軍城池，都禁不住吳三桂時代葡萄牙大炮的猛轟。吳三桂的關寧鐵騎跟滿洲人一樣，裝備的也是徐光啟、孫元化等人引進的葡萄牙大炮。這些大炮在十九世紀中葉的東亞仍然是所向無敵的。只需要幾門炮，就能打遍大江南北，甚至山海關內外。而回到十七世紀中葉，這些大炮是連廣州城都守不住的。要守住山海關，同樣一批葡萄牙大炮，至少要幾百門才行。然而過了兩百年以後，只需要幾門甚至幾十門大炮，就足以建立和毀滅一個帝國了。這就是典型的瓦房店化例子。

11 「破岳州，得吳三桂之器械，盤運下舟，直下湖北，攻破漢陽，得漢口，困武昌……」（羅爾綱，《增補本李秀成自述原稿註》）

滿洲鐵器技術高於吳越

這時的滿洲帝國已經根本不能指望原先的本溪湖基地和其他基地能夠給它提供大炮，哪怕是鑄造刀劍都沒有什麼可能了，這些地方只能夠很熟練地製作鋤犁。但是我們還是必須強調，根據滿鐵的報告，即使是在滿洲技術退化以後，這些鐵器工業基地仍然比十八省的鐵器基地要稍微高水準一點。按照滿鐵技術員的說法，這些基地至少有兩、三個冶煉室，第一個冶煉室先把普通的鐵礦石粗冶成海綿鐵，第二個冶煉室把它冶煉成大鐵，第三個冶煉室才把它冶煉成生鐵，而生鐵之後還要分別加工為生

此圖描繪1841年鴉片戰期間，在軍艦的掩護下的英軍登陸浙江寧波附近的穿鼻島，並包圍島上的清軍要塞。在英軍優勢的火力猛攻下，穿鼻要塞在一天之內便被攻陷。鴉片戰爭的結果，顯示了滿清帝國的軍事技術已遠遠落後於西方。

鐵和變韌鐵。變韌鐵在漢字文獻中經常被稱為「熟鐵」，然後李約瑟等人就據此證明東亞古代技術非常先進，能夠生產出鋼和熟鐵。但是根據滿鐵技術員的調查所謂的「熟鐵」只不過是一種比較軟的生鐵，它的冶煉溫度達不到歐洲人意義上的熟鐵所需要達到的溫度，只是在生鐵當中分出了比較脆的和比較軟的兩種，軟的那種叫變韌鐵。變韌鐵在文人的筆下渲染一下，就變成「熟鐵」。它只是字面相似，跟歐洲工業所生產的熟鐵完全不是一回事。而所謂的「炒鋼法」和「百煉鋼」實際上也只不過是比較硬的生鐵而已，它同樣達不到歐洲煉鋼技術對鋼所定的標準。但是，這種技術已經比十八省的鐵器製造技術要高超得多了。

十八省的鐵器技術就是一個人背著皮制風箱，全部家當都在他身上的那種小鐵匠鋪，根本用不到這樣的三道工序；而滿洲鐵器的鍛造至少要經過三道工序，如果還要重新生產成為變韌鐵或者其他品類的鐵，還要再加上四、五道工序。至於剛才說的那種十八省的小鐵匠鋪，他們用的是宋應星的《天工開物》裡面提到的技術，只有一個風箱和一個小冶煉爐，煉出來的海綿鐵直接放在水裡面淬一淬，淬個幾分鐘，然後再捶打一下，就算是出廠了。哪怕同樣是鍋碗瓢盆，同樣是鋤犁，瓦房店化以後生產出來的滿洲鋤頭還是要比宋應星式的滿洲鋤頭要靠譜得多。這就可以解釋，為什麼在漕運中斷、沙船幫興起以後，走海路的沙船在滿洲卸貨之後，運回吳越的主要返程產品是豆餅和鐵器。因為本地的鐵器，同樣是鋤頭之類的，是不如滿洲的鐵器品質高的。豆餅不用說，就是滿洲盛產的大豆。本地的鐵匠鋪不是沒有，而且產量非常高，但是用作鍋碗瓢盆還可以，用作鋤犁的話就競爭不過滿洲的產品。至於武器的話，明清的士大夫都普遍熱愛倭刀、泰國匕首或者馬來匕首。這就充分說明，東亞生產出來的鐵器，是不如日本、暹羅或者馬來鐵器的。

這種狀態一直維持到英國人按照一八五八年天津條約而要求的牛莊開港。牛莊開港以後，滿洲鐵器的銷售量立刻就急轉直下。香港變成了東亞第一大鐵器出口港。香港一點鐵都不產，它的鐵其實是英國人運來的歐洲鐵，但是立刻就在上海和牛莊開港之後，衝垮了原本滿洲鐵器的銷路。有清二百年來，滿洲產的鐵器雖然漸漸失去了已經日益接近於不存在的軍工市場，但在民用品市場上長期以來對本地吳越鐵器擁有碾壓性的優勢。結果在短短的二十年時間內，就被英國鐵器打得落花流水。無論在上海還是牛莊，滿洲鐵器都被擠出了市場，被更便宜而品質更高的歐洲真鋼鐵擠出了市場。

等到日俄戰爭結束以後，滿鐵技術員企圖重新開發滿洲鐵礦，於是到本溪湖和鞍山等地考察的時候，他們看到的是一片淒涼的廢墟。如果我們今天到烏拉爾[12]、馬格尼托哥爾斯克[13]這些地方去考察蘇聯人留下來的軍工廠，看到的大概也是這樣一片「繁華已被雨打風吹去」的可憐景象。當年曾經負責生產毀滅明國的武備的那些軍事基地，現在房屋已經破了，歷經風吹雨打和霜凍，只剩下斷壁殘垣。但是過去的高鐵爐的基本結構還在，所以仍然能夠一窺滿清初年、清中葉一直到嘉慶道光年間的鐵器生產情況。如果僅僅從產量和GDP的角度看，滿洲鐵器的黃金時代是在道光嘉慶年間，但是從技術演化的角度來講，那已經是倒退得非常厲害的時代了。它們僅僅是能夠對吳越鐵器享有優勢，在滿洲帝國的保護之下行銷東亞內部。如果日本鐵、爪哇鐵和中亞鐵進來，他們馬上就會抵擋不住。等到滿洲人被迫向英國人開放市場以後，他們就徹底完蛋了。產量沒有那麼高、但是技術品質最高的時代是努爾哈赤時代，是努爾哈赤剛剛接受孔有德投降的時代，也就是十七世紀歐洲的最先進技術，通過徐光啟和孫元化等基督教徒而傳入明帝國、然後在不到十年時間內又落在滿洲人之手的那個時代。

12 蘇德戰爭初期，由於德軍連戰連捷，蘇聯被迫在短時間內將主要的軍工生產基地從歐洲部分遷往烏拉爾山脈一帶及以東的工業區。

13 馬格尼托哥爾斯克（Магнитогóрск，意為「磁山城」），位於南烏拉爾山東麓，是俄羅斯最大的鋼鐵工業中心，距首都莫斯科約兩千公里。

技術問題本質上是憲制問題

技術、政治和意識形態表面上看是截然不同的，但是實際上存在著深刻的內在連結。如果你只是從績效看，那麼戰鬥力最強大的時代當然是封建主義剛剛結束的絕對君主國時代；但是從創新生產力的角度來看，創新精神最快或者是引進先進技術最快的時代反倒是政治力量分散的封建時代。多元的封建領主對於引進尖端技術是最有興趣的，對他來說這是最生死存亡的問題，儘管他的底盤不大。

努爾哈赤時代的《滿文老檔》就可以顯示，努爾哈赤重新整合起來的滿洲諸部，一個聯盟頂多有幾千名武士。小領主，像努爾哈赤本人那樣，只有十幾副或幾十副鎧甲。這十幾副或幾十副鎧甲不代表這些鎧甲有什麼用，而是指鎧甲和維京人說的牛一樣，是代表一個古老高貴的封建單位。不是說十三副遺甲就只等於十三個人，而是說，從封建法權的角度來講，努爾哈赤合法地繼承了十三塊封建領地，他可以以這些封建領地的名義去召集武士，而這些武士當然不是只有十三名。至於海西女真和野人女真比較強大的領主聯盟，通常就不只是十三副遺甲，而是有上千個「甲」，就像明國張居正時代的「丁」不代表具體人一樣，它是一個稅收單位——某個地方比如說有十八個丁，那就是說它應該交納十八份稅收，但是不代表它有十八個人，實際人數可能是幾百個或者更多。但是無論如何，有幾千個「甲」，就說明他們擁有的封建單位比努爾哈赤本人擁有的封建單位要大得多。幾千個「甲」通常要對應幾百個火槍和火槍手，以及幾百門大炮的生產力。這幾百門大炮只是指規模，實際上這幾百門大炮是過去金兀朮時代那種跟投石機沒有太大區別的炮。這些投石機式的炮，在努爾哈赤的初期戰爭中也發揮了相當作用。只有少數比較先進的領主才有真正的歐洲式鐵炮。而努爾哈赤作為一個所謂的英明君主，他對滿洲技術的重大貢獻其實就只是，他像俄羅斯的彼得大帝那樣，十分積極地引進了歐洲技術，使原先只生產投石機的這些軍工廠變得可以生產歐洲式大炮了。

但是在滿蒙戰爭結束以後，這個技術傳統就迅速衰退了。原先那些孫元化和孔有德時代的技術員，很明顯覺得自己跑去做官更有利可圖。而滿洲帝國的政策也像以前的金帝國的政策一樣，也必然會鼓勵這一點。這從根本上說是一個憲制問題。滿洲帝國不斷以大量的金帛為誘惑，招攬原先並不歸屬它的、松花江流域之外的各部落和封建領主的武士南下，使得滿洲的人口不斷地被掏空。人口外流是件非常危險的事情，因為它意味著沒有新人來繼承原有的技術傳統。而對於新人來說，他以武士的身分南下加入八旗軍，然後用比科舉官員快得多的速度迅速升官或者擔任御前侍衛，這對他來說比留在原地打鐵或者造船要好得多。留在原地打鐵或者造船的人都是二流角色，而這些二流角色在吉林的皇家船廠裡面做官，然後他們又把一切技術職務交給流放犯。例如，在蘭州的馬明心穆斯林叛亂當中被俘的穆斯林，或者是在朱一貴叛亂中被俘的台灣人和閩越人，統統被滿洲人流放到這些船廠來當奴工了。把活兒交給他們幹，我自己做官會更省勁一些；人力既不足，做官的油水又比研究技術豐厚得多，滿洲的技術傳統是不可能不衰退的。因此除了火器和鐵器技術以外，帝國時期的滿洲造船技術也漸漸衰退了。除了國家指定的造船業，主要是松花江巡防和戒備俄羅斯。尼布楚條約簽訂以後，俄羅斯嚴格遵守條約，使得北部邊防變得沒有意義了，因此北部邊防的重點迅速地從瑷琿撤退到墨爾根，最後又撤退到寧古塔，而江路巡防也從黑龍江撤退到松花江，從松花江下游撤退到松花江上游。對船隻品質的要求也越來越低，因為只要在皇上或者皇太后等等舉辦慶典的時候，拿出來象徵性檢閱一下就行了，不用真打仗。日本海的商務活動，在這個時候已經完全被日本封建領主保護的商團接管過去了。日本的造船業不斷進步，滿洲的造船業不斷倒退。煉鐵業也是這個樣子的。這些問題表面上看是技術問題，但是骨子裡面都是憲制問題。

大一統理論的演化：從蒙古人到滿洲人

但是，如果僅僅有憲法因素和技術因素的話，還是有足夠聰明的人，像徐光啟那樣的人，會發現其中的問題。就算是改革不了，至少也可以向皇帝遮一遮摺子。例如，抓住皇帝最關心的問題：「我們滿洲人的老家為什麼會沒有人了？其他地方，比如說贛越和巴蜀的人口，在明國時期一直是停滯不前的，在張獻忠戰爭時期遭受慘重損失，在滿洲帝國時期就迅速增長起來了；而全帝國上下，唯獨享有特權最多的滿洲人自己的本土人口不斷流失。這到底是出了什麼問題？皇帝能不管嗎？」但是皇帝沒有管，關鍵原因就是在意識形態。意識形態是幹什麼的？它可以發揮文宣作用，但是也可以造成自欺欺人的副作用。而這個意識形態就是大一統主義。

大一統的意識形態並不是滿洲人的產品，而可以說是感染了滿洲人並坑害了滿洲人的一種理論發明。它最初是這樣產生的：投靠蒙古帝國的金國降虜，也就是金國從北宋接納下來的那批士大夫，他們在金國滅亡以後，根據有奶就是娘的原則，迅速投靠了蒙古人，並向蒙古人提出類似這樣意思的意見，「我們儘管不像蒙古人最重視的工匠和數學家那樣，懂得造大炮或者會打鐵，但是你們蒙古人不要以為我們是毫無用處的東西。我們會編人民日報，我們會向你們證明，為什麼只有你們蒙古人才配得上統一天下，征服全世界。我們能提供合法性的論述。穆斯林的科學家可以替你們造炮，但是他們說不出為什麼全世界都應該是蒙古人的。」其實他們不是說不出，只是伊斯蘭教的神學家那一套政治正當性理論，在推行宗教多元化政策的蒙古統治者看來是相當的不順眼，所以他們寧願尋找另一套合法性論述，而這套論述就是大一統主義。

大一統主義是由郝經、劉秉忠他們發明出來的，「大元」這個國號也是他們發明出來的。他們的理論就是，誰有力量提供和平，誰就應該統治。沒有力量提供和平的人，例如像南宋這樣的政權，就理所當然地應該被征服。你們南宋不要說你們有自己的特殊文化，你們是用漢字的，你們的生活方式跟蒙古人不同，因此應該根據文化民族主義的原則各自建立不同的國家。宋儒一般跟後來的王夫之一樣，推崇的是王者不治夷狄的理論，也就是文化民族主義——我們行孔孟之道的人應該由宋國統治，你們信薩滿教和長生天的人由成吉思汗統治是沒有問題的，而信伊斯蘭教的人由哈里發統治也是沒有問題的，但是我們沒有必要合併起來。而在大一統主義者的理論之下，宋儒的這種抗爭就是萬惡的分裂分子，是不懂得歷史潮流的體現。最後他們在忽必烈身上，找到了自己的理想君主的影子。忽必烈想效仿宋人的通貨膨脹政策籌集一批錢，用這批錢篡奪蒙古帝國的汗位，破壞正統繼承次序和封建自由。於是雙方一拍即合，產生了我們所知的大元和大一統主義。

朱元璋作為一位「無產階級革命家」，建立自己的政權以後，他就覺得宋人主張的文化民族主義和元人主張的大一統主義，都不是很適合。如果按照宋人的理論來講，朱元璋是沒有理由攻占大都、建立一個新帝國的，更沒有理由對滿洲和內亞的領土提出要求，而他懷有繼承全蒙古帝國領土的野心——當然這一點是沒有真正實現的。但是如果要推行大一統主義的話，那又很難說朱元璋有什麼合法的依據來繼承成吉思汗和忽必烈的江山，他明顯是一個無產階級。當時的吳越士大夫，包括著名的劉伯溫在內，是在武力威脅之下才被迫為這個無產階級革命政權服務的。他們在自己能夠做主的時代，是像後來曾國藩幫助滿洲皇帝一樣，投靠石抹明安[14]之類的大臣，極力想要幫助蒙古帝國中興的。甚至在朱元璋建立政權、發明了「不為君用律」、用暴力威脅強迫士大夫為明國服務的時候，還有很多人千辛萬苦地逃到漠北去追隨北元政權。如果實行大一統主義的話，你就得向這些士大夫說明，為什麼你這個僻處東亞一隅的無產階級革命政權，比起高度國際主義、有基督教

14 石抹明安（1164-1216）：契丹人，原於金國供職，其後在參與金與蒙古的談判時被成吉思汗招降，向後者提供重要軍事情報，更協助蒙古軍攻克中都（今中國北京市）。

徒和穆斯林和全世界商人支持的蒙古帝國政權更有統治資格？你們明國顯然是地方性的和無產階級性的，憑什麼要繼承貴族和國際主義者統治的蒙古帝國？就算是蒙古帝國衰落，難道不應該由其他的貴族或者國際主義者繼承嗎？於是，朱元璋手下的理論家就結合了元帝國的大一統主義和宋帝國的文化民族主義，發明出我們現在稱為華夷秩序的新大一統理論。

華夷秩序等於是像甘陽的「通三統」理論[15]一樣，是把兩種不同的理論各剪了一半，然後用抹漿糊的方法把它拼接起來。它從大一統主義那裡接納下來的理論就是，無論華還是夷，都應該歸皇帝統治；而它從宋儒的文化民族主義那裡接管下來的另一半是，只有孔孟之道的信徒才能是華夷秩序的主人。因此，它就變成了一種顛倒意義上的民族主義。大一統主義意識形態的核心就是，有能力統一世界的內亞征服者有權利統一東亞。大一統主義的核心是，內亞人先天比東亞人優越，正如英國人先天就比印度人優越一樣，內亞人有權通過征服東亞人來實現世界和平。大一統主義是一種內亞對東亞的殖民主義，而華夷秩序是一種東亞對內亞的逆向殖民主義，它要求信奉孔孟之道的東亞人對內亞人和東北亞人實行殖民。大一統主義者認為東亞人無權打著儒家的招牌拒絕內亞人的征服，而華夷秩序則主張內亞人和東北亞人無權打著薩滿教、基督教和伊斯蘭教的旗號拒絕東亞人的征服。儒家門徒和漢字文化比內亞文化高檔，這是宋人的文化民族主義理論，這個理論要求在東亞建立多國體系。大一統主義強調的是，儒家是低賤的，而內亞的宗教自由和國際主義才是高檔的，它要求內亞人對東亞人實行統治，要求建立大一統國家。而明國則是很積極地把兩者結合在一起：第一，我們要求一個大一統國家；第二，我們不要內亞人的國際主義統治，而要東亞的儒家統治。這兩個部分其實是相互矛盾的，但是無論如何，它變成了明帝國的官方意識形態。

蒙古帝國滅亡以後的滿洲各封建領主在這個意識形態面前吃了很多苦頭。我們完全可以看出，這個意識形態可能對蒙古人有利，也可能對明朝有利，但就是不會對滿洲人有利。按照大一統主義，蒙古大汗的後代林丹汗可以說自己是合法繼承人；而朱元璋雖然沒有合法繼承權，但他可以說我通過武力要求繼承權；滿洲分散的封建領主，卻是兩樣都占不到。如果要按照華夷秩序或者東亞儒家那一套的話，他們又不是正宗的儒家信徒。所以無論蒙古人占上風還是明人占上風，無論是大一統主義占上風還是文化民族主義占上風，或者華夷秩序的理論怎樣再解釋，最後都對滿洲人不利。而朝鮮人雖然對明朝不是完全忠

15 甘陽，中國學者，其取態通常被歸類為新左派。他著有《通三統》一書，主張中國文化的發展應將古代傳統（人情義理）、毛澤東時代（平等與正義）、鄧小平時代（自由與權利）這三條思想脈絡加以融會貫通。

誠的，但也很輕鬆愉快地運用了這些華夷秩序理論，不斷地對滿洲採取軍事行動和貿易封鎖，使他們吃了很多虧。努爾哈赤起兵以後，對這方面的痛苦是歷歷在目的，他自己在跟林丹汗和其他蒙古人打交道的時候，也深受後者以成吉思汗正統自居而對自己的歧視所苦。這方面的歧視，再加上崇禎皇帝堅決不肯按照澶淵之盟的模式締結兩國和平和開放邊境貿易，使得滿洲人最後不得不入關征服了明帝國全土，然後自己接受了大一統秩序，重新解釋了大一統理論來解決這個憲法難題。滿洲帝國版的大一統主義體系，我們不用詳加介紹，因為在雍正皇帝大興文字獄、跟曾靜進行辯論的時候，滿洲帝國的御用學者跟王夫之、黃宗羲和顧炎武他們進行辯論的時候，已經把這套新理論講得非常清楚了。辛亥革命之前，章太炎他們主要反對的也就是這個理論。

大一統理論害倒滿蒙騎士

這裡不必詳細考察它的內容，只需要指出它對滿洲帝國本身產生的嚴重後果就行了：它迫使滿洲皇帝為了維持他作為明國皇帝和蒙古大汗雙重繼承人的身分，不斷地犧牲滿洲本土的利益。結果，清帝國和金帝國一樣，表面上是滿洲征服的成果，卻使滿洲自身背負最沉重的犧牲。這在真正的滿洲人看來，必然像是川普就希拉蕊和全球主義的看法是一樣的。川普認為，美國人為了維持世界體系，掏空了美國本身的元氣，使美國虔誠的基督徒工人失業了，就業機會流失到中國、印度和東南亞，而占到便宜的卻不過是一小撮紐約金融家和華盛頓外交家。滿洲的情況也是這樣的：滿洲本土的封建武士和技術員在大一統的意識形態之下變成了最大的輸家，改行入關以分取戰利品和金帛的那批人卻占了最大的便宜，有生產力和創新力的那一部分衰退了，擅長於做官和經營「全球秩序」的部分卻發達起來了。此消而彼長，滿洲本身的政治生態自然而然會惡化，滿洲本土的人口和技術出現了嚴重的空心化傾向。滿洲帝國後期，例如在僧格林沁的野戰騎兵對抗英法聯軍的八里橋戰役的時候，之所以戰敗以後一蹶不振，把政權的大部分都讓渡給湘軍和淮軍，關鍵就是在於滿洲這個母體的精力衰竭了。

滿洲帝國真正的衰竭就是在八里橋這場戰役，滿蒙騎兵最後的精華被英法的炮火摧毀了。其實，這是兩股殖民主義者的換班。滿洲和蒙古殖民者最後的勇士，在八里橋伯爵[16]

16 夏爾・庫贊—蒙托邦（Charles Cousin Montauban, 1796-1878），法國軍事家、政治家，率領英法聯軍遠征東亞大陸，迫使清廷簽署《天津條約》。因蒙托邦在八里橋一役戰勝滿蒙軍隊的功績，拿破崙三世於一八六二年冊封他為八里橋伯爵（Comte de Palikao）。

的炮火面前無畏地衝鋒——凡是在二十世紀八〇年代接受過中華人民共和國所謂「愛國教育」的滿洲人，應該都看過《火燒圓明園》之類的影片。這些影片是中華民族發明家的主要傑作。但它喚起的愛國主義幽靈是什麼？那是最後的滿洲帝國愛國者。誰是滿洲帝國最後的愛國者呢？就是滿蒙騎士在八裡橋橋頭向英法聯軍發動自殺性衝鋒、全軍覆沒以後，最後還剩下的那七個人，以及在圓明園門口負責守衛這座皇家夏宮的滿洲武士。那麼我們不得不問一問，吳越的士大夫到哪兒去了？巴蜀的士大夫到哪兒去了？燕晉的商人到哪兒去了？閩越的船長到哪兒去了？山東和河南的農民又到哪兒去了？滿洲帝國到底是誰的國家？那是滿洲貴族和蒙古貴族的國家，而在英國紳士和法國軍官的凌厲打擊之下，他們退出了歷史舞台——影片情節所暗示我們的東西，比它直接告訴我們的還要多得多。中華人民共和國作為蒙古人的大一統帝國和滿洲人的大一統帝國的繼承者，原來的十八省漢人，在這當中同樣是根本沒有絲毫分量的。

近代所謂的殖民主義和國恥，意味著歐洲貴族接替內亞貴族，繼續統治東亞的殖民地。而東亞作為殖民地的歷史，從殷商沿著太行山南下到洛陽開始，從鮮卑人、蒙古人、契丹人、女真人、滿洲人南下以來，地位一直沒有改變，始終是被殖民的地方。直到西方殖民者撤退後，蘇聯和共產國際接替西方殖民者和日本殖民者的地位，東亞人的地位仍然沒有改變，他們始終是被殖民者，只不過他們的殖民者換了人，從內亞換成東北亞人，然後又從東北亞人換成歐洲人和日本人，最後換成俄國人和共產國際。為什麼蒙古人、滿洲人和共產國際都需要大一統主義或者中華民族這個意識形態呢？因為這個意識形態就是為外來殖民者統治東亞而準備的。

當然，這個意識形態也害了滿洲人。滿洲人要依靠這種意識形態來統治，他們就必須接受自身的瓦房店化。滿洲產業的空心化，到GDP最發達的嘉慶道光年間已經不可逆轉。而蘇聯留下的那些老工業基地，也是在GDP最高漲的胡錦濤和溫家寶時代陷入了不可逆的空心化。當然，這只是一個標誌。空心化和瓦房店化是帝國和大一統意識形態不可避免的副產品，它從滿洲入關一開始就像水滴石穿、霉菌生長和病毒侵蝕一樣慢慢地展開。它跟帳面上的GDP是成反比的。帳面上的GDP越高，反而說明空心化和瓦房店化的速度越快。中華人民共和國的空心化，也是隨著蘇聯主人的撤退，早在一九五八年就開始的。帳面上的GDP的增長，並沒有逆轉它不斷的空心化。而一九七二年以後輸入的美國秩序實際上是只包括民用經濟這方面的，美國和西方國家在一九八九年以後是嚴格封鎖真正的高科技產業和軍工產業的。所以直到現在，中國的軍工產業仍然是依靠蘇聯在五〇年代打下的底子，正如滿洲的八旗兵即使在鴉片戰爭以後也仍然是依靠滿蒙騎兵的老本，老本吃光以後，就一無所有了。

而滿洲帝國的老本就是在八里橋一戰輸光的，失去了這些老本以後，帝國就要依靠湘軍和淮軍的拐杖來支持了，而湘軍和淮軍並不真正擁護滿洲帝國，所以滿洲帝國實際上在一八六〇年就已經註定要走向滅亡了。這以後發生的事情，本質上只是一系列複雜外交安排的嘗試，企圖使滿洲複合帝國留下的這個巨大政治真空不要對國際形勢造成巨大震盪，所以採用過多種安排的形式。但在那個時候，清國實際上已經不可救藥了，因為滿蒙騎士是它真正的老本。作為一個殖民帝國，正如乾隆皇帝早就看出來的，滿洲才是它的根基。滿洲的武士不再是武士而是官僚以後，滿洲的產業在失去了至少是對十八省的軍事技術優勢以後，它就要步入不可逆的死亡當中。習近平主張做大做強中國國企，也是出於類似乾隆皇帝的考慮，但是同樣的進程也是不可逆的，因為既然要接受帝國這種意識形態，那麼也就必須接受它帶來的不可避免的腐蝕效果。因此，嘉慶道光年間的滿洲帝國不像努爾哈赤的滿洲帝國，而非常像崇禎皇帝的明帝國；習近平的中華人民共和國也不像史達林治下的蘇聯，卻非常像敗在史達林手下的蔣介石政權。

七、帝國體系與條約體系下的自組織

神話學說背後的近代滿洲

近代滿洲的歷史資料非常豐富，脈絡也比較清楚，主要是被神話學說所掩蓋、而不是基於任何嚴肅的論證而敘述。這些神話學說會給人們造成一種錯誤的印象，以為清帝國的龍興之地——滿洲是一個空曠的大原野，裡面只有一些跟赤身裸體的澳洲土人或者美洲印第安人差不多的原始部族居住，根本沒有什麼像樣的工業和農業，然後在近代鐵路通行以後，突然來了一大批新移民，發生了類似種族替代的事情，產生了一個全新的社會。上述說法實際上是完全不靠譜的。不靠譜，並不是因為在很多歷史的空白處，由於資料不足而展開各種荒謬的猜想，而是純粹出於政治和理論需要，才製造出了一套神話，把當時人本來心裡面很清楚、也根本不值得大驚小怪的材料給全部掩蔽住了。這些神話材料當中有很大一部分其實都是屬於民族發明的結果，民族發明學本身就是一種製造神話的藝術。

十八世紀的滿洲，首先我們要很清楚，沒有像一九一一年前後，由吳越士大夫所發明出來的那種「滿人」和「漢人」這兩個種族集團之間的矛盾。第二就是，十八世紀的滿洲有著非常發達的各種產業，包括工業和農業，早在中東鐵路建成以前就已經是一個重要的糧食產地。中古的情況不清楚，至少是在滿洲帝國統治的兩百多年時間內，滿洲一直是一個重要的糧食和肥料的輸出地。滿洲糧食，特別是豆類的輸出，比中東鐵路要早得多。同時，滿洲的原住民，第一，他們根本不是印第安人或者澳洲土人那樣的原始部落，這些族群擁有至少是比東亞大多數地區更先進的煉鐵技術、造船技術、榨油技術和各種輕工業。第二，這些族群從事的產業是多樣化的，而他們的種族和政治身分也是多樣化的。當地原住民在辛亥年的政治鬥爭蔓延之前，並不普遍地將自己稱為滿洲人。通常被編入八旗這個具有絕對主義傾向的封建系統的那些貴族和領主會認為自己是滿洲人，但是並不是所有的部落或者所有的領主都自認為和被認為是滿洲人。最後，滿人和其他移民之間的邊界是非常模糊的。如果有什麼邊界的話，那麼不是有一條邊界，而是有很多邊界。而且，這個邊界始終是以政治歸屬，而不是以血統出身來劃分的。

努爾哈赤整合的這個滿洲集團本身就是一個多血統的集團，它包含有從中古時代起陸續移民到滿洲的很多團體，包括敘利亞基督教和伊斯蘭各教派。而八旗只是帶有軍事動員性質的一個拿破崙和卡諾式的整合制度。在清軍入關以後，大規模軍事行動停止，而為軍事行動準備的各種產業，即使不是完全衰退、至少也是開始鬆懈了，但這個整體的態勢並不影響原先無論是屬於八旗還是不屬於八旗的領主和其他特殊團體繼續發展自己的習慣法，或者是用滿洲自古以來的方式接納各式各樣的渡來人。光緒年間以前，很少有人把這些渡來人稱為漢人。而滿洲帝國和三將軍轄地[1]在處理這些渡來人的時候，採取的還是封建式的處理辦法，也就是說，根據屬地原則和屬人原則。屬地，要看你的來源是哪一個地方；屬人，就是看你移民以後所投靠的、或者本人建立的是什麼樣的封建團體。種族和血統等因素根本不重要。

燕晉齊三邦國與十八省神話

在這方面，三將軍管轄的滿洲本土跟滿洲帝國統治下的其他轄地，它們的法律地位當然是不同的。我們如果理解歐洲歷史，明白奧地利和匈牙利其實不屬於同一個國家——即使它們的皇帝是同一人，那麼就不難理解這種狀態。[2]有三個邦國是滿洲的接壤鄰國，這就是燕、晉、齊。齊國自古以來就屬於東北亞，膠東半島的居民和遼東半島的居民在血統上很少有差別，它算是滿洲在海上的鄰國。因此它享有一個特權，它的蠶絲工業可以自由進出滿洲，而伴隨著這種工業移動的人口也可以自由進出滿洲。晉國早在明國皇帝還在北京城的時候，就已經為滿洲人偷運軍火和其他重要物資了，在滿人入關的過程當中發揮了很大的輔助作用，所以它也享有各方面的特權，尤其是內亞貿易的獨占權。面向俄羅斯和穆斯林世界的貿易是滿洲人和晉人的專利。晉人可以在滿洲經營金融業，其他人不行。最後是燕國，燕國既是北京城所在的地方，也是滿洲的直接鄰國。所以，燕人可以在滿洲打短工，開雜貨鋪或者經營油坊之類的輕工業，而其他人是不行的。例如，吳越商人、徽州商人或者其他地方的商人就不能在滿洲境內開辦銀行，不能跟晉人競爭。儘管吳越的絲綢業也非常發達，但是他們不像齊人那樣可以自由進出滿洲。這樣的特權，可以說是一種近代意義上的東亞版「北美自由貿易協定」。加拿大和墨西哥，就因為它們與美國直接接壤，雙方來往很方便，所以它們享有了與美國距離遠得多的國家所享受不到的特權。例如，墨西哥的國力是否比起以色列更強，這是很難說的，但是墨西哥作為美國的鄰國是毋庸置疑的，所以它就可以成為北美自由貿易協定的當然成員國。

從滿洲帝國初年實行的法律制度來看，可以認為，十八省在當時還是不存在的。滿洲入關是以東北亞為中心，以內亞為輔助，而東亞和東南亞屬於被統治對象，同時東亞和東

1 指清國在滿洲地區先後設置的盛京將軍（一六四五年起）、吉林將軍（一六五三年起）和黑龍江將軍（一六八三年起）。

2 指一八六七年起，奧地利哈布斯堡皇帝擔任匈牙利國王所建立的「奧匈雙元帝國」體制。奧地利及匈牙利的元首雖為同一人，但兩國分別有各自的政府及議會，並非統一國家。

南亞之間還有差別。如果要分級的話，那麼滿洲本土是核心和第一級；內亞算是盟國，是第二級；東亞是第三級；東南亞，也就是長江以南的各省，是第四級，也是最不受信任的。它們的法律地位各不相同。所謂的「大清帝國由關內十八省和關外的內亞人組成」這種神話，是湘軍、淮軍興起以後才產生出來的。它的發明者主要也就是跟湘軍集團有聯繫的南方儒家士大夫。這種做法當然主要因為是，本身是百越人的這些儒家士大夫參與過湘軍和淮軍的戰爭以後，實力極度膨脹，同時又得到了歐洲人的援助，他們認為可以在大清帝國內部坐頭一把交椅了，因此就想用統戰術把自己的盟友進一步擴充。結果就把在僧格林沁時代還凌駕於他們之上的東亞（也就是黃河流域的各省）算在了十八省以內，同時也把在滿洲帝國初年寧願貼在內亞和東北亞的屁股上、也不願意跟東亞和東南亞發生關係的燕晉齊這三個小邦劃了進去。當然，十八省的當然領袖，不用說就是長江下游、下江的幾個大省，也就是擁有最強大武力的湖湘和士大夫集團人數最多的吳越。這樣，他們建構了這個十八省的神話以後，滿洲帝國複雜的多元憲制就被簡化成所謂的滿漢鬥爭。也就是在同一時候，曾國藩他們把已經被遺忘的王夫之、顧炎武等人的著作重新翻出來。這並不意味著他們要像這些明朝末年的作家一樣企圖反清復明，而是要利用這些作家的論點，發明出一種內亞和華夏二元對立的新學說。至於華夏的代表，當然就是他們自己了。這樣，湖湘軍團和吳越士大夫就像所有的統戰者一樣，能夠以小博大，用比較小的基本盤，變成一個比較大的政治實體的領導者。

但是在滿洲帝國初年，毫無疑問，晉人是站在滿洲人一邊對付吳越人的。他不可能說是，因為我們都是所謂的華夏十八省或者漢地十八省，我們同樣受到了滿洲人和蒙古人的歧視，所以我們晉人跟吳越人是一夥的。恰好相反，晉人最喜歡幹的事情就是利用滿洲人和蒙古人來壓迫吳越人。如果沒有政策優惠的話，至少在閩越的茶葉貿易上，晉人是不可能競爭得過吳越或者閩越本地的商人的。如果說晉人憑它原有的歷史資源，經營內亞貿易還比較方便的話，那麼東南亞貿易它肯定是打不進去的。但晉人卻連東南亞貿易都能插手，主要就是因為滿洲人用政策壓制東南亞人，為晉人提供了各種方便。齊人和燕人在商業文化和工業技術都談不上是特別優秀，但是他們卻可以踢開那些比他們成績更好的吳越技術員和商人，在滿洲這塊利潤很大的處女地上享有特權地位，當然也是滿洲帝國刻意執行的政策。

所謂「內北國以臨華夏」，其實也是過於簡單化的說法。顯然，燕、齊、晉跟滿洲有著特殊關係，又享有各種特權，他們是凌駕於黃河流域各省之上的，而黃河流域各省又是凌駕於長江以南各省之上的。但是如果非要說燕人、齊人和晉人到底誰的地位更高一些，就很難了，因為他們各自享有的特權是不一樣的。這就像是，在封建時代，哪些爵爺的權力比較大，這是通過傳統的緩慢積累與演化而形成的，不能一概而論。

我們很難說，勃艮第公爵的位置就一定比佛蘭德伯爵的位置更高貴一些；同樣，我們也不能說，既然他們都屬於貴族，那麼公爵和伯爵就應該是平起平坐的。只有官僚制度才能這樣整整齊齊地計算。我是宰相級、三公級的公務員，我就跟其他宰相、三公是同一級別的；我是部長級、尚書級的公務員，我就跟其他部長、尚書是同一級別的。但是，公爵跟公爵不一樣，伯爵跟伯爵也不一樣，各個領地都有他們的習慣法，各領地跟國王之間的關係也是特殊和具體的。

所以，儘管我們可以說燕、晉、齊三個邦國跟滿洲都有特殊關係，但卻沒有辦法說他們之間到底誰的地位更高一些，誰才是大清帝國最重要的合作者或者藩屬。在十八省的神話還沒有發明出來以前，這樣的特殊關係是習慣於封建統治的滿洲人能夠順利操作的，而且也使得他們面對那些比較習慣於簡單劃一統治的編戶齊民的時候享有更大的優勢。如果某個統治者的統治技術比他的臣民所能夠理解的統治技術還更複雜一些，那麼除了基於征服者身分而在其他方面享有的固有優勢以外，他還擁有一個格局的優勢。英國人想要理解印度的公務員制度是很容易的，但是反過來印度公務員想要理解英國憲制則是很困難的，道理就是如此。

滿洲的公有地：官莊、旗地與蒙地

滿洲既然是滿洲帝國的本土和秩序發源地，它的憲制複雜性當然是比它所有的附庸邦國都要大得多的。就從農業這方面來說，我們剛才已經提到過，滿洲的農業其實一直是非常發達的。之所以給人一種近代才發達起來的印象，主要是因為：一方面，神話製造者要這麼說，要把十九世紀以前的滿洲人說成是跟印第安人一樣微不足道的族群；另一方面是，滿洲大豆是在十九世紀末葉才大規模出口到歐洲的，同時也直接改變了滿洲的產業結構，在這以前，滿洲的貨物只是在東亞和東南亞銷售，沒有引起世界性的反響。這兩者結合起來，就會給很多人一個錯誤的印象，以為十九世紀以前的滿洲是一片空地。

然後他們又會因此而形成另一種錯誤印象就是，這以後的滿洲是由大量移民開拓出來的成果，而這些農民開拓出來的農莊都是一模一樣的。其實，情況顯然也不是如此。滿洲的農業用地在清帝國中葉的時候就已經是非常複雜了。我們可以設想，在後金國誕生以前，它可能更加複雜，因為清帝國時期的滿洲、三將軍轄地下的滿洲農業用地實際上是經過了絕對主義國家的改造和簡化後剩下的一部分。拿破崙以後的法蘭西土地制度肯定比封建時期的法蘭西更簡化，滿洲也是這樣。

滿鐵的調查員留下的記錄就顯示出，近代初期的滿洲有著十幾種不同類型的公有地和私有地。所謂的公有地包括以下幾種：第一是以各種形式直屬滿洲皇室的土地。屬於滿洲皇室的土地也有很多種，雖然理論上都叫公有地，但也不是只有一種。首先，有供給政府開支的官莊。官莊最初成立的目的是給軍事行動提供糧食。他們生產出來的貨物原則上是不會交給沙船、運到吳越去的。但是長期不打仗、軍隊也不再需要這些糧食以後，各種各樣的情況都會出現了，各種公開的和半公開的、合法的和不合法的私人租賃和糧食運輸就圍繞著這些官莊展開了。其次，還有皇帝個人的、顯赫貴族的、後宮妃子的、各旗主的相應的田莊。這些田莊，理論上都可以把它們統稱為官莊，劃入公有地範圍，但是實際上它們的法律地位是各不相同的。

各旗之間的法律地位並不對等，有一部分是承襲努爾哈赤以前、他們被編入八旗以前原有的不同封建權利。這些權利像是魚類時代和爬行類時代就已經存在於人類大腦底層的各種神經元一樣，即使後來產生出更新的神經結構，它們仍然沒有被消滅，只是被掩藏在底層了。同時，在滿洲帝國的整個歷史進程當中，尤其是雍正一朝，皇帝多次企圖利用他新獲得的巨大權力來扭曲原有的半封建性的結構，試圖盪平或者改變原有的封建秩序。就像是火山爆發以後的地質層次一樣，由於岩漿的湧出，把原來的層次弄得很亂了。官莊的賜予和侵奪也是這場鬥爭的一部分。所以，雍正朝以後，各種貴族和旗主所擁有的官莊的關係也就變得更加混亂了。

第二是旗地。旗地理論上也可以說是公有地，但是它有相當強的私有性質，特別是在長期和平以後。旗地的制度來源是內亞，但它的規範和實際操作都比內亞——例如外伊朗河中地區的類似制度要簡單得多，可以看出跟它的來源相比也是經歷了一系列退化的。旗地是一個小共同體——例如一個部落或者一個封建團體的共同財產。領主所擁有的並不是一個羅馬法式的絕對所有權，而是基於全共同體的利益，在特定時間內組織相應活動——例如組織遷徙、統籌草場整理或者其他必要活動的管理權。領主與其說是這些土地的主人，不如說是土地經營委員會的榮譽主席。普通的旗民通常有他們直接支配的一些土地，但是——第一，這些土地不是他們的私有財產，第二，旗民也不是租種土地的佃農，他們是作為封建共同體的一員在進行經營活動。只不過為了某些特殊的方便，他們經營的土地，特別是在長期和平以後，往往反反覆覆都是在一個地方，這使他們世世代代祖祖輩輩都在經營同一塊土地。

這就給現代人造成了一種錯覺，就是旗民跟這塊土地的關係應該跟普通農民跟這些土地的關係是差不多的，但是實際上是不一樣的。封建關係是相互重疊和嵌入的。從原則上來講，一個小共同體像一個共和國那樣，旗主、旗民以及中間的各級貴族誰都不能夠在未經其他階級和利益相關者同意的情況下擅自處理這些土地。這跟吳越的地主和佃農那種非常簡單化的關係是完全不一樣的。吳越地主是可以隨意賣地的，也可以解雇他的長工，而佃農也可以跑到其他地主那裡去打工。這些在旗地當中都是不可能的。

第三是蒙地。蒙地和旗地有相似之處。它們作為封建共同體所擁有的土地，跟旗地是比較接近的。它們的淵源是蒙古部落，但是這僅僅意味著領主所承襲的法統是來自於蒙古部落的，並不意味著蒙地的居民都是蒙古人，甚至也不意味著蒙地的主要經營者、領主和喇嘛之類的就是蒙古人。實際上，這些所謂的蒙地，特別是東蒙一帶，即使是貴族和喇嘛，也有很多在血統上講跟達延汗時代的蒙古帝國的蒙古貴族非常不一樣的人。例如，他們有可能是瓦剌人，有可能是圖伯特人，也有可能是喀什米爾人，甚至有可能是在明初逃來的元帝國遺民，或者是在明朝中葉因為信奉喇嘛教或者各種宗教而逃來的難民。蒙古的傳承體系也不是按照血統計算的，而是按照封建和宗教來計算的。蒙地的居民後來被辛亥年間的那些革命家發明成漢人、蒙人或者滿洲人，跟他們的血統沒有關係，一多半看發明家和政治家在當時當地的需要，一小半看他們自己在文化上的定位。例如，他們有沒有取一個漢名叫做王某某或者李某某。雖然取了這些漢名，按血統來講也許是成吉思汗的嫡系子孫；而另外一些沒有取漢名、保持了一個蒙古名或者西藏名的人，反倒有可能是明人或者是這些蒙古領主招攬來的附庸。

所有這些蒙地和旗地的附庸，原則上講都是可以容納渡來人的，特別是可以容納像專業團體這樣的大規模移民。例如，他們需要的某種技術或者他們尊奉的宗教需要的某些服務人員，例如給他們的黃教廟宇或者其他廟宇提供建築方面、紡織方面或者其他方面的特殊服務的這些集團。所以，他們的種族結構跟蘇我氏執政時期日本的那些渡來人集團的種族結構是差不多的。如果領主承襲的法統是蒙古的，就像是他們的領主是蘇我氏一樣，那麼他們就會按照蘇我氏的族姓來確定他們的歸屬。即使他們原先的出處根本不是蒙古，而是來自五湖四海，那也沒有什麼關係。

內亞草原上的規矩一貫如此：比較有聲望、能夠吸引其他人歸附的領主會變成其附庸和各種歸化人的模仿目標。例如殺掉隋煬帝的宇文化及，你從宇文這個姓氏上以為他是鮮卑人的後裔，但是實際上他是宇文家族以前俘虜來的一支匈奴人的子孫，這些人被俘虜了以後就變成宇文家族的養子。這也是內亞經常發生的事情，勇士的傳承很多時候並不是依靠血緣的。像成吉思汗收那麼多巴圖魯是幹什麼的？他不太可能生幾百、幾千個兒子，但是成吉思汗是勇士的領袖，所以他有這個需要，希望把全世界盡可能多的勇士都收在他身邊。

實行起來就是，任何地方的勇士，只要願意跟著成吉思汗走，成吉思汗都會賞賜一個巴圖魯的稱號，然後他就擔任成吉思汗的近衛軍。甚至成吉思汗原先的敵人，像著名的哲別這樣的人，因為他的武藝高強，所以成吉思汗就告訴他，你只要降了我，不愁沒有好的前途。這種做法也不是成吉思汗發明出來的，也是自古以來就有的。所以實際上，某某姓包含的人，其中有很多是慕名而往，像是拜師學藝的學徒那樣，歸附在領主手下，可以說是相當於歐洲的見習騎士。還有一些原本是他的敵人，但是現在你的主人雖然打了敗仗，但是你的勇敢和武藝仍然是我很佩服的，那麼英雄惺惺相惜，我想收編你，你答應了，然後你就變成我的家臣。

這種現象就不能夠用近代所

此圖為日本十九世紀的浮世繪想像畫，描繪十六世紀戰國時代的封建領主、著名軍事家上杉謙信，其原名為長尾景虎，在1561年拜上杉憲政為義父，並一度改名為「上杉政虎」，以合法接任上杉憲政所擔任的鎌倉幕府職位「關東管領」。繼承與改名是日本戰國時代常見的政治行動，透過重組社會與倫理關係，重新界定其政治排序、權力分配；在此種政治行動中，血緣關係並非最重要的衡量因素。

謂俘虜的概念來理解了，因為內亞的封建關係本來就是這樣的，本來就是有幾分像是小說或者傳奇裡的俠盜羅賓漢那種狀況：比武以後，你的武藝既然如此高強，百步穿楊，理查國王或者其他什麼大人物會忍不住要封你做一個爵士或者其他什麼的，納入他的十字軍隊伍。它不是一個靜態固定的系統，而是一個不斷演化、不斷流動的系統。所以，蒙地的領主雖然一般來說有一套相當於是家譜之類的東西，能夠把該領地的法理來源追溯到例如達延汗時代的某一位可汗或者某一位貴族那裡，但是實際上，即使是領主本人，都不一定是血緣意義上的蒙古人。他跟達延汗時代的蒙古人的關係，完全可以像是宇文化及這個血統上的匈奴人跟原來真正作為他們宗主和保護人的鮮卑宇文家族的關係。直截了當地說，上杉謙信是上杉家的後代嗎？不是。但他姓上杉合理嗎？當然是合理的，他是關東管領上杉家收養的合法繼承人。封建關係的流動性，很大程度上都是依靠諸如此類的機制來維持的。

滿洲法人團體擁有的土地

公有地當中還有另外一大類，數目甚至比前面講的這幾類加起來還要多，就是各種法人團體所擁有的土地。法人團體當中排第一位的就是宗教組織。從理論上講，滿洲皇帝尊崇和經常賞賜的黃教的喇嘛廟是占第一位的，但他們當然並不是唯一得到賞賜的，甚至他們的財富也不見得是最多的。這些團體當中包含著不同時代在滿洲出現的基督教社團和伊斯蘭教社團。清帝國中葉的滿洲，既有可能從渤海時代就已經存在、在金國時代可能還為他們提供過技術員的東方基督教派的教會，也有新近才抵達的，是屬於利瑪竇以後、從海路來的那批新的天主教徒建立的教會。

伊斯蘭教的社團既有可以追溯到中古時期的古老社團，有蒙古帝國在蒙明戰爭時期從河中地區遷徙到蒙地、然後又從蒙地順著傳統道路進入滿洲的比較新的團體，也有滿洲帝國中葉、在陝甘戰爭以後從內亞流放過來的穆斯林社團。它們的歷史脈絡、傳承次序和習慣法都是各不相同的，法律地位和依附性質也是各不相同的。但是我們也要注意，法律地位和依附性質的差異跟財富的多少沒有直接關係，有的時候甚至是政治地位比較低賤的人擁有的錢比較多。

這些事情往往是由陰差陽錯造成的。例如，某些陝甘的穆斯林是在叛亂當中被俘虜的，判處流放以後，首先讓他們到吉林的造船廠去做苦役，刑滿以後允許他們自己謀生計，但是他們找到的恰好是交通便利、比較適合於經營的地方，然後他們用船廠學來的技術造一造船、跑一跑買賣，最後就比那些論身分比他們高貴得多、但是自己不善於經營、所在的領地交通又不大方便的寺廟和宗教團體更加富裕。而宗教法人團體即使不是皇帝特別批准或者是特別加以賞賜的，他們擁有的地位也要比其他具有公共性質的法人團體要高。一般來說，宗教團體都可以享有免稅的特權，這是最起碼的；此外，根據他們經營的性質，還有許多具體的特權，我們就不詳細解釋了。其他法人團體包括一些經營性質的法人團體，例如，負責墾荒的法人團體，經營某種藥材的法人團體，從事比如說松花江某一航段的船隊運輸的法人團體，或者經營某種木材的法人團體。

近代前夜的滿洲充滿了諸如此類的法人團體。而且，後來闖關東神話時期的那些移民，和這些法人團體之間的關係也是連續和不間斷的，沒有辦法把他們區分開。換句話說，根本不可能像某些極端滿洲民族主義者說的那樣，可以一刀以張作霖為界、以光緒皇帝為界、以滿洲國為界或者以其他標記為界，把他們分為兩批，這以前的人就是真正的滿洲人，之後遷入的人就算「老倒子」[3]，這是不可能的。他們大多數人之間的關係就像是紐約的波多黎各裔和波多黎各的波多黎各人一樣，你找不出一個時間和空間上都適合的

3 老倒子：滿洲地區的一種帶有歧視意味的稱呼，有時候指農村人，有時候指從山海關以內遷居滿洲的族群。

點，能夠徹底分類出哪些算是紐約人、哪些又算是波多黎各人。像經營夾皮溝金礦的韓邊外[4]家族就是這種情況。按照上述那種極端民族主義的觀點，讓他們自己來說韓家到底算是真滿人還是老倒子，就是一筆糊塗賬。韓家最早經營這些金礦的時候，很明顯是在滿洲開放以後。他們經營這些金礦的交涉對象，既不是日本人，也不是俄國人，而就是滿洲帝國的將軍。滿洲人的將軍授予他們特權，封他們做參將，承認他們自己選舉出來的自衛團體。

那麼，這樣的團體到底算滿人還是不算滿人呢？要是說他們不算滿人，那也可以，但是這樣一來，包括努爾哈赤和皇太極周圍的很多人都不能算數了。甚至，比他們更早、在完顏阿骨打那個時代為他們提供技術服務和醫療服務的很多渡來人團體，這些人的後裔在努爾哈赤那個時代很明顯是被當作真滿洲人的。這些人身分跟韓家一樣，也是特殊行業、特殊公共法人團體的經營者。在他們開辦這些經營活動的時候，顯然周圍跟他們發生關係——無論是商務關係還是政治關係的其他團體，都沒有覺得要討論他們到底算不算真正滿洲人的問題。而他們的團體的成員也是不斷流變的，而後來滿洲開放以後，從鐵路和海港進來的新人，他們所在的集團也還是不斷在外吸納人的，而且招募來的這些人的來源和血統也是各不相同的。

就像是今天紐約的波多黎各移民，你不能說他們跟紐約是毫無關係的，因為他們之所以會到紐約來，是因為原先已經在紐約住了幾代的波多黎各移民團體跟紐約的政要比如說民主黨議員已經建立起一定的關係網，他們並不是病急亂投醫，他們是有一定的合理預期，認為在這裡能夠找到庇護者，才跑到紐約闖天下的。如果要說紐約民主黨這些人是地地道道的美國人、而新來的這些波多黎各人就是老倒子，這是說不過去的，因為他們其實就是比如說同一個家族的長輩和晚輩之間的關係。像韓家所代表的這些移民集團跟後來中東鐵路建成和大連港口開放以後遷入的新移民的關係經常也是這樣的，而韓家絕不是唯一一個例子。這些集團之間的差別是政治身分之間的差別，有些集團屬於宗教和政治意義上的貴族，有些人只有平民的地位，有些人甚至是作為囚犯而被流放到滿洲的，但是以上差異都不是按照血統計算的。

當然，人數最多的公共團體還是平民身分的，而他們也是為利益而到滿洲的。這一方面的情況也跟很多流傳很廣的說法——比如「滿洲帝國封禁了滿洲，不准外來移民闖關東，因為害怕影響當地人口結構」不同。一方面，滿洲帝國在南方的各種活動不斷地抽空

4 韓憲宗（1819-1897）：祖籍山東，後定居吉林樺甸，在當地以掘金、採參為生，累積財富後後勢力不斷壯大，並得到清廷委命「南山練總」頭銜及賞賜土地，巔峰期擁有三千私人武裝。

了滿洲本土的人力，另一方面，這些法人團體又以各種方式招攬新人進來，新人是被編入滿洲本來就有的在地組織。這些原有的法人團體發揮了日本蘇我氏對渡來人集團、美國紐約民主黨對波多黎各人的作用。不要說是清帝國，即使是從後金本身來講，這些坦慕尼式[5]的法人團體都是自古以來就存在的，有很多的歷史比後金建國的歷史還要早，後金和清帝國從來不曾考慮過不承認這些法人團體是滿洲的。但是這些法人團體招來的人又確實是移民，而這些移民跟後來闖關東的移民的關係又頗為密切。所以我們不得不承認，這個流動的過程是比後金和清帝國本身的歷史還要長，也是跟東北亞的整個歷史連接在一起的。而且它也不是單方面的，來自內亞方向的移民和來自東北亞——也就是燕齊這方面的移民始終是同時存在的，至少從渤海時代就一直是這樣的。川普反對墨西哥移民，並不代表他本人就是地道的美國人。川普祖先到美國的時候，也必定會被盎格魯—撒克遜人按巴伐利亞人和中歐人的身分對待，他們是美國的老倒子。渤海時代以來，滿洲的居民就是這樣，不是一層一層、而是一組一組造成的。之所以是一組一組的，就是因為這個組是封建性的結構，跟日本渡來人是一樣的，起主持作用的是哪怕只有一個空名號、但是具有自己的相應特權、足以提供庇護的各種法人團體。十八世紀時期滿洲的大部分土地屬於諸如此類的法人團體。皇室和宗教組織所擁有的公有地相比這些法人團體所擁有的土地來說，只是海洋中的幾個小島而已。

近代前夜滿洲的私有地

最後，在這些公有地之外還有私有地。私有地的性質也不完全相同。私有地的來源有一部分來是屬於皇室領地或者宗教領地之類的，是公有地，但是沒有什麼太大的價值，於是由墾荒者包下來，經過承擔一定時期的封建義務以後，就被領主承認為是墾荒者自己的土地。這種狀態可以說是私有地，因為它經過了一定的法定期限以後，不再承擔原有的特殊封建義務，也失去了特殊領主的具體關係。也就是說，它除了抽象地講仍然是比如說盛京將軍或吉林將軍管轄之下的大清臣民以外，不再有一個具體的保護者了，這就使它獲得了私有地的性質。但是滿洲意義上的私有地跟比如說浙江行省意義上的私有地仍然不是一個法律概念，它還是要受到很多反映出滿洲本身封建遺產的特殊規範的約束。另外一些私有地

5 坦慕尼協會（Tammany Hall）：一七八九年建立，最初是美國一個全國性的慈善團體，其後演變為以紐約為基地的地方政治機構，變成美國民主黨進行選舉動員的政治機器。

與其說是個人或者家庭墾荒的結果，不如說是原先滿洲封建體系的一部分企圖改變自己的法律地位、在滿洲帝國本身憲制衰敗的過程中間用更科學的方式經營自己所在土地的結果。還有另外一批所謂的私人土地，與其說是根據滿洲帝國原有的法律獲得或開墾的土地，倒不如說是在滿洲統治趨於瓦解的過程當中重新產生的一種新秩序或者說是化外之民的秩序。

最後這一種私有土地，它的組織力量反而經常是最強的。原因是，他們能夠產生出自己的類似民兵的軍事組織，而且這些軍事組織經常能夠將其他的政治勢力排斥在他們的統治範圍之外。他們往往並不要求皇帝任命的合法官員承認他們的法律地位，而是通過半陰半陽的遊說——恐嚇手段，使官員們不敢進入他們的勢力範圍。這些人也有各式各樣的，其中有一些被後來的人稱為「馬匪」或者「鬍子」，但是按人口比例來算的話，他們當中大多數其實也是農民。跟很多人所說的「滿洲的農民是一個政治上軟弱的階級」的神話相反，這些化外之民組成的組織——通常以聯莊會和民軍而自稱，在政治上是相當強大的，能夠在長達幾十年的時間內維持一個類似獨立的小共和國的組織。其中的一部分人直接參加了辛亥年的戰爭。例如像是關東都督藍天蔚[6]跟張作霖陣營打仗的時候，遼陽一帶就有這樣的民軍。顧仁宜家族的所謂復州民軍就是由這樣的聯莊會升級組成的。當然顧仁宜比較高檔，甚至可以招攬到一批日本留學生給他們做軍事顧問。但是其他聯莊會的來源，除了這一層以外，跟那些比較低檔的類似組織是差不多的。他們早在通過參加藍天蔚的軍隊使自己的地位合法化以前，就已經很習慣於暗中搶劫到他們土地徵稅的稅吏，使得政府人員長期以來不敢進入他們的勢力範圍。

最後，還有我們最熟悉的那種人：比如說，我經營滿洲大豆，榨油賣了很多錢，我覺得自己的錢已經足夠多了，可以自立門戶了，無論我原先的來源是什麼，我自立門戶，弄一大片土地出來，然後準備過獨立自主的小紳士生活了。或者是，我通過紡織業或者其他無論什麼行業賺到了錢，打算用這種方式為我自己和我家族的後代著想。這些人形成的土地也是私有土地。但是直到十九世紀，私有土地相對於法人團體所擁有的公有土地來說仍然是不太多的。這方面不可能有精確的統計，但就現有的材料來看的話，一比三或者一比五是比較合適的，也就是說六分之一到四分之一是私有土地，而公有土地更多一些。公有土地的大部分是法人團體的土地，法人團體依賴的權利和法律大多數源於封建制度，有很多封建特權是產生於後金以前的部落和封建領主當中的。

6 藍天蔚（1878-1922），湖北黃陂人，一九〇二年經張之洞推薦，赴日本留學，後於徐世昌（時任東三省總督）麾下任職。

日俄在近代滿洲的各種組織及滿洲的馬賽克結構

牛莊開港以後，英國資本對滿洲的產業結構進行了一次大改組，原有的那些私營企業和私有地主都普遍改用英國產品了。無論他們原先生產或者進口什麼，以後他們出口和進口的東西大部分都是取道上海和香港，然後通過英國進入歐洲市場。儘管英國的油大多是由亞麻煉成，英國自己很少用大豆油，但是滿洲大豆的高品質很快引起了英國商人的重視，因此他們把滿洲大豆推銷到歐洲各地，尤其是德國。德國作為滿洲大豆油的主要出口市場，也是在這一時期形成的。英國人作為滿洲商業主要的中間經紀人，通過香港向滿洲出口鐵器和歐洲貨物，也通過香港收購滿洲大豆和其他貨物出口到歐洲。英國人的干涉促使牛莊開港；另一方面，俄國人將達里尼[7]，也就是今天的大連——「大連」這個詞跟很多看上去是漢字的名詞一樣，也是翻譯過來的——開闢為自由港，並修建了T字形的中東鐵路。在這以後，滿洲可以說是徹底開放了。

這時，首先是俄國商人，然後是日本商人和日本銀行，參與到由英國人開闢的這些事業當中。但是有一點是不一樣的：英國人只是打開了滿洲市場的大門，但是他們並不要求政治上的直接治理，這種需要花費大量金錢的事情對英國人來說是不做為好的。包括後來的北寧鐵路，雖然也是英國資本修建的，但是英國人要的主要是利潤，他們並不要求建立一個鐵路附屬地這樣的東西。而維特伯爵和李鴻章設計的中東鐵路有一塊極其巨大的鐵路附屬地，其中包括很多可開發為農田或者可以用於其他用途的大量土地。在這些土地上，中東鐵路當局享有包括組織自衛隊在內的司法權和其他各種權利。隨之而來的，很快就興起了很多移民團體，包括哈爾濱自治市。這些移民團體主要是通過俄國來的歐洲人建立起來的，但不一定都是俄國人。他們按照俄國在十九世紀末自由化改革以後形成地方自治會的規矩，給自己辦起了地方自治會。

有種說法非常流行——因為清帝國是專制國家，所以滿洲在三將軍統治之下肯定也是專制統治，三將軍肯定是把這些移民團體什麼都管起來。實際上，情況恰恰相反，滿洲的封建體制是非常多元化的。八旗之內的部落和八旗之外、但是在滿洲帝國的名冊上登記註冊的部落，以及甚至連登記註冊都沒有的其他勢力，各有各的法律地位。他們之間的關係，有點像是波蘭國王收編的四萬人哥薩克兵團跟幾十萬人的哥薩克志願軍之間的關係。

7 一八九八年，清廷與帝俄簽署《旅大租地條約》，將大連灣和旅順口租借，其後俄國政府又頒布《暫行關東州統治規則》，建立達里尼自治市（Дальний，意為「遠方」）。日俄戰爭後，該市劃歸日本管治。

一部分是波蘭國王能夠管得住的，算是波屬烏克蘭或波屬羅斯的一部分；另一部分是屬於獨立的烏克蘭的自治團體；還有一部分是任何政治團體都不隸屬、散布在第聶伯河上下游的其他近乎獨立自主的團體。三將軍能夠管轄的範圍是非常有限的，而且在他們能夠管轄的範圍內部，可以說，除了管理流放犯的那些農莊或者船廠以外，三將軍是沒有兩江總督對其臣民的那種巨大而絕對的權力的。

日本人和俄國人的捲入，又增加了很多具有歐洲背景、比原來那些只有封建法統的團體更加惹不起的自治團體，像哈爾濱自治市和熱爾圖加共和國[8]這樣有俄國背景、包括歐洲移民在內建立起來的自治團體和自治共和國，他們把歐洲式的法統引進了滿洲。儘管這些共和國和自治市大部分的居民仍然是被吸引到這些經濟發展中心來的滿洲人，但是他們最初的司法傳統和市鎮管理傳統至少是俄國式的，部分是西歐式的。在日俄戰爭以後，日本人又引進了明治維新以後的兩種傳統，就是市和町，用我們現在的話說就是城和鄉（但是日本式的城鄉結構跟中國的城鄉結構也是不一樣的），但它們都是自治性的。滿鐵到一九二四年為止，大體上講把它管轄範圍內的自治制度全面推行了。關於城市，這些制度粗略來說可以分為四類：旅順、大連和營口各自構成特殊的一類；包括瓦房店和公主嶺的其他地方一般是先建立居留民會，就是一個小議會，然後逐步管理衛生事務，逐步變成自治的市鎮機構。這些自治市鎮機構的規範跟二十世紀二、三〇年代台灣那些法人團體是差不多的，它們獲得自治權的步驟各不相同，但是大體上來講，到大正年間，這些市鎮機構都已經在日本法律的意義上獲得了法人團體的地位——這比台灣要稍微早一點，台灣有很多市鎮是到一九三〇年代才取得同樣的成果。至於鄉村，它們也有自己的自治組織，這些組織有些就直接叫做自治會議，或者根據它的主要經營範圍，叫做衛生聯合會或者其他諸如此類的名目。經過一段時間的自治訓練以後，到一九二〇年代中期，它們大多數也獲得了相應的、跟日本的鄉村町類似的自治村的地位。日本直接管理之下的那一部分滿洲土地，就形成了這樣四種不同的城市結構和跟日本本土非常類似的鄉村結構。

而我們也要注意，說它是日本式的政治結構，只是意味著它的法統來源是來自於日本，不代表它的血統來源是來自於日本。這個跟所謂的蒙古封建領地的法統來源是蒙古、

8 熱爾圖加共和國（Zheltuga Republic），由俄國礦工於一八八三年成立，主要財源為黑龍江老溝金礦，全盛時工人總數達一萬五千餘，包括哥薩克、西伯利亞土著、朝鮮人、德國人、法國人、美國人及猶太人等等，同時興建房屋七百多間，設窯五百多所，建立教堂等公共設施。為了保障採金活動順利進行，他們又成立採金事務所，由俄人謝列特金擔任總首領。下分五個區，統轄七百餘個作業組；又制定法律，徵收捐稅，組建為數一百五十人的武裝部隊。至一八八六年，共和國被清軍剿滅。

血統來源卻不一定屬於蒙古，是同樣的道理。他們的居民也是五花八門的，也許是波蘭人和猶太人，也許是所謂的老倒子。真正的日本人在其中所占的比例各不相同，平均算起來可能是百分之十五到百分之二十五左右。而這些日本人，他們之間也並不是因為他們都來自於日本，就會都算成是同一種政治勢力。他們的政治身分其實跟滿洲傳統一樣，是按照接納他們的相應法團的身分，而不是由他們自己的血統而決定的。例如，早期來的一批日本移民自己組成一個衛生委員會，晚期來的另一批日本移民的職業是在滿鐵的鐵路上做勤務員或者其他什麼職員，那麼他們的法律身分是各不相同的，甚至是相互敵對的。衛生聯合會組成的那一批，很可能跟後來的老倒子形成同一個陣營，加入了滿洲自治黨[9]，跟作為滿鐵準公務員系統的那一批社會主義者形成非常鮮明的對立態勢。而在對立雙方的陣營當中，都是既有日本人又有老倒子。

滿洲帝國末期、辛亥戰爭即將爆發前夜的滿洲，就是這樣類似英屬印度帝國時期的一個馬賽克結構。有很多人把三將軍轄地、至少是後來的東三省總督轄地看成是跟吳越和南粵各行省類似的結構，但是實際上不是如此。吳越和南粵有自己的多元結構，但是不在行政管理這一層上。在行政管理這一層上，滿洲帝國沿用了明國的吏治國家體系。而在關東，即使是在東三省總督，就不要說是在三將軍轄地了，他們無論在民間還是在管理體系的意義上都是多元的。這個體系後來經過張作霖的幕府有所簡化，但是真正簡化和整合到可以算成一個整整齊齊的國家體系、能夠使大多數人使用同樣的法律和制度，那還要到滿洲國時代（一九三二至一九四五年）。事實上，我們可以把滿洲帝國（一六三六至一九一二年）統治下的滿洲經過張作霖幕府發展到後來滿洲國的過程，看成是一個類似封建歐洲經過不斷整理、把各種各樣的封建結構逐步簡化和整理成為十九世紀民族國家的過程。張作霖幕府在當中發揮的作用也是過渡性的。張作霖家族和他最初的基本盤，實際上是剛才我描述過的在滿洲十分常見的各種自治團體當中並不起眼的一個自治團體。相對於其他團體，更不要說是很多出身比他高貴、背景比他更硬的其他團體來說，並沒有什麼優勢。張作霖勢力是在後來的歷史發展當中通過逐步整合，變成了滿洲相當大一部分土地和相當多一部分社會結構共同的保護人，然後以他們自己的方式試圖建立一個可以整合的新滿洲，但是並沒有完成。最後完成這個整體性結構，把諸滿洲變成一個滿洲，還是滿洲國在一九三〇年代才完成的。而十八世紀的滿洲，毫無疑問是一個複數名詞。

9 或指以于沖漢（1871-1932，奉系文治派代表）為核心的「奉天地方自治指導部」，該部被視為協和會的淵源。

八、行政國家的產生與發展

民族國家是領土和民族的總和，而封建國家則是屬人的，不一定是屬地的。近代民族國家產生之前的先聲，在歐洲大陸通常表現為新君主國。新君主國是圍繞著財政和軍備競賽成長起來的新型國家，逐步替代了原先的封建體制。它對民族國家的貢獻主要就是劃定了一個具體的領土範圍。如果沒有新君主國及其行政機構的話，那麼封建體系的歐洲當中所有的領地都是縱橫交錯的。在縱橫兩向，同一塊領地有很多不同的宗族，而不同的領地又穿插在一起，邊界是不明確的，到處都是插花式的飛地。而新

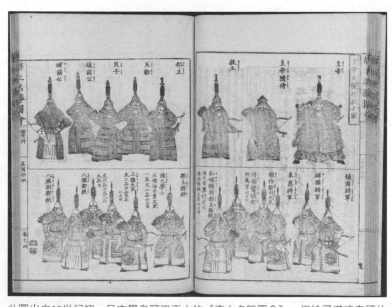

此圖出自19世紀初，日本學者岡田玉山的《唐土名勝圖會》，描繪了滿清帝國的貴族階層。圖中從皇帝、親王乃至於八旗都統，皆作滿洲風格的軍事戎裝打扮。

君主國的用處就是把這些插花地逐步地整合起來，形成領土連綿不絕的不同君主國。然後在這些君主國的基礎上，最終形成了近代的民族國家。滿洲的情況也是這樣的。

八旗時代的滿洲仍然不脫封建主義的遺風，它的領地和領主之間的關係同樣是錯綜複雜的，並不是說有一塊模模糊糊的「滿洲」這塊地方，這裡面的人都是「滿洲人」。而真正的滿洲是一九三二年協和會通過協和主義發明的這個滿洲，它有民族國家的所有要件，有具體的領土，有具體的主權者——也就是民族。民族就是民族國家的主權者，由居住在某一個邊界明確的土地上的、符合某些政治條件的居民所組成。一九三二年定義下的那個「滿洲人」，才是真正的滿洲民族。在這個作為近代民族的滿洲民族和作為這個近代民族前身的封建的滿洲之間有一個過渡期，就是行政國家。行政國家由明治維新以後的日本通過滿鐵的行政機構建立引進，然後經過東三省總督和張作霖幕府的模仿，最終和滿洲的其他自治團體匯合成了滿洲國。這個行政國家劃定了滿洲的邊界和人民，把原先作為複數的多族群和多政治實體的封建滿洲變成了單一的滿洲國。這個過程實際上是跟法國和義大利各互不從屬的封建領主最終整合成法蘭西和義大利民族國家的過程是大同小異的。

封建體制下的滿洲

最初的滿洲，後金時代剛剛建國時的滿洲，它並不包含我們今天所謂的滿洲領土上的所有領主或者部族。而且，當時的滿洲既是一個複數的概念，又是一個開放的概念。如果你問努爾哈赤滿洲的邊界在哪裡，他只能說滿洲沒有具體的邊界。凡是參加八旗這個聯盟、接受絕對主義改革的各位領主，都是他定義的滿洲；沒有參加這個聯盟的各領主和部族，那就不是滿洲。這些屬於滿洲的和不屬於滿洲的各部族，在地理上也是像封建歐洲一樣犬牙交錯的。可能在松花江外，例如在寧古塔這個地方，有屬於八旗聯盟的領地，具體地說，至少寧古塔就是這樣的領地；而在距離盛京非常近、只有幾條山脈的地方，卻有某些部族和領地是不屬於八旗聯盟的。所以，甚至不是說靠近盛京這個統治中心就是真正的滿洲、離統治中心遠的地方就不是真正的滿洲。法蘭西國王也好，英格蘭國王也好，封建歐洲的各君主也好，都在我們今天劃出的法國和英國的邊界之外擁有其他的領地，而同樣在自己的邊界之內又有其他封建君侯的領地。例如，波蘭國王在法蘭西王國境內的洛林就有領地，羅馬教廷在亞維儂也有領地。這樣諸如此類的宗主甲和甲的宗主乙、乙和乙的宗主丙的複雜衝突，例如關於亞奎丹（Aquitaine）領地的衝突，就是導致英法百年戰爭的主要因素。其他眾多的封建戰爭，原理也是一樣。

後金建國以前，滿洲的戰爭主要是封建性的。滿洲人的作戰技能、組織方式和技術資本，都是在這些封建戰爭和相互鬥爭的過程中間逐步形成的。他們之所以能夠對編戶齊民的明國享有巨大的優勢，也正是因為小的封建領主和封建聯盟之間的戰爭是真打的，是真要考驗你的戰鬥能力和技術能力的。這就跟小小的歐洲列強能夠征服東方的各大帝國的道理其實也是相似的。當然，正是因為同樣的邏輯，當努爾哈赤按照路易十四式和拿破崙式的邏輯試圖把封建聯盟整合為絕對君主國的時候，他的成功也是非常有效的。八旗聯盟並沒有覆蓋今天滿洲的全土，而且八旗聯盟本身的邊界也是非常模糊的。尤其是在北方，它有一個開放的邊界。

八旗入關以後，滿洲的人力資源大量南下，以至於本來在滿洲曾經非常激烈的封建性戰爭一下子趨於停息。嚴格說來，封建性戰爭終清帝國這二百多年時間內並沒有完全停止，但是烈度就大大降低了。也就像是十九世紀的歐洲，例如法蘭西共和國，再也沒有中世紀法蘭西那樣連綿不絕的封建戰爭。主要的原因是，戰爭中最強大的角色，就是後金和清帝國所代表的那個滿洲八旗聯盟，把它的主要作戰資源全都搬到關內去了，就像是掉進一個無底洞一樣，它的人力資源和技術資源都不能再用於滿洲本身的戰爭了，而其他比較弱小的領主和部族只能進行零零星星的戰爭。有清一代，吉林將軍、盛京將軍、黑龍江將軍對這些不屬於八旗聯盟的滿洲領主和部族的征討其實並沒有完全停止，但是烈度降低了。比如說，原先是英法百年戰爭的那種強度，然後就降低到零零星星的美國印第安人戰爭的那種強度。主要原因就是因為，滿洲本身的資源已經大量南下了。

這時候八旗聯盟當然就要面臨一個重大問題：他們現在攻占和征服了明國的十八省，他們已經很有錢了，在努爾哈赤時代仍然被視為貴重物品的綾羅綢緞之類的，現在已經再也不缺乏，而努爾哈赤時代根本不缺的勇士，現在卻變得非常稀罕。如果有點精壯的武士，幾百人到了關內的話，就可以派幾萬人的用場。所以，把他們繼續留在滿洲本土已經變成一件極其不明智的事情了。因此，入關以後的滿洲帝國對其他化外的各領主和部族的政策就變成招撫為主、征討為輔。招撫的利益是很明顯的，一個滿洲人在關內可以抵得上幾百個漢人官吏。吉林將軍或者盛京將軍如果能夠招募到幾千人，那就已經是立了一場大功，比起消滅十個像李定國[1]或者李成棟[2]這樣的明國將領，對滿洲帝國的貢獻都還要更大一些。

例如，康熙朝的寧古塔將軍巴海[3]就對滿洲帝國做出了一個非常重大的貢獻，就是說，他居然能夠從過去不服從努爾哈赤管治的那些滿洲領主當中招撫了整整四十個領主，使皇帝得到了多達四千七百名滿洲戰士。這些滿洲戰士是可以征服好幾個省的。例如，看守南京城的江寧將軍要打敗那些企圖反清復明的烏合之眾，有幾百個八旗兵坐陣就行了。有幾千名八旗兵的增援，就能夠打敗像鄭成功這樣的名將所統帥的幾萬名大軍。有整整幾千個滿洲戰士歸順康熙皇帝，這個武力放到東亞和東南亞的戰場上去，一下子就可以抵得上五個鄭成功和十二個弘光皇帝。所以他的貢獻就大得不得了，康熙皇帝把他晉封為世襲貴族——這個封賞就相當於，你本來是一個英國爵士，你的兒子沒法接任，只能成為平民，然後女王一下子封你做伯爵，你的子孫後代可以一直當伯爵，這就是一個巨大的飛躍。後來滿俄戰爭的另一位主角，就是《鹿鼎記》裡面曾經跟韋小寶合作過的那位薩布素，他的政績比較差勁，他只招募了少得多的滿洲武士，但是康熙皇帝仍然認為他的功勞很大，封他做了黑龍江將軍。黑龍江將軍這個職位原來是不存在的，至少在順治一朝之前

1 李定國（1620-1662年）：張獻忠義子，後歸降南明政權，先後於靖州、衡陽、桂林三次大敗清軍，孔有德被迫自焚、陣中斬尼堪（和碩敬謹莊親王，努爾哈赤之孫、褚英第三子）首級。

2 李成棟：李自成部將，後歸降清廷，惟不滿其待遇，又改投南明，先後三次進攻贛州城均失敗，一六四九年他在戰敗逃亡時溺死江中。

3 「邊外有墨爾哲之族，累世輸貢，巴海招之降。其長扎努喀布克託等請內徙，巴海請徙置寧古塔近地，置佐領四十，以授扎努喀布克托及其族屬，分領其眾，號為新滿洲……十七年，敕獎巴海及副都統安珠瑚撫輯新滿洲有勞，予世職一等阿達哈哈番兼拖沙喇哈番。」（《清史稿．卷二百四十三》）

還不存在。但是由於滿俄邊境衝突的緣故，康熙皇帝覺得，開放的北方邊境是抵擋不住俄國人的，有必要封鎖北方邊境，於是才發生了眾所周知的雅克薩之戰。薩布素能夠在雅克薩之戰中扮演重要角色，就是因為他久鎮邊外，善於招募滿洲武士。

政治定義下的封建滿洲人

封建的滿洲是一個封建聯盟，按照當時關外的——也就是滿洲本土的滿洲人的說法，他們分為新滿洲和老滿洲。如果你只看明國士大夫的說法或者十八省科舉文人的說法，好像滿洲是一回事，但是盛京的雍正乾隆年間的老滿洲人是把他們所在的這個聯盟分為佛滿洲和伊徹滿洲這個兩部分的。佛滿洲（Fe Manju），就是舊滿洲、老滿洲的意思；伊徹滿洲（Ice Manju），就是新滿洲的意思。老滿洲是指的努爾哈赤本人結成的那個八旗聯盟，新滿洲就是在此之後斷斷續續、通過各種招撫和征服的手段加入這個聯盟的新的領主。滿洲聯盟無論新舊，它的統治方式都是半封建性的。它原來的酋長或者領主就自動變成了佐領。佐領這個詞往往被歐洲人譯成上尉、少校之類的官銜，但是他實際上是領主。皇帝只是把他收編以後給了他一個官銜，賞賜他多少多少綢緞或者其他什麼寶物，然後逢年過節再有各式各樣的封賞。但是他的權力最初並非來自皇帝本人，皇帝只是對這個領主原先掌握的資源進行了承認。兩者之間的關係就像是波蘭王國和哥薩克統領之間的關係一樣。烏克蘭哥薩克的統領從法律上講也是波蘭—立陶宛聯合王國的一位官員，但是他首先是哥薩克部族的一位領主，或者是哥薩克軍事共同體選舉出來的一位共和國官員。只是因為他能夠帶得動這麼多哥薩克，波蘭國王認為他是值得收編的，然後把他收編以後再封他一個統領的官。滿洲的領主也是這樣的。

這裡面的關鍵在於，按康熙皇帝本人的話就是，不是在於他原來是什麼人，而是在於康熙帝稱之為滿洲水土的那種能夠薰陶出勇猛戰士的功能。過去來自遼東的漢軍旗人是有戰鬥力的，可見我們滿洲的水土是多麼多麼的好。經過薰陶以後，無論他們原先是什麼人，都跟滿洲人一樣能打。但是現在有很多地道的滿人下了江南以後，在蘇州驕奢淫逸，把滿洲的淳樸舊俗都丟了。別的不打緊，這個丟了以後你就聲色犬馬，變得不能打仗了，這樣怎麼能行呢？我們滿洲的風俗不應該容許這種事情。後來乾隆皇帝的再滿洲化政策也就是針對這一點而言的。這裡面，實用主義的一面是強調滿洲武士的戰鬥力，從政治組織的一面來講，就是要強調能夠產生滿洲武士戰鬥力的那種封建傳統和封建的小共同體。只有在這種共同體裡面培養出來的人才有戰鬥力，同樣的人下了江南以後就沒有戰鬥力了。

其實比那更早，完顏家的子弟跟著金國南下、到了汴梁城以後，後來也就變成元帝國、明國編戶齊民的一部分了，清兵入關以後也沒有再承認他們滿洲人的身分。而孔有德他們的部隊投降滿洲人、被編入滿洲八旗以後，很快也就獲得了跟滿洲人差不多的地位，也被視為是老滿洲人，佛滿洲的一部分，而不是伊徹滿洲。原先跟努爾哈赤同一血統、但是沒有加入八旗制度、後來才在乾隆雍正之間或者在其他時代加入八旗的那些伊徹滿洲，儘管血統上講可能跟努爾哈赤更相近，但是他們還是新滿洲的一部分。而且，老滿洲和新滿洲都不是按血統來算的。例如，慈禧太后所在的那個葉赫家族，照太祖努爾哈赤本人的看法，他們就是蒙古人。但所謂葉赫家族是蒙古人，並不是說他們血統上是蒙古人，而是指他們賴以起家的那個封建法統，就像努爾哈赤本人賴以起家的十三副遺甲的那個單元，葉赫家的法統是來自蒙古的某個封建領主，但是這並不能保證葉赫家的後代血統上就是蒙古人。當然，所謂蒙古人的血統這也純屬是神話，根本就沒有一個標準的蒙古基因圖譜或者什麼的，蒙古也是一個封建性的聯盟。

天聰一朝的大臣當中，像葉赫一樣本身法統的來源是蒙古封建領主的人是為數極多的。他們有沒有比如說達延汗時代的那些蒙古人的類似基因或者血統，這個問題的荒謬程度，就跟跑去問上杉謙信到底有沒有足利幕府初年關東管領上杉家那一家的血統是同樣的荒謬。上杉謙信本來姓長尾，是上杉家收養了他。收養當然不是無緣無故而為之，也不是什麼人都可以被收養的，上杉家也不是沒有自己的嫡親或者血統更近的親屬可以繼承。重要的是，長尾景虎在這之前已經是一位著名的武士了，所以上杉家認為，他比血統更近的親戚更有資格繼承上杉家的家徽。封建時代的一個封建單元就像羅馬帝國的一個元老家族一樣，他們不是費拉小家庭理解的那種血緣單位，他們是一個政治單位。就像是美國共和黨全國委員會一樣，它可以讓川普這樣的前民主黨人代表共和黨出選，也可以把共和黨前總統的兒子傑布．布希踢出去，關鍵是看當時誰更能夠發揚共和黨的傳統。

同樣的，刺殺凱撒的布魯圖斯，按照西塞羅、加圖和很多其他羅馬人的猜疑，他弄不好就是凱撒本人的兒子。凱撒有一次在元老院開會的時候心不在焉，加圖懷疑他是不是在策劃什麼政治陰謀，就要求凱撒把他當時正在看的一封信拿出來，結果凱撒公布以後大家發現，這個東西還真不是政治陰謀的文件，原來是他寫給布魯圖斯的母親塞薇利婭的一封情書。當然，憑這封情書並不能斷定布魯圖斯是凱撒的私生子，但可能性還是有的。無論布魯圖斯在血緣上是不是凱撒的兒子，凱撒又那麼寵愛他，但是他只要繼承了布魯圖這個著名元老家族的門第，那麼他就有義務去弘揚布魯圖歷代先祖的政治綱領。因此，無論凱撒多麼寵愛他，甚至凱撒跟他有什麼親緣關係，布魯圖斯都非得殺凱撒不可。滿洲的封建領主也是這樣的。

再舉一個更鮮明的例子。一七四五年乾隆皇帝曾經下過一個詔書，內容大體上是這樣：「我聽說你們寧古塔地方的披甲領主有很多都是以前我們的父皇或者其他祖先流放過來的吳越士大夫後裔，聽說他們很稱職。現在我們需要一些官吏來補充我們在南方的人力資源，我準備任命他們的一部分人做官，派他們入關南下。你們負責給我把這批人挑出來。同時，吉林的船廠有很多以前是閩越走私販子和海盜的蔡家和鄭家的人，我聽說你們也已經把他們編入魚皮韃子的船隊那些領主的行列裡面了。現在浙江福建沿海需要熟悉水戰的總兵官，我們需要調幾百名真正的滿兵來。我看他們很合適，就讓他們南下吧」。也就是說，這些人的祖先可能是跟鄭成功他們差不多的，都在閩越沿海經營走私貿易，只是他們有跟清兵打了起來，於是被清兵抓住，流放到寧古塔一帶，然後他們在那裡就被當地的封建領主收編了，變成了伊徹滿洲的一部分。乾隆皇帝在南方需要真正地道的、能打的滿洲人的時候就想起來這批人可以用，然後這批人就像是袁崇煥的後代富明阿[4]一樣，以地道滿洲人的身分南下。

南下的結果，很可能就是跑到河南省鎮壓紅槍會之類的造反，因為當地的綠營鎮壓不了紅槍會，戰鬥力不足，需要有一些真正的滿兵來鎮壓。但是，參加紅槍會的河南人，論血統是完顏阿骨打和金兀朮的正宗後代。結果，鎮壓他們的滿兵很可能是以前因為反清復明而被流放過去的吳越士大夫的後代，或者是跟鄭成功混的那些閩越海商的後代，而這些人將要以真正滿洲人的身分，來鎮壓按照血統上講是地地道道的完顏阿骨打後裔、但是按照滿洲帝國的滿漢劃分卻屬於明國降虜和編戶齊民的人。血統和政治是可以做到完全相反的。努爾哈赤建立的那個半封建半絕對主義性質的滿洲八旗無疑是一個政治性多於血統性的聯盟。他毫不猶豫地把在政治上反對他、哪怕在血統上跟他相差不遠、但就是不高興讓他當大汗的那一批人劃到了滿洲八旗聯盟之外，把法統算是蒙古人甚至是俘虜的明國將領、但是在政治上願意支持他當大汗的那批人毫不猶豫地劃進了滿洲聯盟當中，變成了地地道道的老滿洲人。

明國士大夫不理解的滿洲封建體制

東北亞的義子收養制度是從內亞來的，其含義就像是現代的足球俱樂部要盡可能地招攬明星球員。如果對方的球隊打敗了，它的足球俱樂部破產了，那麼它的球員就會被勝利

4 富明阿，本名袁世福，袁崇煥七世孫。曾參與鎮壓太平天國和陝甘回民的起事。後於一八六六年至一八七〇年期間擔任吉林將軍。

的足球俱樂部的球隊招聘過去，如果他真的踢得很好的話。這在現代的足球俱樂部中是理所當然的。封建制度之下能征慣戰、名譽很好的勇士的地位，就像是現代足球俱樂部中特別能踢球的足球運動員一樣，他是不在乎他自己的俱樂部會破產的。甚至即使他自己的俱樂部不破產，他為了自己的前途，也可能寧願付一筆轉會費，跳槽到更能踢的球隊去，以便實現強強聯手。這種事情在近代的足球運動員身上根本算不上是變節，只是為了個人發展而採取的習常做法。

武士基於封建體制的流動也是同樣的原理，所以就會出現以文天祥、史可法為榜樣、滿腦子華夷之辨的儒家士大夫所不可能理解的，那種他們會視為變節的現象：像哲別這樣很能打的武士，一旦他自己所在的陣營被打垮了，不能再效忠了，哲別會理直氣壯地投靠到成吉思汗——也就是他原先的敵人的陣營裡面去。而且，成吉思汗可以理直氣壯地信任哲別，一點都不會擔心，他這樣的人原來是屬於敵人這一方的，投靠我以後會不會背叛。儒家士大夫肯定會覺得這樣的人是潛在的叛徒，不能信任他。楊家將就是這種情況。他原先為沙陀人效力的時候就是哲別這種情況，所以他後來理直氣壯地投靠了宋人，以為投靠宋人以後會得到重用，就像是哲別認為他投靠成吉思汗也會得到重用一樣。但是宋人的儒家士大夫是絕對不能信任他，覺得凡是給北漢效力過、自己又是蠻族出身的人是萬萬靠不住的，最後把他迫害致死。所以他的後代就學乖了，自己也變成儒家士大夫去參加科舉了。但是這樣一來，他們也就會在後來的靖康之難中跟張叔夜[5]和其他的儒家士大夫一樣淪為滿洲人的俘虜了。

有一個小的歷史事實就可以表明這兩種文化之間的深刻差異。太祖一朝的《滿文老檔》記載過這樣一件事情。有幾位貝勒爺認為，有一位姓張的明軍將領被抓獲以前表現得很能打，現在被他們俘虜了，他們就去遊說努爾哈赤收養他作為義子。收養成為義子以後，就跟我們這些貝勒爺算是法律意義上的兄弟，然後我們就可以自己組成一支無敵的足球隊了。我們這支足球隊希望像成吉思汗的巴圖魯分隊一樣，有盡可能多的能打的武士。這個人能打，大汗你還是收養他吧。這個姓張的人從時間上來看有可能就是明史裡面的張銓[6]，當然也不一定，但是無論是張春還是其他姓張的將領，這個人的表現都是符合同一

5 張叔夜（1065-1127）：北宋名將，參與鎮壓宋江起義，靖康之變時率軍守汴梁城，後被金國擄走，途中自縊身亡。

6 張銓（1577-1621），明末政治人物，一六二一年任巡按守遼陽，城破後拒絕後金勸降，自縊。據《滿文老檔》記載，努爾哈赤「欲恩養」張銓，但遭到拒絕便下令殺之。努爾哈赤四子湯古代出面阻止，再次勸告張銓投降；湯古代言：「昔趙徽宗、趙欽宗二帝，為我金汗所擒，亦曾屈膝叩見，故攜至我處，授之為王矣」。張銓再次拒絕湯古代的「恩養」，遺言：「我死，我之五子、妻、母俱可保全，若受爾養之，則我之親族後代皆將死！故我情願一死。」（《滿文老檔》，〈天命六年三月〉）

個模式的。姓張的將領說了一些貝勒爺們沒法理解的話。從《滿文老檔》的記載就可以看出，他們覺得這話非常彆扭，不知道該怎麼翻譯和轉述，因為就算轉述出來也非常彆扭。他們能夠轉述出來的內容就是，這位姓張的將領說，勇敢不勇敢沒關係，我希望你們乾脆把我殺掉，因為我如果被你們殺掉了，我的老婆孩子就會很有面子，而不是相反。

這幾位貝勒完全沒辦法理解他這種邏輯。他們就去找努爾哈赤，問他，我們應該拿這個人怎麼辦呢？努爾哈赤看來比他們更懂得明國那一套，就說，照他這種表現，看來是沒希望了，那就成全他吧。幾位貝勒爺還說，不對呀，這不是我們習慣的做法呀，我們不能理解他為什麼不肯加入我們、做你的義子，是不是我們的話沒有說清楚？我們再去做工作吧。努爾哈赤說，我估計是不行，但是你們一定要說行，那麼你們就再去試試吧。試來試去還是不行，所以這個人最後還是被殺了。而從《滿文老檔》的記載來看，這些滿洲人，除了努爾哈赤以外，在整個過程當中始終沒有明白這個人的邏輯是什麼。但是至少我看到這些記錄的時候就覺得沒有什麼不明白的，這個邏輯很清楚，就是史可法那種邏輯。如果我做了烈士的話，那麼封妻蔭子，我就會被載入史冊了，我就是一位著名的忠義之士，會被以後的歷史學家記載，變成道德教育的榜樣了。如果我投降了，我就變成貳臣了，那麼就會變成反面教材了，也會被以後的歷史學家口誅筆伐了。能不能打無關緊要，我的事業也不是要做一個知名的武士。關鍵在於，我這場戰爭的目的是為了使我在以後的歷史道德教材中占據一個有利的位置。

滿洲人以及他們的模仿對象內亞人既然是按照這種封建方式來理解封建的傳襲關係的，所以就會產生明國士大夫不能理解的、或者像歐陽修那樣雖然看到了卻認為這是一種非常卑鄙無恥的現象的義子制。義子即養子也，上杉謙信就是上杉家的義子，以義子的身分繼承了關東管領的爵位。乾隆皇帝準備派他們南下的那些寧古塔的披甲佐領，既然他們的祖先是吳越或者閩越來的流放犯，他們必然也就是像上杉謙信一樣被當地的滿洲領主收養為養子、然後以養子的身分繼承了他們養父的爵位的。歐陽修寫《義兒傳》的時候，就認為這種現象極其可恥。一方面，收養的那一方是軍閥作派，你想擁兵自重，反對皇帝這個由上天所授權的唯一主宰，藩鎮割據，簡直大逆不道。同時，被收養的那一方也是極其可惡。你有你自己的親生父母，你放著自己的父母不認，你偏要認一個和你沒有任何血緣關係的領主，而且這個領主原先還是皇帝的敵人和你的敵人。你打了敗仗就應該很忠義地自行了斷才對，苟且偷生倒也罷了，結果你還要去為敵人效勞，做敵人的養子，還要繼承敵人的爵位，這世上還有比你更無恥的人嗎？

但是，按照內亞封建主義的邏輯來說，這個武士做的也就跟哲別他們做的一樣，跟現代交了轉會費、從一個經常踢不贏的足球隊跳到另一個經常贏球的足球隊去、得到了更高待遇的球員一樣，根本沒有什麼值得指責的，反而是一個勇士得以發家致富、揚名立萬的必經之途。有很多勇士都是出身於不太能打的小領地或者小部落，等他投靠到那些能打的、威名很大的大領主或者名將麾下，他的前途就大大的好了。這個事情就跟一位著名工程師從一個無名小公司投靠到比爾．蓋茲的大公司，或者是一個有才華的足球運動員從西班牙地方的無名小隊伍投靠到皇家馬德里俱樂部，是一樣的事情。這有什麼可恥的呢？他們不覺得這有什麼可恥的，反而覺得這正是你應該做的事情。所以，你在封建聯盟當中，按照十九世紀中葉以後發明的那種種族主義和文化泛民族主義的方式去討論他們的源流，本身是沒有意義的事情。我剛才講的這些事情，乾隆皇帝及其繼承者當然都是知道的。他們從來都不覺得，他們有必要去河南歸德府查訪一下，把那些變成降虜的完顏氏後人重新扶立為八旗子弟的必要。這就像以色列人推行《回歸法》[7]那樣，其實以色列人也是按照宗教信仰和教會歸屬來算的，並不是按血統來算的。不會說是把這些完顏家的後代重新拉回我們八旗子弟當中，也不會說是把富明阿或者其他什麼血統不純正的滿洲人趕出我們滿洲人的行列。

在這個過程當中的整個趨勢就是，原先的八旗聯盟其實跟非八旗、但是現在可以算是滿洲人祖先的其他部族和領主是犬牙交錯的。就在盛京郊外，就有八旗聯盟不能覆蓋、理論上講還是化外之民的其他領主；而遠及松花江外，也有從屬於八旗聯盟、效忠於大清皇帝的領主。但是隨著時間的推移，勇士越來越不夠用，手裡面的金帛卻越來越多，所以滿洲皇帝就不斷拿出金帛，像巴海和薩布素所做的那樣，去招攬別的化外的領主，讓他們加入八旗聯盟，因此伊徹滿洲越來越多。最後等到近代滿鐵開始經營滿洲鐵路的時候，各種意義上的新舊滿洲人已經比努爾哈赤時期的滿洲人要多得多了。

但即使是在這個時候，也還是有很多比較偏僻地方的部族實際上像是台灣山地的原住民一樣，要嘛是根本不服從滿洲皇帝的統轄，連象徵性的、封建性的收編關係都沒有，要嘛就是，雖然有一個像湘西土司的那種象徵性效忠，但實際上仍然自行其是。他們有很多是大清皇帝及其將軍都沒有發現過的，是滿鐵的調查員在開始修鐵路的時候，一路遇山開路、遇水架橋的時候，才發現原來滿洲境內還有這樣的一些人存在。他們的語言和文化跟過去的新滿洲和舊滿洲各部族有一定的相通之處，但是政治上的統轄關係是不一樣的。按

7 以色列於一九五〇年通過《回歸法》（Law of Return），賦予猶太人回到以色列本土生活、並獲得以色列國籍的權利。一九七〇年，該法的適用範圍擴大到祖父母為猶太人、以及與猶太人通婚的人群。

照過去大清的規矩來說，這些部族甚至都不能算滿洲人。但是從日本人要接手開發的新滿洲的角度講，這些人同樣屬於滿洲。

明治日本把行政國家引進滿洲

後來一九三二年的滿洲國作為現代行政國家的起點，奠基於滿鐵的技術官僚管理體系，而不是盛京將軍、吉林將軍和黑龍江將軍的軍府監護制。軍府監護制到了滿鐵的時代，就變成在滿洲境內實行的其中一種制度了。等於是，這時候的滿洲形成了一個近代化的行政國家，它是明治國家體制的一個分支。明治日本直接跨越歷史，把十五世紀在義大利開始出現、十六和十七世紀在法國逐步發展、十九世紀又經由英國和德國的公務員制度改革、在封建制度的基礎上形成的歐洲新上層建築，也就是技術官僚主持的行政國家，直接引進了滿洲。

這個技術官僚體系負責管理滿鐵鐵路附屬地的交通、技術和直轄事務，但是鐵路附屬地上還有很多自治團體，他們不隸屬於滿鐵的管理系統，而是來自日本或者朝鮮半島的移民。也許他們認為在滿洲能夠發財致富，於是就在滿鐵附屬地上租了一塊土地，拓墾種植，開一個商店，或者做了其他什麼事業。等到這些移民的人數多了，就開始要求自治權，然後他們就形成了之前提到的那些自治市和自治町。移民團體的自治能力逐步成熟以後，到一九二〇年代中期，他們就獲得了法人團體的地位，形成了正式的自治體。俄羅斯管理的中東鐵路也形成了哈爾濱和其他一系列的自治市，但是中東鐵路跟日本管理的滿鐵不一樣，它沒有形成一個行政國家。俄羅斯對中東鐵路一開始是實行軍事化管理的，軍隊的開支刺激了麵粉廠和其他企業的發展，而俄羅斯沒打算在中東鐵路附屬地建立行政機構，它只是有一個像遠東大都督這樣的軍事管理機制。它如果打贏了日俄戰爭以後是不是會建立更正式的殖民管理機構，不好說，但反正俄羅斯打輸了。俄羅斯管理中東鐵路全段的最初那幾年並沒有建立行政管理機構，是日本人的滿鐵作為國策會社，才在之後建立起行政國家的。

這時滿洲三將軍的軍府仍然是一個半封建、半絕對主義的政治實體。在他們之下存在的各式各樣的滿洲行業協會，例如人參協會、礦業協會或者其他各種自治組織，也是只有象徵性的從屬，本質上也是自行其是的。這樣，二十世紀初葉的滿洲就有了一個由滿鐵發展起來的歐洲式的行政國家雛形，同時有五花八門、互不從屬的團體。它們有些名義上效忠於俄羅斯沙皇，但實際上是自治的，像熱爾圖加共和國、哈爾濱自由市這樣的組織；有些法律上效忠於日本天皇，但是實際上也是自治的，像公主嶺、瓦房店和營口的日本自治市；還有像是夾皮溝韓家的金礦自衛隊，遼陽的各種各樣的聯莊會諸如此類的組織。

這些各種各樣的自組織占據了滿洲百分之九十八的土地和百分之七十以上的人口。滿鐵的技術官僚建立起來的近代化的行政國家只管理了滿洲百分之二的土地和不到三分之一的人口，但是它代表了近代化的一個關鍵力量，代表了未來東三省總督和張作霖所模仿的，這種以金融業為中心，把資本主義的力量與懷著追求近代生活標準的各種人的力量所結合起來的機制，就是近代國家當中金融資本主義和普通有產者的結合。

滿鐵的技術官僚本身是管理鐵路、鋼鐵企業以及維持鐵路而需要的其他企業的，但是隨著它的產生，自然而然就導致貨幣的流動。十九世紀末的滿洲是一個實物資源極其眾多（包括賣不出去的大量糧食）而貨幣和金銀都比較缺少的地方，因此它亟需金銀。首先是俄國的銀行開始發行所謂的羌帖，「羌」是滿洲人對俄國人最初的稱呼，而「帖」就是紙幣的意思。接下來，其他的很多私立錢莊看到有利可圖，本地銀洋短缺，於是就開始發行各種銀元票、大洋票或者諸如此類的票據。這些票據拿到私立銀行和錢莊去就可以兌出銀元來，同時票據比銀元攜帶方便，而且它比銀元更多，一個銀元可以發十張銀元票，需要兌換的時候是很少的。大量的銀元票可以把原先利用不充分的那些麵粉、生礦石諸如此類的資源迅速地在經濟當中流通起來，有利於當地的經濟發展。因此，做這門生意的私營企業很快地就變得很多。滿鐵也就建立了它自己的銀行系統，利用滿洲本身就有的銀本位制開展銀行業務，然後利用大連銀行的貸款去發展滿鐵附屬地的財富和各種產業。

但是接下來，正金銀行也就加入了這個行列，他們推行金本位制。那是因為，日本為了追隨英國，採取了金本位制的改革，以後日元就跟黃金和英鎊直接掛鉤了。這件事情對日本本身加入歐洲國際體系是相當重要的，但是在大連自由港就直接引起了金本位制和銀本位制的各種不同票據之間的競爭。關東都督府在兩種本位制之間來回折騰了幾次，最後還是妥協，實行金銀雙本位制。因此，大連變成了正金銀行、日本—朝鮮黃金區和上海—滿洲銀元區的一個交匯點。滿洲的銀元來自上海，是上海銀行家從墨西哥輸入的。大清的龍洋和北京政府的袁大頭都是主要依靠美洲白銀和改鑄墨西哥鷹洋所鑄成，流入滿洲的白銀主要也是從上海流入的。黃金呢，當然主要是從日本，通過英國流入的。

兩種貨幣同時展開，自然就增添了很多金融上的把戲。在這時候如果能夠建立一個有信用的、像英格蘭銀行那樣的銀行，在貨幣兌換當中就能夠賺到巨額資本。而巨額資本產生出來的巨額信用，足以支持布勞岱爾所說的那種「資本主義國家之所以能夠強大，是因為資本主義和國家合二為一」。這兩種力量的結合，首先就體現為大連的日本銀行協會和正金銀行[8]下屬系統的各個銀行協會跟關東都督府和滿鐵達成的所謂的四頭政治協定，用他們的金融穩定性來支持滿鐵的建設，使滿鐵這個國策會社像東印度公司一樣，部分地實現了後藤新平的大開發和大建設的理想。

假如美國買下或參股滿鐵，歷史會如何改寫？

滿鐵本身在剛剛建立的時候是資本特別缺乏的，因此美國人哈里曼[9]一度想把它買下。只是由於日本外交代表——日俄戰爭之後負責跟俄國談判的小村壽太郎覺得，我們日本的勇士犧牲了這麼多，好不容易得到一個南滿鐵路，如果又被政府因為財政困難而賣掉，那麼實在是對不起陣亡將士的英靈，因此極力反對，交易才沒有達成。本來哈里曼訪問日本的時候，日本朝野上下，包括主要的銀行家和資本家，都把哈里曼當作救星一樣歡迎，因為他能夠挽救日本當時資金極度短缺、甚至連滿鐵的基本開支都維持不了的困境。

從後來的歷史看，如果哈里曼提議的交易達成了，美國在將來也就會取代英國，變成開發滿洲的主要資本輸出國，那麼美國政府就不會不斷地抱怨說是「日本在滿洲排斥英美企業，在中日戰爭爆發以後在中華民國占領區內排斥英美企業」，然後日美關係可能就不會惡化了。假設美國也是滿洲開發的一個重要參股者的話，它對滿洲的態度就會比較接近於英國政府對滿洲的態度，後來的整部歷史都會因此而改寫。所以從更長遠的歷史考慮的話，小村的決斷很可能是錯誤的。他拒絕了美國資本，並不能使日本、使滿鐵得到足夠的錢，滿鐵最後還是依靠英國資本而完成建設。滿鐵的技術人員和管理人員多半是日本人，但是運營資金大部分來自英國。既然你都接受了英國人投資，那麼非要排斥美國資本不可，其實是一件庸人自擾的事情。如果同時接受英美資本的話，那麼在第一次世界大戰結束、英國撤出東亞東北亞的時候，美國資本就會自動接替英國資本，形成日美聯合開發滿洲的局面，這樣對日本自身是更為有利的。

但是無論如何，滿鐵剛剛開始運作的時候，資金是嚴重不足的。於是它就用我們剛才提到過的那種方法，在各種貨幣之間倒來倒去，用倒出來的各種票據去購買荒地，生產農

8 橫濱正金銀行，於一八八〇年成立，是日本一家具有半官方性質的外匯專業銀行。一九四六年解散。

9 愛德華．亨利．哈里曼（Edward HenryHarriman，1848-1909），美國鐵路大王、聯合太平洋鐵路公司總裁，曾提出「哈里曼大鐵路計劃」，先收購日本控制的南滿鐵路，然後再獲得帝俄的中東鐵路以及西伯利亞鐵路的運營權，繼而通過哈里曼本人所控制的橫渡太平洋與大西洋的輪船航線，與美國本土的鐵路相連接，最後建立起由美國控制的全球交通運輸網路。

業產品，開榨油廠，或者是從事開礦業和各種有利可圖的產業，一下子就把財政問題解決了。本來它的錢是不多的，維持鐵路的運行都需要大量英國資本的注入。要把鐵路附屬地開發出來，然後以鐵路附屬地為中心，輻射整個滿洲的建設，它那點預算是根本不夠的。但是票據替它完成了這個任務。滿鐵發行了大量票據，在物資充裕而貨幣不足的滿洲發揮了英鎊的作用，使原先不能周轉的各種事業迅速周轉起來，使滿洲的整個經濟結構附屬於滿鐵。

當然，它既然做得這麼成功，也就會引起效仿者。原先的盛京、吉林和黑龍江的三將軍只是封建軍府制，它主要是一個監護者，而不是行政管理者。辛丑和約以後，近代化的

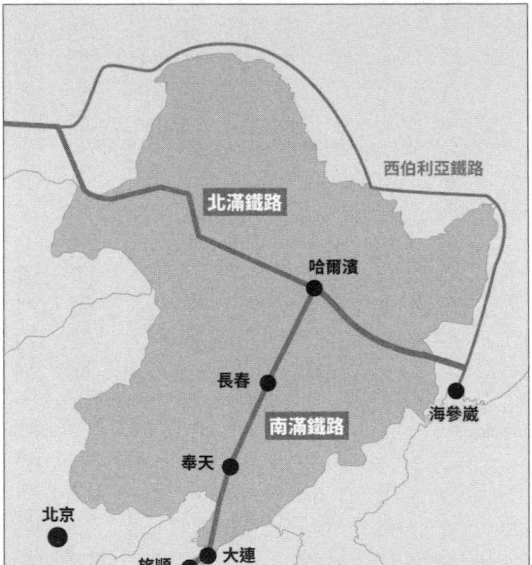

1933年3月，滿鐵正式開始運營國線，滿鐵在奉天設立了「鐵路總局」。1935年3月，滿洲國有鐵道從蘇聯手中收購了北滿鐵道（長春至哈爾濱、滿洲里至綏芬河之間的原中東鐵路）。1936年，滿洲國政府合併各路線管理單位，成立「鐵道總局」，總部設置於奉天。

浪潮變得不可避免了，滿洲帝國底下的各個邦國也就開始各尋出路。義和團已經充分地證明，抗拒近代化是沒有出路的，但是各邦國的模仿對象並不相同。例如，雲南的士紳自然而然會模仿滇越鐵路帶來的法國文化，以及法國在越南進行的近代化改革；上海自由市本來就是以英國人為主導建立的城邦國家，所以他們自然而然要推行英國式的制度；而滿洲呢，東三省總督取消了三將軍制，直接動機就是想要模仿明治維新，建立強有力的行政國家，而它能夠模仿的直接對象當然就是滿鐵建立的行政國家體制。

東三省將軍轄地也面臨著滿鐵同樣的問題：它面對著一個極其富饒、充滿了資源的社會，但它自己卻窮得叮噹響，什麼錢也沒有。有很多人，包括滿洲國的很多擁護者，一定要堅持這麼一種說法，是滿洲國的突飛猛進把滿洲帶進了近代化。這個說法大體上是不錯的，滿洲國的成立和日本大量資本技術的注入確實極大提升了滿洲的技術水準和生活水準。但是我們也要注意，早在滿洲國成立以前，滿洲的生活水準就已經比東亞要高很多了，滿洲國是站在巨人的肩膀上而已，並不是說滿洲原先就是像河南、山東那樣一窮二白的地方。

作為地主資本家的張作霖幕府

怎樣把這些已經存在的資源和大量野心勃勃、像美國西部那些墾荒者和冒險家一樣急於發財致富的冒險家的活力利用起來呢?當然就是要模仿滿鐵所做的那些金融把戲。因此,東三省總督轄區真正的法寶就是東三省官銀號。官銀號、銀行,這些名字的差異並不重要,但這個銀號用類似滿鐵和正金銀行的手段把滿洲的資本調動起來了,使原先根本沒有錢的東三省總督變得有錢了。張作霖他們家發財,主要就是依靠在東三省官銀號當中參股。東三省官銀號不是張作霖的,比張作霖幕府建立的時間更早。張作霖只是在自己漸漸有錢有勢、又表現得很有信用以後,在當地銀行家的提攜之下參了一點股。而後來的邊業銀行[10]跟張作霖家族是有直接關係的。

可以說,東三省官銀號是張作霖他爸爸,而邊業銀行則是張作霖他兒子——無論如何,張家的巨額財富是來自於這兩個銀行。而東三省總督和張作霖的東三省保安會以及後來的幕府政權建設滿洲的成就,也就依靠這兩個銀行。所謂的奉票,就是在原先私立銀行和錢莊發行的那些各種各樣的銀元票和其他票證的基礎之上,再發行另外一種理論上可以兌換銀元的票證。

但是，張作霖嚴重地濫用了這些票證給他帶來的經濟資源。他濫發這些票證，一直發到上海去了，在關內發行這些無法兌換的票證。我們要注意，關內人，特別是吳越士紳，對奉軍和滿洲人極度痛恨，除了滿洲和吳越長期的舊仇以外，有很大的原因就是因為這些奉票無法兌現。但是這些奉票在滿洲是可以兌現的，儘管有的時候要打到六折或者七折。在軍需支出太大造成通貨膨脹的時候，經常打個六折或者七折。

但是我們要注意，在同樣的情況下，南京臨時政府發行的票據和公債是只能打三折甚至一、二折的。相對之下，奉票能夠只打六、七折已經很了不起了。奉票在大連和奉天[11]，在滿洲本地的銀行是可以兌現的。雖然市面不太好的時候不能兌現到等額的銀元，但是兌現到六、七成是沒有問題的。但是到關內，它就完全沒法兌現了。所以張作霖在他入關的時候，特別是在第二次直奉戰爭當中打倒了吳佩孚、奉軍一路開到南京和上海的時候，是很威風了一陣子的。他威風的主要依據就是，他趁此機會印刷了大量的奉票到關內發行，明知道關內這些人沒有辦法千里迢迢跑到奉天或者大連來兌換。然後他拍拍屁股揚

10 邊業銀行：一九一九年，皖系軍閥徐樹錚申報開辦銀行獲批，名為「邊業銀行」，取其「開邊創業」之意。一九二四年後由張作霖控制，總行從天津遷至奉天，一九三二年併入滿洲中央銀行。

11 奉天：即今遼寧瀋陽，漢名「奉天」乃從滿語「穆克頓」（Mukden，意為「繁榮之都」）轉借而成。

長而去出關了，他發行的大量鈔票就留在了原地，本地的地主和資本家自然是恨他入骨。

滿洲人有很多理由痛恨史達林，史達林在一九四五年占領滿洲以後，發行了無數的紙幣——蘇聯軍票，用這些紙幣把滿洲的大量財富都一股腦地搬到蘇聯去了，蘇軍撤離的時候，把這些不能兌現的軍票也留在了滿洲，所以滿洲人認為蘇聯人是掠奪者；但是我們也要公正地指出，從吳越人的角度來講，從黃河流域的山東、河南、河北這些省的角度來講，包括張作霖在內的滿洲人對他們做的事情，跟史達林對滿洲人做的事情是一模一樣的。

但他們之間有一點不同，就是史達林對蘇聯自身也是極狠的，蘇聯在本國發行的盧布也是不能兌換黃金白銀的，因為史達林是一位無產階級革命家，作為世界革命家，他的掠奪對象是全世界的資產階級和有產階級，所以俄羅斯人並不能從他身上占到便宜；但是張作霖不一樣，張作霖是一位滿洲愛國者，在滿洲他是建設者，但是在關內，在東亞和東南亞，他是一個掠奪者。張作霖發行奉票，掠奪了吳越人的財富，使上海的資本家痛罵不已，而占便宜的當然是滿洲的子弟了。史達林發行的紙幣在蘇聯是不能兌現銀的，而張作霖元帥發行的紙幣在滿洲卻是能夠兌現銀的。史達林同志是掠奪了滿洲和全世界資產階級的財富去從事世界革命，而張作霖元帥只是掠奪了東亞和東南亞地主資本家的財富去栽培滿洲的地主資本家。而且張作霖像那些拉丁美洲的愛國者和軍閥一樣，他本身就是滿洲行政國家培養出來的這批新地主和資本家的一員。他本人就通過邊業銀行和東三省官銀號發了大財，買了很多土地，開了很多工廠、礦山，自己變成了一個大地主大資本家，因此他有切身的利益維護滿洲大地主大資本家的利益，包括為了這些人的利益而掠奪吳越的大地主大資本家。

協和主義民族構建理論的出現

為了本地大地主大資本家的利益而掠奪外邦的大地主大資本家，這正是民族主義產生的原因。正是為了維護我所屬的共同體的這些地主資本家的利益，所以我要把自己的這種行為加以正當化，我才要發明民族。近代歐洲和拉丁美洲乃至全世界的民族發明，從本質上講都是因為社會發展成熟到一定程度，本地的地主資本家認為自己的利益需要得到雙重的維護：一是像張作霖這樣的代表本階級利益的政治家來維護他們的實際利益；第二就是，因為人類是注重符號的高等動物，維護了自己利益還不夠，我還要說明我的維護是理所當然的，我要能夠論證，為什麼我保護滿洲的地主資本家是好的，掠奪你吳越的地主資本家也是好的。我不能說自己是一位世界主義者，這樣我就應該對吳越人和滿洲人一視同仁。對不起，這是不可能的，我只維護滿洲資本家的利益，為了他們還要犧牲吳越資本家。那麼我怎麼樣才能把這種行為合理化呢？答案就是，發明一個滿洲民族。我要證明自己是滿洲的愛國者，所以我就要禍害你吳越，這是理所當然的事情。

如果你是一位中世紀意義上的基督徒，那麼你就會說，卡諾或者布朗熱這樣的人都是壞人，大家都是基督徒，你怎麼能夠為了法蘭西的利益就去坑害德國和義大利呢？但是卡諾和布朗熱作為法蘭西愛國者，他說，要讓法蘭西好，我怎麼能夠讓德意志和義大利強起來？拿破崙把德國和義大利的財富大量搶回法國養他的軍隊，這是法蘭西愛國者的作為。你要說拿破崙是一個強盜，法國人不服。那麼法國人需要有一種理論，這種理論就是民族構建理論。拿破崙、卡諾和布朗熱[12]都屬於法蘭西民族，我為了法蘭西地主資本家的利益打垮德國人和義大利人，把他們的錢都搶過來，這非但不是搶劫，反而是偉大的愛國主義行動。阿根廷民族的構建、烏拉圭民族的構建和世界上所有民族的構建，歸根結柢都是這樣一回事：首先，地主和資本家形成了一個利益集團；然後需要一個政治機構來保護他們的利益，這個利益集團是有邊界的，邊界之外就不保護了；然後他就覺得我需要建構一種跟原先的基督教普世主義不同的理論，證明我的行為是正當的，這就是民族主義。

可以說，經過了滿鐵、東三省總督府和張作霖幕府這三個階段的行政國家建設和地主資本家的成長以後，滿洲原先各種自發秩序和行政國家之間的利益融合已經達到了這個地步，以至於有必要建立一種新的民族理論了。這種民族理論自然而然就體現為一九三二年的協和主義理論。協和主義的國族構建跟日本本身的國族構建是一回事：我們以前坂東武士和關西地主的矛盾可以不提了，大阪商人和東京新貴的矛盾我們也可以不提了，甚至阿伊努人化外之民和天皇陛下臣民之間的矛盾也可以不提了，我們以前都不算了，大家整合起來，變成一個新的日本民族，原來的複數的日本封建領主、商業自治團體和各特殊部族，現在都要變成嶄新的日本民族國家的一部分。明治維新以前的日本是複數的，明治維新以後的日本是單數的。一九三二年以前的滿洲是複數的，一九三二年以後的滿洲是單數的。

協和主義構建的基本邏輯就是這樣。它跟日本本身構建國族的邏輯、拿破崙以來歐洲和拉丁美洲乃至全世界各國構建國族的基本邏輯，從歷史和利益結構的角度來講都是基

12 喬治．布朗熱（Georges Boulanger, 1837-1891）：法國軍官、政治家，曾利用法國民眾的反德民族主義情緒和本人的廣泛影響力，企圖顛覆法蘭西第三共和國。後自殺身亡。

本相同的。發展順序也是一樣的：從多元的、複數的封建自治團體發展到一個代理人性質的、單數的、為資本主義利益服務的行政國家，但這個行政國家在事實上為資本主義服務的同時卻沒有一個理直氣壯的名分，最後民族主義和民族國家的產生使這個事實上已經存在的技術官僚團體得到了他們所需要的名分——現在我們為五族協和的新滿洲國族服務，同時我們也有一個自己的民族國家了。但實際上，從滿鐵到徐世昌的東三省總督、到張作霖政權、再到溥儀擔任虛權元首的這個滿洲國，除了最上層的政務官，中層和基層的各級技術官僚事務官都是一脈相傳的，基本上沒有變過。

九、正統主義對決協和主義

正統主義和協和主義，是滿洲近代化過程中的兩種主要意識形態，但是它們本身，還有兩者之間的憲制路線鬥爭都是在非常晚近的時期才開始的，可以說本身就是十九世紀以來民族發明學的一部分。作為民族發明學的特徵之一，它總是要把自己的起源推得很古，但是實際上卻是起源很近的。正統主義者肯定要談論愛新覺羅家族的君統，但是我們要注意，並不是說君主國就一定與正統主義有必然的聯繫。在滿洲帝國的大部分統治時期，正統主義其實不是它的官方理念。

滿洲的水土與封建性的垂危

愛新覺羅家族本身是一個十三副甲的小貴族，而且有一些觀點甚至認為他們是朝鮮人的後代。當然，朝鮮半島和滿洲之間歷來就是以南北朝相互稱呼的，特別是在渤海和新羅鼎立的時期，所以這也算不上什麼。但是，建立後金國的努爾哈赤從滿洲封建聯盟的角度來看，他確實並不是滿洲的懺悔者愛德華和聖路易，而是滿洲的拿破崙和卡諾。努爾哈赤不是以傳統和習慣法的維護者自居的，而是以這兩種因素的破壞者自居的。他要破壞滿洲原來更為鬆散的、更為自由的封建關係，把各領主的資源整合起來，形成一個更有力的八旗聯盟，這個八旗聯盟要構成一個有效的軍事動員機制。所以，努爾哈赤是一位天才的組織家和軍事家，但並不是一位傑出的法官。如果努爾哈赤是聖路易這樣的習慣法維持者，那麼他就應該以公正廉明而著稱，因為他是要維護滿洲封建主義的習慣法。儘管君主本人可能是勇敢的騎士，但是他卻不能夠組織強大的軍隊，不能夠從事長期的征服。強大的軍隊和長期的征服，這跟封建騎士的身分是不能相容的。

愛新覺羅家族的帝國之所以能夠維持，是因為他們能夠像拿破崙那樣，用不斷的戰事和勝利，用從外國源源不斷地得到的戰利品，來犒賞和收買那些因為愛新覺羅氏用武斷手段干涉原先各封建體系的內部自治而認為不滿的貴族，使後者認為滿意。其實，這也是內亞征服者入關以後的常見做法。忽必烈之所以能夠戰勝傳統的、保守的蒙古貴族，關鍵就是因為，他利用食鹽專賣和壟斷經濟學的手段，用王文統[1]這些國家社會主義經濟學家，從新征服的領地弄到了大批的錢，用這批錢來收買傳統的宗王和貴族，結果瓦解了競爭對手——比他更堅持傳統的海都、阿里不哥等人的反抗，以不合法的方式篡奪了大汗的寶

1 王文統（1190-1262）：忽必烈即帝位後，任命他為中書省平章政事（實質上的宰相），推行一系列旨在加強中央集權的政制建設與改革，當中包括（紙）鈔法。後因涉嫌叛亂而被處死。

座。因此，忽必烈才被稱為是元世祖——元帝國的創始人，它的成立就象徵著蒙古習慣法已經受到破壞。

愛新覺羅家族的做法也是這樣的，他們不斷地用關內征服所得的金帛來收買和獲得新的武士，來瓦解那些思想比較保守的傳統貴族的反抗。例如，入關以前的阿敏和入關以後的索額圖這些人都是比較保守的人，但是再保守的人也鬥不過現實利益。你不能說，皇上給你的大批金帛你不要，讓別的騎士去占了便宜，而唯獨你的族人都很窮，這好像說不過去。但是拿了別人好處就要嘴短手軟，漸漸就一點一點被腐化了。

而愛新覺羅家族的巧妙政策就是，他們在明國被征服地採取的政策是聚斂性的，把明國原來的財富拿來收買關外的滿洲各部族，包括不斷地用新滿洲來瓦解舊滿洲或者佛滿洲可能形成的聯合反抗。另一方面，愛新覺羅氏在滿洲，尤其是在入關以後，不過多地干涉小單位的內部自治，以便維持一個微生態環境的封建性，因為只有這樣的微生態環境當中才能夠產生出勇敢的戰士。就是依靠這些勇敢的戰士，他們才能夠恐嚇和征服明國屬地，從那裡得到過去明國皇帝能夠聚斂的大批金帛，然後反過來收買滿洲的勇士。這等於是一個像抽水發電站一樣的動態流程作業。滿洲的封建性要儘量保持，而十八省的降虜體制也要儘量保持。兩者不能實行同一體制。如果兩者實行同一體制，雙方的水位線一拉平，那麼居中的愛新覺羅家族就沒戲可唱了。

愛新覺羅家族在關內當然是以明國皇帝的繼承者自居的。他們說，我趕走了李自成、張獻忠，替明國皇帝報了仇，所以我是大明天子的繼承者。但是在關外，愛新覺羅氏並不像是忽必烈以前的蒙古大汗那樣是某種意義上的正統君主，而是一個偉大慷慨的施惠者，用大批禮品來收買各貴族，收買來自西藏的喇嘛、宗教人士和各社會團體。如果有朝一日停止施惠、不再給他們各種津貼的話，那麼這些人是不是能夠繼續效忠愛新覺羅家族，本身是很有問題的。這個體制一直到十九世紀末葉才出問題，但是從長遠看，無論滿洲皇帝怎麼樣小心維持，最後都是要出問題的。

康熙和乾隆兩位皇帝都說過——他們的說法有些地方很像是孟德斯鳩，表面上看起來好像是在說高緯度優越論。[2]孟德斯鳩就主張，斯堪的納維亞人是最自由的，越往南方，奴性越強。但是康熙帝比這說得更具體一點，他的意思是：「滿洲水土就能夠產生出淳樸的、勇敢的武士。即使這些人原先是漢軍甚至是俘虜，都沒有關係。只要他經過了滿洲水

2 孟德斯鳩先後在《波斯書簡》、《論法的精神》表達了以下觀點——世界各地的人們基於氣候的差異，產生不同的需求，從而形成不同的生活方式，繼而又由這些迥異的生活方式形成不同形態的法律；炎熱地區的居民性格軟弱，易受奴役，而寒 地區的居民生性勇敢，得以保有自由地位。

土的薰陶以後，他就厲害了。相反，滿洲人如果到蘇州去被腐蝕了，那他很快就不再厲害了」。乾隆也是根據同樣的邏輯，他甚至要求駐紮在北京的京旗都統統回到吉林和黑龍江去，讓滿洲水土再薰陶他們一下；同時把那些閩越海盜和吳越士大夫流放犯的後代也拿來作為新滿洲的主力，派他們南下，到南方十八省繼續鎮壓當地的反抗。

這個說法當然我們可以說是不科學，但是也有一定的道理。他們兩位所說的滿洲水土，其實就是封建性的小自治單位。你進入那種相互競爭和封建性的小自治單位，就像是進入了相互競爭的小足球隊一樣，每個足球隊都想打勝仗。你被某一個

此圖為郎世寧繪製於1749年的《乾隆皇帝圍獵聚餐圖》（局部），描繪乾隆皇帝狩獵完畢，與隨從分食獵物的場景，表現了滿洲統治者的狩獵傳統及尚武精神。此圍獵傳統起源自清代初期，康熙皇帝將滿洲人的騎射、狩獵傳統奉為「滿洲之道」並以此訓誡子，定時前往位於承德的木蘭圍場狩獵，以此強化滿洲人的身分認同及統治合法性。

足球隊收編了以後，哪怕你原來是敵對足球隊的人，你自然而然也覺得你追求功名的不二法門就是在武鬥當中贏得著名武士的聲譽。如果你這一代還有問題的話，再過兩、三代就沒有問題了。實際上塑造你行為模式的並不是你爺爺到底是蒙古人、朝鮮人、燕晉人還是閩越人，而是你所在的那個小小的生態環境。就像是，我們唸國中時候基於拉幫結派而來的那些兄弟，他們最重視的是什麼？他們最重視的一般來說不是學校老師認為重要的，例如升學率那些東西，而是比如說，他們可能是集郵愛好者的團體，誰的郵票多誰就厲害，或者是善於打架的團體，誰最能打誰最厲害。像湯姆．索亞[3]所在的那個小團體，那很明顯，最受小夥伴們崇拜的人是老師認為的不良少年。你就是要在這樣的小夥伴團體中間出人頭地，就自然而然變成了這樣的小夥伴團體的價值觀所塑造的厲害人物。

如果這樣的小夥伴團體是封建性的，那麼培養出來的人，無論祖先的血統是什麼，他都是合格的滿洲武士；相反，如果像是曹雪芹他們家一樣，幾代人都跑到江南去做官，成天到晚跟吳越士大夫混在一起，一心考慮怎樣出版全唐詩，自己也多寫幾首詩，在詩壇中

3 湯姆．索亞：美國作家馬克．吐溫所著《湯姆歷險記》（The Adventures of Tom Sawyer）的主人公，屬於頑童角色，在美國深受歡迎。

間贏得一定的名聲，那麼哪怕他從戶口本的角度上來講是地道的旗人，但是過不了多久整個人的性格特徵就跟吳越士大夫沒有什麼區別了。道光以後，滿洲宮廷有很多妃子甚至皇后，就像小說裡所謂的蘇州格格之類，是從南方的駐防旗人中選拔的。所以，晚清帝王的性格也就漸漸失去了個人和微環境的熏陶，漸漸變得跟過去的明國皇帝沒有什麼區別了。

當然，滿洲帝國的一貫政策就是，像骨骼裡面的造血系統造出來的新血那樣，不斷地抽取用他們所謂的滿洲水土培養出來的武士，到南方十八省去鎮壓天地會之類的反抗，到蒙古的戰場、穆斯林的戰場、圖博的戰場或者尼泊爾的戰場上去。有清一代，從滿洲本土，動輒以幾千人規模而抽調出去的吉林騎兵，一批一批地派到新疆去打仗，派到青海去打仗，派到大金川、小金川、安南、台灣等等地方去打仗，他們大多數都是有去無回的。因為駐防軍的需要永遠在增加，抽到最後，儘管滿洲皇帝小心翼翼地保持滿洲水土，歸根結柢這些水土早晚要耗盡的。

最致命的打擊——第二次鴉片戰爭和僧格林沁的敗亡，使滿蒙騎士開始青黃不接。儘管僧格林沁本身是蒙古人，但是蒙古人作為滿洲人的盟友，其實起作用的是差不多的機制，所以很有象徵意義。在太平軍戰爭和英法聯軍戰爭的過程當中，滿蒙騎士的底子基本上被抽空了。因此俄國人出現在黑龍江上的時候，吉林將軍和黑龍江將軍就極為無奈地說，我們能夠選拔的人，包括西丹在內，都送到南京和揚州的前線上去了，我們現在再沒有士兵可用了。什麼叫做「西丹」？就是未成年人，十八歲或者十六歲以下的候補武士，照西方封建歐洲的說法那就叫侍從騎士。連這些人都抽空了，那就是說滿洲的封建體系已經到了垂亡的狀態，舊體制不能再維持了。

近代滿洲正統主義神話的出現

一八八〇年以後，滿洲開始編練新軍，就是所謂的靖邊軍，用西式武器和西洋顧問。然後設立機器局，仿照西洋方式製造各種軍械。機器局後面又開了銀元局，同樣也是仿照歐洲方式鑄造銀元，用鑄造銀元的收入來養這些機器。最後一步是甲午戰爭慘敗以後，於一九〇九年成立的永衡官銀號，仿照西洋的方法發行紙幣。我們要注意，大多數漢語世界的讀者看到的近代化歷史都是有高度偏向性的，因此他們會認為，這些事情都是李鴻章他們辦的，或者是甲午戰爭以後才慢慢有起色的，滿洲是落後地區，主要是兩江總督、湖廣總督或者其他什麼人在經營。實際上，滿洲的近代化和行政國家的建設跟十八省湘淮軍集團的建設幾乎同時，而且按時間來說的話，滿洲稍微早一點。只不過出於我們可以理解的原因，滿洲的近代化過程基本上在中小學生所看到的歷史課本中都被刪去或者忽略了。

甲午戰爭是一個重大的轉捩點。滿洲的封建騎士在這時當然基本上已經沒有什麼可用之兵了，於是帝國政府放棄了他們的傳統政策，吉林將軍號召大家，凡是愛皇帝的人都來起兵勤王。而夾皮溝義勇隊、也就是礦工自衛軍的韓邊外他們一家，就率領五百人到海城和遼陽去跟日本人打仗。而後來產生張作霖和吳俊陞[4]他們的集團，也是在這場戰爭中受到了最初的軍事訓練。到庚子年以後，他們的自衛隊（比韓邊外要晚一代人）也開始加入到勤王的行列。

張作霖和韓邊外這些人，可以說就是新滿洲後面的新興滿洲。他們跟雍正乾隆年間的新滿洲的關係，與新滿洲或伊徹滿洲跟佛滿洲的關係差不多。例如，富明阿家族就是典型的新滿洲。富明阿本人是袁崇煥的後代。然後他的後代又當了吉林將軍。而這位吉林將軍，收編了韓邊外的勤王軍，去跟日本人打仗。當將軍退職之後，他又把自己的女兒嫁給了張作霖。這就是張作霖、韓邊外、富明阿他們三家之間的關係。如果從血統上來講，他們到底哪一個是滿洲？一個是袁崇煥的後代，一個是張家，一個是韓家。但是從他們的歷史作用來看，他們很明顯就是體現了新滿洲的整個產生的過程。他們之間的關係，也就像是十九世紀末葉移居美國的川普家祖先和到紐約去的波多黎各人之間的那種聯動。

韓邊外和張作霖集團的崛起，本身也就是滿洲近代化的一部分。滿洲的新軍和新財政系統都是行政國家和滿洲自發秩序兩者相互結合的產物，最終產生出了張作霖的幕府。張作霖的集團跟韓邊外的集團一樣，是在對日戰爭和義和拳戰爭中得到的軍事訓練，而在新興的行政國家財政緊張的過程當中，這種能夠自費維持武裝的自衛隊變成了不得不收編的力量，然後他就跟過去第一批近代化部隊靖邊軍和後來的新軍混在一起。最終，因為張作霖長袖善舞，跟當地的銀行家、地主和墾荒者團體之間的關係密切，可以說像華盛頓將軍代表了維吉尼亞州的大地主一樣，他能夠代表這些新興的自治集團的利益，因此最後在辛亥年的動亂當中，張作霖反而比真正的新軍、純粹拿國家錢養出來的新軍更有能力發揮政治作用。不是說他的戰鬥力一定比別人強，而是說他的關係網比別人要廣，四面八方都有。

正是在這樣的鬥爭中，正統主義興起了。正如之前所說的那樣，愛新覺羅家族最初不以正統主義著名，而以「我能夠贏得勝利和金帛」著名。但是等到最後，它沒有能力贏得

4 吳俊陞（1863-1928）：一八八〇年從軍，一九〇七年結識張作霖，其後成為奉系大將。於皇姑屯事件中，因與張作霖同行而被炸死。

勝利和金帛了，那時候它才開始企圖發明正統主義的神話。而新滿洲的建設者，體現為行政國家和自治團體，兩者都是幹實事的人，在他們上面需要有一個意識形態和體制的架子。那麼這個體制的架子是什麼呢？那就有兩方面的問題了。首先，我要證明自己的合法性，所以可能選取的路線就是，我們是正統的滿洲人，你們不是正統的滿洲人，這就是正統主義。於是，他們就要求把愛新覺羅家族塑造為正統。這個做法就像是法國人企圖把拿破崙塑造為當代的聖路易一樣，拿破崙本來不是正統君主的，但是如果有這個民族發明的需要的話，也可以這麼說。

這件事情真正能夠做成功，實際上還是在滿洲皇帝退位以後。皇帝在北京城呆得太久了，已經沒有意願回滿洲了。辛亥戰爭的時候，儘管張作霖控制了奉天城的局勢，上書要求皇帝回到老家來，由他負責保駕，但是太后、皇帝和主要的親王大臣都寧願從袁世凱那裡拿一筆錢過舒服日子，他們不願意回來。他們退位以後，反而造就了正統主義的神話。慈禧太后留下來的那幾位親王，說老實話，他們自己的做法和形象是不大適合正統主義的需要的。他們退位以後，肅親王逃回滿洲，留下的一小批強硬的宗社黨人也逃回滿洲，他們是孤臣孽子，他們的形象和做法反倒比較容易符合正統主義的塑造。所以，滿漢對立本來是十八省的革命黨用來推翻滿洲帝國的工具，但是反過來在滿洲帝國倒台以後變成了宗社黨[5]和核心滿粹分子用來反向塑造滿洲形象的一個工具。

日裔滿洲人的協和主義及張作霖的採用

我們要注意，現在所謂的「滿族」跟「滿洲國人」不是一回事，滿族基本上是在清覆亡以後才發明出來的一個新概念。它那種血統主義的概念，跟後金政權、清帝國的意識形態是絕不相同的。但是這件事情也不是像有些人，特別是有些滿洲人以為的那樣，屬於滿洲特有的現象。它是全世界民族發明學的共同現象。例如，馬來西亞就有「馬來亞人」和「馬來西亞人」的鬥爭，「馬來西亞人」是全體馬來西亞人，「馬來亞人」是血統上或者語言上的馬來亞人。孟加拉就有「孟加拉族」和「孟加拉人」的區別，「孟加拉族」是全體孟加拉人，「孟加拉人」則是語言上或者文化上的孟加拉人。類似的現象遍布著一八四八年以後的民族發明。凡是受過德國先驗主義影響的民族發明路線，都有這兩者之間的鬥爭。

5 宗社黨，全名「君主立憲維持會」，一九一二年成立，反對清室遜位，其後又組織「勤王軍」，企圖借助日本人的力量復國。一九一六年解散。

但是，文化民族主義的路線是行不通的。例如「馬來主義」，那麼是不是馬來人應該跟印尼的馬來人聯合建國呢？這是做不到的。「孟加拉族」的觀念就要求，比如孟加拉人是不是應該跟印度的西孟加拉人一起建國呢？這又是說不通的。所以最後能夠行得通的國族構建就只能是「馬來西亞人」的馬來西亞，而不是「馬來亞人」的馬來西亞；「孟加拉人」的孟加拉，而不是「孟加拉族」的孟加拉；「土耳其」的土耳其人，而不是「泛突厥」的土耳其國；諸如此類。同樣的道理，也沒有什麼領土從特拉布宗[6]到賽普勒斯[7]的「大希臘國」、或者從復活節島到萊茵河的「大拉丁國」。

協和主義和正統主義的鬥爭，恰好就相當於馬來血統文化主義和馬來西亞國族主義的鬥爭。協和主義的背後是一個既成事實，因為舊滿洲和新滿洲的邊界本來就是一個動態的過程，它體現了新的自治團體的不斷崛起和加入，因此就可以用滿洲特色的詞語，把這稱為「協和性」。但是「協和性」其實只不過是各種自發秩序的一個總和而已，它不是滿洲特有的，自發秩序是無所不在的。馬來西亞的自發秩序團體當然不僅僅是馬來血統或者馬來文化的自發秩序團體，它包括英國保護下來的土耳其和阿拉伯血統的王公、閩越的移民、基督教和伊斯蘭教分化出來的各種協會，這些都是英國人保護下來的自發秩序。而純粹的馬來血統主義者在其中也許人數多一點，但是他們其實並不是地位最重要的。

而近代的滿洲就有這樣一個問題：近代化的主力軍和先鋒隊很明顯是來自日本和朝鮮的自治市鎮的居民。這些自治市鎮的居民是維護滿洲特權最有力的人，後來也是跟他們原籍的日本人發生衝突的最有力的人。儘管後來有些人，例如國民黨和共產黨的歷史書，把他們妖魔化為殖民者，但是這話就等於說華盛頓是來自英國的殖民者、所以他一心維護英國人的利益同樣地荒謬。沒錯，華盛頓將軍的祖先確實是英國殖民者，但是最積極地維護北美殖民地的特殊利益而反對英國政策的是誰呢？就是華盛頓本人。為什麼不是印第安人或者黑人積極地反對英國呢？因為他們財不大氣不粗，家系不夠源遠流長，文化資本不夠多。華盛頓將軍他們在政治、經濟、文化各方面都是強勢集團，他們有膽量反抗英國人，有能力反抗英國人，政治理論又很先進，有各種英國老輝格黨人發明出來的憲政理論。面對英國國王，華盛頓反倒顯得更像是正統君主。如果換了印第安人和黑人上陣的話，那麼不僅實力不足，連意識形態也建構不起來。

後來在滿洲國時期反日反得最厲害、跟關東軍和日本帝國政府發生最激烈衝突的，恰

6 特拉布宗（Trabzon），位於黑海東南沿岸、小亞細亞半島北部，在熱那亞人和威尼斯人活躍期間是重要的貿易海港。

7 賽普勒斯（Cyprus），位於地中海東部、小亞細亞半島以南，是地中海的第三大島。

好就是這批相當於華盛頓將軍、出生在滿洲、在滿洲已經生活了很長時間的日裔滿洲人。日裔滿人在協和主義的構建中，處於維吉尼亞紳士在美利堅民族的構建中所占有的特殊地位。如果把他們排除出去了，那麼就等於是香港和上海沒有了英裔居民一樣，少掉的並不僅僅是百分之五或者百分之十的人口，而是一大批政治、文化、經濟方面的菁英。最有勇氣、最能保證地方特權和利益、而且從事自我治理最有經驗和成績最好的這批人都被抹殺掉了，那麼剩下的人還能不能建國就很成疑問了。

滿洲皇帝退位產生的結果就是，把經濟上和社會上欣欣向榮、不斷發展的滿洲，以及它的這筆巨大的、人人都眼紅的財富一同留給了不確定的未來，而未來就要在正統主義和協和主義這兩條路線的鬥爭中展開。最初是張作霖和藍天蔚的鬥爭。藍天蔚代表激進的共和主義者，他當然也得到了遼南各自治團體的擁護。大連的很多商人通過上海的夥伴和日本的泛亞主義者給藍天蔚運送軍火，遼南的很多聯莊會和商會出錢出槍支持他。很多跟張作霖家族沒有太多區別、只是部隊的軍事素養不同或者運氣不太好的自衛隊，包括顧仁宜他們的家族，紛紛派兵去支持他。但是滿洲的大地主大金融家，就像他們的同道在美國獨立戰爭時期支持華盛頓一樣，寧願支持張作霖。

張作霖最初是想要擁護正統主義的，但是最後發現正統主義實際上行不通以後，不得不在現實中依靠行政國家繼續推行滿洲的各項建設，在軍事上和政治上推行帝國主義政策，利用滿洲的雄厚軍事力量和內部團結性比較高等等優勢，不斷地揮軍南下，進入北京或者進入南京和上海，去掠奪南方的財富。在這一方面，他起的作用其實跟皇太極是差不多的。張作霖多次違背王永江[8]和其他滿洲政要推崇的保境安民主義，一味擴大行政開支和軍事開支。之所以沒有弄到破產，跟拿破崙沒有令法國破產的原因一樣，只是因為張作霖可以利用戰爭的收益，把奉票發行到南京或者上海去，用諸如此類的手法掠奪境外的財富，以此來彌補他的軍事開支。

三民主義包圍滿洲及張學良的選擇

張作霖用這種拿破崙的方式——其實這種方式也是愛新覺羅家族發明的方式，暫時推遲了正統主義和協和主義的固有矛盾。但他一死，滿洲的軍隊就再也不能出境了。很快，

8 王永江（1872-1927）：奉系軍閥「文治派」首領，在警務、稅務、實業等方面多有建樹，惟因反對張作霖參與北洋政府事務，逐漸被疏遠。

國民黨在蘇聯的支持下發動北伐，敵軍已經逼近國門了，這樣的把戲就再也玩不下去。這時的滿洲就面臨著圖窮匕見的局面。以前可以說是不爭論，悶聲發大財，只要還有錢賺，我們的路線鬥爭可以擱置；現在，外財沒有了，只能依靠內部的資源了，路線鬥爭就會變得非常重要。協和主義和正統主義一方面在推行內部鬥爭，一方面又面臨著國民黨的三民主義在蘇聯支持下南北兩翼包圍滿洲，並企圖從內部腐蝕滿洲的威脅。

張學良在這個關鍵時刻扮演了臨門一腳的角色。因為他是張作霖的兒子，所以滿洲的老將、銀行家和大地主都沒法公然反對他。但是張學良一上台就殺死了當初在郭松齡之亂的時候配合張作霖鎮壓共產主義分子的那批老將，證明他在當時雖然還不敢全盤推翻父親的施政，但實際上已經是作為一個隱蔽的共產主義者而存在了。張學良上台以後，大規模地清洗過去的老臣，等於是在替郭松齡報仇；這樣一來，使得正統主義者和協和主義者都深感威脅。

同時，張學良的周圍也布滿了例如國民外交協會[9]這樣的外來知識分子和匪諜。這一批人實行的主要政策就是，用國民黨和共產黨在南方已經試驗得很充分的、用於收回漢口英租界和九江英租界的做法，也就是暗中指使暴民滋事、而檯面上毫不承認，以此破壞條約體系，特別是重點對日本人和朝鮮人發起進攻。這兩批人多半是在一九〇五年前後就已經搬過來，在這裡已經住了兩代人，等於是在滿洲土生土長，如果回到日本去，就好像是你現在讓川普他們全家搬回德國巴伐利亞去一樣，他們在當地已經沒有位置了。張學良政府儘管按照法律和條約沒有理由要迫害他們，但是他還是可以利用國民黨和共產黨新引進的列寧主義黨國手段，暗中搗亂。

張學良首先派劉和珍[10]這樣的黨務幹部進入你們商店附近，把商店附近的貧下中農組織起來，把他們發展成為共產黨員或者國民黨員，然後他們就輪流到你們家商鋪門口去搗亂，天天往你們家商鋪門口扔垃圾。一次兩次你還可以管一下，但是四次五次，最後天天你的門口都堆著垃圾，然後你的老客戶就不上門了，你的商鋪就沒有辦法維持下去，你平靜地破產了。在正常情況下，你發現這些人都是同一批流氓和搗亂分子的時候，你就要去報警處理，警察就要把他們趕走，維護你的財產權。但是這時，滿洲警察局也已經派駐了黨部的代表。黨部一方面指使貧下中農，讓你的生意做不成，另一方面命令警察局，接到你的報案的時候不要理你，讓你自生自滅。這樣反反覆覆下去，你的企業不就自動垮台了

9 一九二九年，張學良指示閻寶航促成滿洲各界人士的聯合，以對抗「紅白帝國主義」。該年七月，「遼寧國民外交協會」成立，協會蒐集資料進行反日宣傳，又發動群眾抵制日本商品。

10 劉和珍（1904-1926），北京女子師範大學英文系學生，在三一八事件中被殺。

嗎？這種流氓手段體現在當代，其實就是不久以前中共用來對付樂天等企業的招數。用這種手段，他們把一向屬於滿洲企業之光、從來都是大量盈利、因此可以賠本支持各種科研活動的滿鐵都變得虧損了。虧損的原因當然不是因為經營不善，而是因為張學良政府派各種流氓搗亂。

協和主義和正統主義攜手創造滿洲國

這時，本來是你死我活——就算不是你死我活、也是像美國民主和共和兩黨那樣相互對峙的協和主義者和正統主義者，才不得不攜手合作。這時，才產生了主流歷史記載的「滿洲帝國」。其實這兩種人哪怕是在九一八事變以後，都還是非常敵對的，因為協和主義者自然而然是希望建立共和國的，而正統主義者不讓滿洲皇帝復辟是死都不能瞑目的，他們以前是絕對不能合作的。但是國民黨進了北京城，第一件事情就是刨了愛新覺羅家的祖墳，使遜帝宣統悲憤不已，於是放下他之前對協和主義者的猜忌，也不再願意接受那些比較謹慎保守的老臣的勸告了。另一方面，像大連的滿洲青年聯盟[11]這些激進的協和主義的組織也覺得，自己再也不能坐視不理，長此以往，在蘇聯和國民黨勢力包圍下的滿洲很快會發生新的政變。無論如何，擁立一個正統君主，哪怕實際上只是冒牌貨，都比要一個身邊都圍繞著共產主義者的張學良要好得多。只要能夠剷除張學良，怎麼做都行。

但即使是如此，在他們聯合起來發動政變、趕走了張學良以後，他們在臨時政府建立的這一年當中始終在不停掐架。溥儀雖然已經到了滿洲，但是還是十分果斷地堅持，如果協和主義者要獲得他的支持的話，第一，必須恢復愛新覺羅家的宗廟，也就是他不當皇帝不行，第二，他所在的國家絕對不要什麼萬惡的政黨政治。儘管協和會的那批代表人——當時協和會是稱之為「協和黨」的，也就是一個政黨，他們這個政黨的作用本來就是準備發揮像後來的國民陣線[12]在馬來西亞的那種作用，企圖把近代滿洲的各個自治團體整合起來，變成一個新的滿洲民族，而這個滿洲民族本來也應該是建立共和國的。協和會草擬的第一部憲法是歐洲式的三權分立的憲法，他們想請宣統帝當這個共和國的執政官——當然是有任期限制的了。溥儀聽到這話以後就表示絕對不能容忍，他寧可不幹，也不會接受這

11 一九二八年，滿洲部分青年和實業菁英成立「滿洲青年聯盟」，要求推翻張學良政權、建立「滿蒙自由國」，成為後來滿洲國的理論雛形。

12 國民陣線（Barisan Nasional），於一九七三年成立的馬來西亞政黨聯盟，主要成員為馬來民族統一機構（巫統）、馬來亞華人公會（馬華）和馬來亞印度國民大會（國大）。該聯盟長期主導馬來西亞政局，惟二〇〇八年後勢力衰退。

種條件。而且，「協和黨」的這個「黨」字也讓溥儀認為絕對不能容忍。最後為了照顧皇帝的感情，協和黨只得改名為「協和會」，而且最終他們還是同意了讓溥儀獲得康德皇帝的名義，把「滿洲共和國」改成「滿洲帝國」。

但是事情走到這一步，又要讓正統主義者反過來照顧一下共和派的感情了。這個國家最終並不像康德皇帝所指望的那樣叫做「滿洲帝國」，而是「滿洲國」。滿洲國這個國號仍然是協和主義者的勝利。同時，制定的憲法是立憲君主制的。協和會雖然不再叫做「黨」而改名為「會」，沒有政黨的名稱，但它還是有政黨的實質，協和會實質上就是滿洲國的執政黨。像馬來國民陣線一樣，它的作用就等於是，在每一次政治活動和政治變遷之前，都要盡可能地把能夠整合的大部分政治團體整合起來。它不是像國民黨和共產黨這樣的列寧主義政黨那樣要取締一切黨外勢力。在滿洲國，黨外勢力是可以存在的，但是協和會的存在能夠使大部分有頭有臉的人、有資格問鼎中原的人都提前加入到協和會當中。不願意加入的人，要嘛是像滿洲自治主義者這些極端強硬的理想主義者，要嘛就是些無足輕重的邊緣人。所以協和會的執政是沒有問題的，它等於說是用政治協商的方式，事先整合了社會上能夠發揮作用的大多數人。

拒絕被整合的滿洲自治主義者

在拒絕被整合的那些團體當中，最重要的就是滿洲自治主義者。滿洲自治主義者在九一八事變中發揮了很大作用。在張學良統治時期，他們是最積極反對張學良的人。在滿洲國建立以後，他們又是最積極反對日本的人。自治主義者認為，張學良的政府是壓制地方自治勢力的，而普通人民之所以困苦，就是因為他們得不到自己組織像日本那樣的自治市鎮、自治村落來保護自己的權利。如果能把滿鐵附屬地已經建立得很成熟的這些法人團體推廣到滿洲全國的話，那麼王道樂土很快就會實現。他們認為，九一八事變以後，現在應該由他們放手大幹了。在最初三年，他們也確實得到了這樣的機會。從法律上講，像日本本土經常出現的農會或者自治村町這樣的組織，已經接近於遍布整個滿洲。但是隨著國際形勢的緊張和二戰的爆發，滿洲國當局開始推行統制經濟。統制經濟的附屬措施之一就是，要求這些他們剛剛建立起來、羽毛還沒有豐滿的自治組織接受官府的管理。這不是說就要廢除你的權利，但是，例如縣官或者州官要讓副縣長之類的在你的農會或者自治會裡面占一席之地，去參加你們農會或者自治會的討論或者議事之類的。理論上講，這樣是作為官民溝通的工具，使全國人民更好地團結起來，進一步地整合滿洲民族。

這樣的做法在日本和台灣、朝鮮半島也是有的，但是這時卻發生了日本本國很少有、而台灣和朝鮮幾乎就沒有的事情：這批血統上講多半是日本移民後代的滿洲自治主義者開始活躍起來，揚言要用革命手段去反對滿洲國政府侵犯他們自治權利的做法。然後像後來在當代政治裡我們看到的、韓國農民開著拖拉機到首爾街頭去包圍政府總部那樣，自治主義者也開著他們依靠日本貸款還沒有幾年的農業機械去包圍新京的政府。其他人從來沒有敢像他們這麼幹的。因此到最後，有很多自治主義者都被抓進了監獄。我們要注意，滿洲國的政治犯當中有兩種人的人數是最多的：一種人就是匪諜，共產黨和國民黨派來的人；另一種人就是這批滿洲自治主義者，也只有他們才有底氣這樣聲勢浩大地反抗。滿洲國在法律上是獨立國家，雖然在經濟上講它有百分之六十的投資是依靠日本的，在軍事上講它的技術軍官和軍備來源都是日本，但是由於法律上的獨立身分，它的自治主義者的底氣也比在法律上是日本帝國屬地的台灣要充分得多。

台灣原先在二、三〇年代也是普遍建立了自治法人團體的，但是戰爭爆發以後，台灣總督府也採取了類似的做法，要求這些自治團體配合戰爭的需要，服從統制經濟的安排，並在其他方面配合皇軍。這些人，包括在二戰爆發前就已經建立起來、以爭取台灣自治甚至台灣民族獨立為宗旨的這些資產階級黨派，在戰爭爆發前夜都紛紛自行解散了，包括林獻堂他們那一家在內，都要求他們的追隨者配合總督府的做法。反抗者不是沒有，但也是極少的。也只有在滿洲，這批聲勢浩大的自治聯盟的頭面人物一直到戰爭前夜還在四處叫囂反抗，以至於把他們自己送進了監獄。台灣這些人當中也有一些日裔台灣人，就是後來的「灣生」家庭。他們組織政黨實際上是更早的，但是他們的態度也遠不如滿洲這一批人來得強硬。這種強硬一部分當然是理想主義的精神，即他們以分享建國權利的滿洲國父自居、而不僅僅是以普通人自我定位的這種精神；另一方面當然也是因

此為滿洲國時期，南滿洲鐵道株式會社所屬的著名列車，是日本技術輸出至滿洲國的最具體象徵。亞細亞號的主引擎——太平洋7型機關車，是當時世界上時速最高的蒸汽機關車之一。1934年11月1日，亞細亞號首次運行，創造了以7個半小時完成從新京（長春）到大連，全程達七百公里的紀錄。

為滿洲作為可開發性很大、經濟增長空間也特別大的處女地，它培養出來的人對自我期許和對未來的期望跟屬於傳統社會、開發餘地不太大的朝鮮半島或者台灣是不一樣的，他們屬於那種自己開墾土地、自己負責防衛的拓荒者，比其他人更接近於在古典時代通過航海移民而建立新城邦的古希臘人。

滿洲國史是壓縮版的資本主義發展史

滿洲國短短的十幾年歷史，在經濟上講是一個壓縮版的資本主義發展。等於是，由於國際形勢的緊張，它原先可以緩慢發展的各種計劃最終都被壓縮在十幾年當中了，而且每一次都是節節增壓。本來應該用幾十年時間穩步推進的計劃，都以加速度壓在比較短的時間內了。本來應該是兩代人建設滿洲、然後才可以推行資本輸出，但是實際上，滿洲建設還沒有完成，滿洲本身的自己前幾年還是學徒的技術人員又以工程師的身分到燕晉各地去實施第二波技術輸出了。原先剛剛拿了大量的日本資本（而這些日本資本又是日本人用本土的政策引導和以各種方法集中起來、把本來分散在全世界各地——包括巴西的資本都集中到滿洲來的結果），然後他們馬上又要在四〇年代開始再對燕晉各地進行交通、水利和各方面的第二波投資了。

而在中華民國北平臨時政府、維新政府和五省聯盟統治時期，華北的經濟投資和技術投資大部分都是剛剛出師的這批滿洲學徒負責的。他們在一九四〇年以後的幾年之內，在華北修了幾十條鐵路和運河，顯著提高了鐵路和運河的通行里程，把原先的紡織廠和其他的煤礦之類的生產總值提高了一大截。在天津這些傳統的鹽鹼地帶引進滿洲水稻，使它們變成可以種植大米的地方。今天在中國河北省、天津市、山西省、山東省這些地方留下來的國有企業，大部分都是在這一時期由滿洲國的資本和技術建立起來的，技術方面尤其徹底一些。可以說，華北近代化企業百分之九十的人馬是滿洲國派出來的，技術指導是來自於滿洲國的，資本方面大概有百分之三十到五十是來自滿洲國。而滿洲國自身的資本也是嚴重不足，嚴重不能應付高速度開發的需要，需要大量從日本本國輸血的。結果到四〇年代中葉，滿洲的重化工業在國民生產總值中所占的比例甚至超過了美國，在遠東和整個亞洲毫無疑問都是第一的。他們開發出來的很多工業成果在日本本土都還沒有使用，包括亞細亞號列車之類。

有很多六、七〇年代日本和韓國經濟起飛時期的產業政策和技術團體，都是在滿洲國統治時期形成的。二戰以後，這些人逃回到日本或者朝鮮。請注意，這種逃亡不是像國民黨和共產黨的宣傳那樣說是他們回去老家了，而是一次可怕的強制移民。對於這些人來說，他們已經幾代人住在滿洲，日本和韓國對他們來說反倒是新地方，但是他們已經沒有別的地方去了。所以他們回去以後，在最初的二十年經常是鬱鬱不得志的，因為新移民的地位低微，打不進原來的政壇元老的隊列裡面。而日本和韓國在二戰後初期也是很貧窮的，經濟還沒有起飛。要到六、七〇年代以後，他們才能夠真正施展身手。而如果滿洲國沒有滅亡的話，他們本來在五、六〇年代就可以發揮應有作用了。

滿洲國的制度建設，除了向正統主義者讓步、加了一個皇帝和立憲君主制的蓋子以外，基層組織仍然是協和主義者最初設計的那一部三權分立的憲法。但是跟經濟發展的情況是差不多的，也因為時間緊迫，所以它繼承了原先滿鐵創造、由東三省總督和張作霖幕府政權所繼承的這個行政國家，用它把自治團體系統和行政國家系統整合起來。這樣建立的現代行政系統是最為強大的。立法和司法兩個系統只是剛剛起步，還沒有來得及構建完畢，滿洲國就已經滅亡了。這兩個系統的合併，對於滿鐵附屬地的自治團體來說是一個極大的犧牲。這個犧牲的程度，差不多像是由北歐國家主導建立了歐盟，然後把希臘人、義大利人和西班牙人都拉進來一樣，這等於是要北歐人把他們的大部分盈餘交給那些自治團體還沒有組織就緒、還處於待開發水平的國家。

從滿洲國自身的立場上來講，國族構建需要有一個「廢除不平等條約」的過程。也就是說，原先日本人從俄國人和滿洲帝國繼承下來的、過去張學良和蔣介石沒有要到的那些條約權利，由於日裔滿洲人所主持的滿洲國外交機構的交涉，不得不都交給了新的滿洲國。如果蔣介石和張學良還控制著滿洲的話，他們大概是得不到這樣大的讓步的。根據同樣的道理，毛澤東能夠從史達林手裡面要到旅順港，蔣介石就沒門。其實，毛澤東的上台是使史達林付出了極大的犧牲的。如果沒有毛澤東的話，這些東西史達林都可以不給。為什麼呢？對自己人，你不能不給。儘管他沒有實力強要，但是從道義上講，從能夠擺平、能夠維持自身體系內部的大哥身分這個角度講，史達林還是不能不給。如果是外人的話，史達林就可以不給了。所以，滿洲國得到的東西比起張學良和蔣介石要多得多。

當然，這對於滿鐵來說是一個重大的犧牲。滿鐵即使是把附屬地的很多地方都劃給了那些自治團體以後，它仍然是一個非常龐大的組織，不僅僅是一個企業組織，還擔負了很多屬於行政和司法的職能。經過《日滿議定書》[14]的談判以後，它才真正變成一個純粹的只負責技術開發和經濟經營的企業，把它原先的政治職能和司法職能全部移交給了滿洲國。原先的像公主嶺、瓦房店那些自治市，跟奉天和新京一樣，都納入了滿洲國的行政管理體系當中。

統制經濟：滿洲國的光與影

滿洲國的行政管理體系儘管在它失敗和滅亡以後被現代的滿洲民族主義者、特別是協和主義者吹得神乎其神，但是實際上也是有很多問題的。之所以沒有暴露出來，主要是因為：第一，滿洲國的存續時間很短；第二，滿洲是處女地，待開發的地方很多，而這些地方一旦開發出來，產生出來的大量產值足以把原先體制本身存在的很多問題掩蓋起來；第三，日本的技術輸入和資本輸入極大，這些輸入本身就能夠使生活水準、產量和技術含量極大提高，使得本來可能產生出的很多問題要到以後才能夠反映出來，當時的各種弊端可以被人忽視一段時間。

滿洲國既繼承了行政國家的整個框架，又繼承了各個自治市鎮和自治團體的主要資本，因此它的進取心很強。它傾向於盡可能地把所有的資本都用在高檔的投資方面，開發那些炫目的、在當時世界範圍內都是第一流的新技術，包括異想天開地企圖把滿洲的特產大豆和豆油開發出一千零一種用途，例如把豆油變成航空用油，以及其他諸如此類看上去很高檔、但是極大消耗國家實力的各種開支。正是因為這方面的原因，它才跟原先那些自治團體當中態度最強硬、實力也最足的那一批人發生了嚴重的衝突。後者希望投資能夠分散，能夠更多地用到自治團體希望的用途上。但是這樣的話，建設速度就會變得很慢，滿足不了高科技研發和國防開支的亟需。

但是我們也要注意，滿洲國畢竟是一個地主資產階級的國家。即使是在戰爭形勢最緊張、統制經濟政策推行得最徹底的時候，它也沒有取消過私有財產制度。即使是在對英美宣戰的時候，滿洲國原先自十九世紀就開始經營當地業務的英美銀行，像滙豐銀行之類的，還在繼續運作。英美銀行什麼時候停止營業的呢？是蘇聯人到了滿洲以後。他們到了滿洲以後，就把政權交給了八路軍。八路軍沒收了所有外國資本，包括英美資本，當然也沒收了所有的私人產業。滿洲國在戰爭時期不沒收敵國產業這件事情，實在還是保存了一部分十九世紀的遺風。在第二次世界大戰時期，即使是英美這樣的民主國家都要對敵國產業實行管制的，而滿洲國在統制經濟的最高峰對這方面卻還是放得很寬。

13　一九三二年九月十五日，日、滿兩國簽署協定，達成三項共識：一、日本承認滿洲國獨立；二、滿洲國承認日本在滿洲的各項權益；三、雙方共同防衛滿洲國邊境，亦即由日本關東軍負責。

滿洲國的「糧穀出荷」政策也不能跟同時期蘇聯的集體農莊相比，它只是運用政府的優先徵購權，向大地主按照協定價格購買他們的農產品來供軍用而已。農產品市場，包括分級的地方性的農產品市場，始終沒有取消過。所以，像後來中華人民共和國推行人民公社的時候發生過的饑荒和黑市現象，在滿洲國最危險的時期都沒有出現過。在戰爭即將結束的時期，貨幣大量發行，導致物價飛漲，但是滿洲的糧食始終維持充足，尤其是公務員和士兵的糧食配給。而在同一時期，蔣介石的軍隊已經是每天只能吃兩頓飯，只有立了功、經委員長特批才能多吃一頓，而他們的食物當中也很少有蛋白質的。

滿洲國的經濟體制——統制經濟當中，起主導作用的並不是一個像國家計委那樣的計劃當局，而是比較像是戰後日本經濟團體聯合會那樣的大地主大資本家形成的行業法團。這個行業法團跟日本長期的封建傳統、德川幕府以前就出現的那些行業協會是有深刻的聯繫的。這些組織實行的行業內部的規劃很容易被認為是計劃經濟，但是他們反映的與其說是官方的利益——更不用說是無產階級的利益了，不如說反映的是這些寡頭財閥的利益。這些寡頭財閥是優秀的計劃者，他們能夠推行成本核算，不會像是中華人民共和國的國家計委那樣，完全要求比如說最弱勢的政治團體進行片面的犧牲，因此滿洲國的農民始終沒有弄到像蘇聯和後來中國農民那樣餓死人的地步，但是他們在大財閥組織的產業聯合會面前已經處於嚴重的弱勢地位了。如果那些地方自治主義者沒有被關進監獄的話，這種事情本來是不必發生的。

晚期的統制經濟的滿洲國，等於是分散的土豪集團、強勢的行政國家和同樣強勢的產業聯合會之間的三角博弈。產業聯合會跟行政國家之間既合作又鬥爭，把土豪的勢力壓到了邊緣地位，這給滿洲國未來的發展留下了陰影。假如滿洲國能像韓國那樣一直存續至今的話，我們可以合理推測，到六、七〇年代，地方土豪勢力的萎縮就會造成嚴重的問題。這個問題的性質很可能會像是一九八〇年代的韓國那樣出現「財閥病」，中小企業缺乏活力、民間社會缺乏活力、小城市萎縮、大批人口集中到首都之類的問題都會一一出現。一九四五年以後的韓國等於就是滿洲國在地球上的轉世投胎，兩個國家面臨著的問題和實施的體制都是差不多的。如果當初不那麼打壓土豪、財閥的勢力不那麼強大、財閥和強勢的行政國家勾結得不那麼緊的話，這些問題本來都是可以不發生的。

但是，由於滿洲國是被蘇聯強行收割了，所以滿洲愛國者自然也就不願意談論滿洲國的陰暗面。他們自然而然要利用滿洲國的滅亡發明他們的民族神話，儘量隱惡揚善，把還沒有真正形成問題的這些不利的因素都忽略不談，而把滿洲國超越了亞洲平均水準、直接媲美歐美的經濟發展、國族構建和三權分立的國家體制作為他們的主要宣傳重點了。

十、滿洲堡壘的陷落及反恐戰爭的餘波

張作霖時代的滿洲憲制：三省保安聯合會

近代滿洲的協和主義建設，始於辛亥年間的三省保安會和議會聯合會。從憲制演變的角度來講，等於是行政國家和各自治團體的妥協。三省諮議局剛剛建立，藍天蔚就在遼南各地土豪、煙台民軍、上海民軍和日本泛亞主義浪人的支持下在遼陽起兵，建立關東都督府。藍天蔚走得太急太快，以至於比較保守的土豪和資本家寧願扶持他的敵人張作霖，以免藍天蔚過早地把實力剛剛壯大起來的滿洲地主資產階級政權置於危險當中。在這個緊急關頭，諮議局的紳士們認為，僅僅由資產階級主持的三個省議會不足以控制局勢，需要把其他一些社會上的知名人士的人統統延攬進來，共商國是，才能夠維持局面，因此產生了三省保安聯合會。

三省保安聯合會是其後幾十年裡滿洲憲制的核心。它等於是一個擴大版的議會。首先，三省議會合併為三省議會聯合會，然後三省議會聯合會又決定，雖然在社會上有一定影響力、能夠組織民兵發動戰爭的這些土豪們也必須參加進來。哪些人屬於土豪，由議會聯合會說了算。所以，議會聯合會邀請來的其他各界代表本質上還是議會聯合會推薦和任命。然後，議會聯合會原來的議員和他們邀請來的土豪共同組織保安會。這些土豪包括，前清時期的各路名流，以及像張作霖本人和韓邊外之類的新興人物，以及其他比如說醫生、律師、金融家或者各界知名人士，原先無意從政，但是在自己的家鄉面臨危險、財政和社會治安都嚴重動盪的情況下覺得有必要出來維護一下故鄉利益的這些人。他們共同組織了議會聯合會和保安會。議會聯合會是一個小議會，由原有的三個議會組成；保安會是一個大議會，由原有的議會議員和他們邀請來的土豪代表組成。這個滿洲議會聯合會和保安會都選出張作霖作為他們的代表，負責成立保安司令部和行政委員會，一個治軍一個理政。

這個體制在辛亥年經常出現，並不限於滿洲，只是在其他地方它往往有別的名字，例如各界代表聯合會之類。它普遍實行的憲制是立法權（掌握在議會和擴大議會中的立法權）、行政權和軍府三權分立的體制。所以從主流的議會制度來看，它是有點古怪的，有濃厚的高地酋主義[1]的特徵。行政權和軍事權一分為二，因此就既有了一個主管政府的行政委員會，同時又有一個主管軍權的保安司令部。張作霖和他兒子張學良都是兼任了這兩

1 高地酋（Cudillo），西班牙語，本義為「領袖」或「元首」，後引申為十九至二十世紀在拉丁美洲各國出現的、由軍事強人獨攬軍政大權的統治形式。

個職位的。而其他地方，除了閻錫山的山西以外，滿洲帝國解體以後的其他各邦，尤其是揚子江流域的各邦，政權是很不穩定的。情況經常是，掌握行政的行政官——無論具體名稱叫布政司、民政長還是其他什麼，他跟掌握軍權的督軍或者都督不和，而軍政雙方又跟議會不和，使得這種特殊的拉美式憲制沒有維持很長時間就崩潰了。

而滿洲的情況比較特殊，這種體制形成以後維持的時間就非常久。張作霖經常被敵對勢力宣傳為是一個獨裁軍閥，但是從他當權和執政的經歷來看的話，其實張作霖是一個相當在乎法統的人。儘管滿洲議會聯合會在張作霖面前顯得相當百依百順，但實際上他基本上沒有干涉三個議會的選舉，尤其是遠離他的奉天大本營的吉林和黑龍江兩省的議會選舉。這個議會選舉在一九一三年就進行了第一次改選，不再是滿洲帝國時代的那個諮議局了，以後每隔兩、三年還要重新改選，但是選出的新議員幾乎毫無例外地仍然繼續支持由辛亥年就開始了的保安會和行政委員會的體制。

濟南和煙台的軍政府同樣是剛才講過的三權分立的體制，但是沒有實行幾個月，立刻就發生了齊魯分裂，然後在齊魯雙方內部，同時發生了激進派和保守派的內戰，使滿屬山東自動分裂為袁世凱控制的中國部分和激進派控制的齊州利亞[2]部分，接下來各自又裂解成一系列碎片，打了幾十年內戰。而滿洲的憲制卻是非常穩定的。在同樣的成文法之下能不能夠形成穩定的政府，這就是當地社會經濟發展情況以及土豪德性的體現。顯然，滿洲土豪對張作霖政權的支持是非常強烈的，這種穩定性在晉、滇以外的其他各邦是基本上看不到的。其他各邦普遍是接二連三發生政變，而蔡鍔和唐繼堯[3]的政權以及閻錫山的政權，在本邦的土豪和議會的支持下，獲得了類似張作霖政權的穩定狀態。這都不是因為它們在紙面憲法上有什麼太大的區別，它們的紙面憲法彼此之間是大同小異的，像美國憲法和墨西哥憲法的條文其實沒什麼差異一樣。但是實際情況卻是，美國的政治運作一直很穩定，而墨西哥接二連三發生政變。

正是這個議會聯合會和保安會，兩次支持張作霖退出了他原先在袁世凱時代一度加入過的諸夏聯盟。從法律手續的角度來講，張作霖其實是一個任期只有一年或者兩年、身兼二任的軍事都督和行政委員會主席。他所得到的授權，時間最長也沒有超過三年。因為議會往往會提前改選，有的時候甚至只有一年或者兩年就已經到期了。但是每一次到期對張

2 此處的「齊州利亞」（Tshiechuria）是作者根據其「民族發明學」而另外定義的用詞，詞尾加上-ia的後綴以表示該地區的「獨立性」，詳情請參見《逆轉的東亞史（參）：非中國視角的華北（晉、燕、齊篇）》對齊州利亞定義的詳細討論。

3 唐繼堯（1883-1927）：中國雲南省會澤人，滇軍創始人與領導者。他於一九一五年宣布雲南獨立，其後一度與國民黨合作。後在其部下龍雲發動兵變期間去世。

作霖都是不成問題的，因為三省議會聯合會儘管是不斷換人，卻始終會選舉他繼續擔任原有的官職。張作霖最後跟徐世昌的北洋政府鬧翻了（因為徐世昌願意支持吳佩孚來打他），然後由三省議會聯合會乾脆宣布滿洲獨立的時候，也是同樣的，事先經過了手續，規定由他擔任新政府的軍政首腦。

然後到了張作霖遇刺身亡（刺殺他的人是誰，倒不是很重要）的時候，也是這個議會聯合會選舉原先跟孫

圖為張作霖（圖①）與其子兼政治繼承人張學良（圖②）之圖像，本書作者評論前者為「三國的穿越者」，指個性守舊但能堅守社會倫理，是傳統價值觀下的標準統治者；後者則為「老兒子」，指其個性衝動而缺乏耐心。張作霖對國民黨作戰，但張學良卻覺得三民主義比土鱉鄉親的《三國》式忠義更時髦，最後為了時髦誅殺父親的老將，為原先的敵人出死力，不惜犧牲自己的根基。

烈臣並列為保安司令部副總司令和行政委員會副主席的張作相來繼承張作霖的位置，擔任新任的保安總司令和行政委員會主席。這個程式實際上跟蔣經國去世以後由副總統嚴家淦繼承總統職位的法律形式是一樣的。但張作相迅速辭職，把他的位置讓了出來，然後議會和保安會又把張學良推上去，就像是後來中華民國的國大把蔣經國推上蔣介石曾經坐過的位置，使原先繼位的嚴家淦變成了曇花一現的政治花瓶。從法律手續上來講，這樣的職位交接也是說得過去的。

國會、國民會議與人民代表大會

普通人的印象，特別是由於國共兩黨的宣傳材料而造成的印象就是，大清帝國解體以後，從東亞、東北亞到東南亞都是一片混亂，軍閥不遵守法律程序，到處胡作非為。但是我們要注意，真正違反法律的其實是國共兩黨。它們斷然地解散了過去選出的中華民國舊國會，廢除了法統，然後選舉出新的國民會議和人民代表會議，這些會議其實都是在黨部控制之下的橡皮圖章。

所謂國會就是我們都熟悉的那種歐洲資產階級民主的體制，由能夠納稅、納了一定的稅、對國家具有一定貢獻的資產階級組成選民團，選舉它的議員。議員除了要有財產上的資格限制以外，是沒有其他限制的。而國民大會是什麼呢？那就是從蘇聯的統戰機構吸取來的經驗：先由黨部控制那些有一定勢力的比如說律師協會和醫師協會，然後派遣律師協會和醫師協會的頭面人物組成選舉團，參加選舉的不再是納稅人的團體，而是各社會團體，而各社會團體又是受黨部控制的，這樣產生出來的議會叫做國民會議。在台灣選舉出蔣經國的國民會議，就是這樣的東西，很明顯它在很大程度上是要受黨部控制的。沒有藏在後面的國民黨黨部，國民會議是沒有辦法協調的。

什麼商業協會的人能夠組成選舉團？在舊國會的時代，這是根本沒關係的，唯一的標準就是錢。金錢的標準是固定而公正的，你只要有一定的錢，你參加某個商會也好，不參加某個商會也好，你照樣都有選舉權和被選舉權。例如昆明原先是只有一個商會的，但是後來出於某種原因，他們內部鬧翻了，於是昆明就有了兩個敵對的商會。這在舊國會的時代，照常舉行選舉是根本不成問題的。誰也不用管到底有一個商會、兩個商會、三個商會還是三十個商會，反正是商人自己出來參加選舉。我拿出我的納稅證明來，我是一個有五千大洋的商人，我參加哪一個商會或者不參加哪一個商會不是個問題。但在國民黨統治時代，國民黨黨部就要召開地下協商會議，迫使這兩個商會統一起來，受國民黨的統一領導。他們認為這是自己的一大功勞，結束了長期的無政府狀態。以前各個商會之間掐得你死我活，現在因為有我們黨部出面，你們都該團結起來了吧。然後商會出代表，醫師協會、律師協會也出代表，這樣組織起來的議會叫國民會議。

但是我們仔細想一想，從資產階級民主的角度來講，這難道真是一種進步嗎？這是一種朝著列寧主義方向的退化。誰算合法的行業協會呢？國民黨說了算，錢說了不算。財產資格，那就是看你掙錢的能力。你掙得了錢，你就有資格做議員。現在呢，你必須是行業協會的成員，才有做議員的資格，而你組織的那個行業協會能不能獲得承認，是國民黨黨部決定的。黨部如果比較有禮貌，就說，「你的協會接受一下我們的領導，跟其他的協會合併一下，統一成我們的力量，好不好？」如果野蠻一點他就說，「我就是不承認你主辦的這個協會。別人就算是錢沒有你多，我們黨部支援他，他也可以當議員；你雖然錢多，我不承認你的行業協會，你別想當國民代表。」還有任何公平可言嗎！

而這恰好就是歐洲自由主義者極其反對的武斷統治。什麼叫做武斷？沒有客觀標準就是武斷。我說你是資產階級，你就是資產階級。我說你是選民，你就是選民。我說你不是，你就不是，你有五千塊錢還是六千塊錢並不重要。什麼叫做不武斷？就是它有客觀標準。有五千塊錢，我就是資產階級，我就可以當選；你只有四千塊錢，你就不能。有五千塊錢還是沒有五千塊錢，這個事情任何人說了都不算。也許可以說是我的客戶說了算，我的客戶讓我發了財，我有了五千塊錢現大洋，我就是資產階級，選上了議員，議會就應該由我說了算。你賺不到五千塊錢大洋，你說了就不算。至於別人，例如跳出來一個張大帥、李大帥，他總不能指著我的五千塊錢說你只有四千塊錢，這是不可能的事情。我這個議員的資格不是由一兩個大帥就可以褫奪的。

有國民黨的國民會議，而人民代表大會是什麼？那就是共產黨的東西：連社會團體都不算數了，直截由黨委書記領導一切。誰能當人民代表？掏糞工人時傳祥[4]是人民代表，資本家榮毅仁[5]也是人民代表，黨直接給你指定，所以人人都要爭先恐後地入黨。選舉全國人民代表大會的那些地方選舉團是下一級選舉團產生的，一直到最基層，而最低一層的選舉團又是由當地黨委指派的。因此，這樣的所謂代表，雖然字面上加了「人民」，但是協商性連國民黨的國民大會代表都不如，它直截了當就是本地黨委書記的一個代理人、白手套而已。從舊國會到國民代表會議、再到人民代表大會，就是資產階級民主和五族共和的諸夏聯盟演變到半列寧主義的國民黨政權、最終完全淪為列寧主義黨國的共產黨政權的一個過程。

張作霖政權的憲制本質和張學良的背叛

張作霖政權是一個典型的地主—資產階級聯合政權，因為它的議會選舉是用錢說了算的。三省議會的議員都是地主和資產階級，他們聚攏在一起，要尋找一個能保護他們的強人。而議員們又認為，經常換人顯然不利於政府穩定運作，也會影響到他們悶聲發大財、保護自己財產的目的，因此他們接受張作霖的不斷當選。於是在國民黨和共產黨的宣傳材料上面，張作霖就變成了一個壟斷政權的獨裁者。但實際上，張作霖是一個像古羅馬執政官那樣不斷地連選連任的軍隊總司令和行政委員會主席。他如果沒有被炸死的話，到第二年或者第三年，同樣他會繼續當選。而這個選舉程序雖然像是橡皮圖章一樣，但是這個選舉程序還是非重新走一次不可。

至於軍隊的勢力凌駕於行政委員會之上，這可以說是地主和資產階級的政治勢力不夠

4 時傳祥（1915-1975）：底層農民出身，一九五六年加入中國共產黨，一九五八年當選為北京市政協委員，一九五九年被選為「全國勞動模範」。文革中，因曾與劉少奇握手，遭受批鬥。

5 榮毅仁（1916-2005）：中國江蘇省無錫人，「麵粉大王」、「棉紗大王」榮德生之子。中共建政後，歷任政商界職務，陳毅稱他為「紅色資本家」。一九八五年成為地下中共黨員。

成熟，他們還沒有能夠發展到華盛頓將軍和玻利瓦爾將軍的程度——有很多大地主都有自己的民兵、而很多大資產階級也都有自己的國民警備隊。而他們內部的委員會和俱樂部的共治精神又很強，任何一個人或家族都不能占據過大的優勢。但即使如此，在美國早期的政壇歷史上，還是有同一家人接二連三當總統這種現象存在的，例如亞當斯家族。張作霖的滿洲政權就是這種現象的嚴重惡化。

但是從目前看到的證據，張作霖沒有要破壞議會選舉或者顛覆地主資產階級政權的意圖。而他也沒有這個必要，因為很明顯，張作霖本人就屬於大金融家和大地主大資產階級。如果說他跟那些議員有什麼衝突，也就是具體誰當什麼官這個問題。只要議員們願意在銓敘人選讓步的話，張作霖是沒有理由要去迫害那些人、或者干涉他們的選舉的。因此在他的保安司令部和行政委員會統治的時期，三省的省議會選舉一直是按程序進行的，一次也沒有中斷過。

真正的中斷是張作霖的兒子張學良繼承了這兩個職位以後。他對父親留下的老臣不滿，在國民黨黨部的支持之下發動了政變。這場政變做得非常徹底，例如在吉林，張學良就把原先選出的吉林省議會趕出了省議會大廈，而把會址交給國民黨黨部，於是三省聯合會就少了吉林省議會的代表。接下來，同樣的事情又在奉天省和黑龍江省再重複一遍。於是，黨部接管了過去議會的位置。理論上說，應該再選出新一批的國民代表，但這在張學良執政時期完全沒有實行過。也就是說，解散議會以後，張學良在國民黨外來政權的支持之下實行了獨裁。而張學良也需要國民黨外來政權的持續支援，因為只有蔣介石繼續支持他，他才能夠壓制住東三省的土豪、原議員和奉系老將，把原先等於是作為地主資產階級代理人的政府領袖角色，轉變成真正的最高統治者。

這個獨裁統治是可以直接體現在財政支出上面的。張作霖時代會用在滿洲本地建設或者消費在滿洲本地的錢，就被張學良大量地拿到北平或者其他地方去花天酒地了。這些錢的一部分用來支持他的國民外交協會或者其他的匪諜機構，而更大一部分是他本人和他的所謂新派的政權機構在北平的各種各樣大手大腳的消費，以及送到日本和歐美各地——像現在習近平的對外援助那樣——收買日本議員和歐美議員，在海外給他宣傳造勢，而本地的建設在張學良統治的幾年間基本上趨於停滯。這就是滿洲土豪失去執政權的表現。

可以說，從辛亥獨立戰爭開始、保安會和行政委員會各自掌握軍政，而議會聯合會負責立法的體制，是被張學良的政變所毀滅。我們可以想像，如果張三在台灣長期執政，然後跟本地的土豪相持不下，亟需外來資源的時候，他像張學良一樣把共產黨和解放軍引進了台灣，那麼台灣也可能會發生類似的事情：由台灣本地有產階級和納稅人選舉出來的議會失去作用，然後就由人民代表大會或者內定由李四、王五之類橡皮圖章組成的團體作為象徵性統治機構，同時共產黨的情報機構和軍隊作為實質性的支持力量，把張三扶植成下一個張學良。

蘇聯匪諜和恐怖分子對滿洲的滲透與破壞（一）

這樣的危險可能性沒有成真，因為滿洲土豪在日裔的滿洲自治主義者的支持下發動了九一八政變。但張學良解散省議會，這並不是共產主義針對滿洲的第一次進攻。滿洲的保安會和議會聯合會在一九一一年成立以後，沒過多久俄羅斯就發生了二月革命。接下來，俄羅斯又爆發了立憲會議、護法軍和布爾什維克軍之間的內戰。在滿洲邊境一帶，中東鐵路的總辦霍爾瓦特組織了一支俄羅斯護法軍，想要跟布爾什維克打一仗，他們打敗了以後就退到了哈爾濱自治市。這時列寧認為，遠東地區形勢複雜，資產階級實力強大，直接打是行不通的，於是就建立了一個名叫遠東共和國的傀儡政權。

遠東共和國是一個統戰機構，表面上讓遠東地區的自由派參加政府甚至當上政府首腦，但是軍隊和警察掌握在布爾什維克手中。本來會反對共產黨、變成他們敵人的一部分自由派資產階級被允許參政，但是實際上完全在前者的控制之下——這就是毛澤東後來操作的例如邊區參議會、政治協商會議、開明紳士等等一系列做法的淵源。中華人民共和國的統戰體制是從蘇聯模仿來的，而蘇聯的統戰體制又是在遠東共和國、外高加索共和國[6]、花剌子模共和國[7]之類的一系列國家機器白手套實驗當中產生的。總之，遠東共和國就霍爾瓦特的護法軍形成了尖銳的對立。

這時，張作霖政權面臨決斷，他們到底是支援哪一方。而他們的判斷錯誤，對以後的滿洲造成了極大的不利影響。現在的滿洲愛國者因為受到了國民黨和共產黨的嚴重虐待，所以在他們的心目中，張大帥是一個不可非議的好人，而且他的形象是剿匪英雄。但是我們也要注意到，有很多剿匪英雄都是吃了匪類的虧以後才意識到剿匪的必要性，他們最初是沒有這個意識的。張作霖的情況就是如此。他和麾下官員最初認為，哈爾濱自治市是個

6 俄國十月革命後，帝俄的外高加索地區省分於一九一八年獨立建國，國號為「外高加索民主聯邦共和國」（Transcaucasian Democratic Federative Republic），惟不久即再分為喬治亞、亞塞拜然、亞美尼亞三國。在蘇俄紅軍的干涉下，三國合併為「外高加索蘇維埃社會主義聯邦共和國」（Transcaucasian Socialist Federative Soviet Republic），並成為蘇聯的最初組成國之一。

7 作為帝俄的附庸國，十月革命後希瓦汗國也受波及，因而在數年間發生政變和內亂，最終希瓦可汗於一九二〇年退位，其後即在蘇俄紅軍的主導下成立「花剌子模人民蘇維埃共和國」（Khorezm People's Soviet Republic）。

很有油水的地方，而過去它一直掌握在白人占主流的市議會當中，我們簡直是拿它沒有辦法。現在可好，藉口來了。

護法軍在伊爾庫茨克和烏蘭烏德[8]打不過紅軍，退到了哈爾濱。接著紅軍建立了遠東共和國，企圖追擊到哈爾濱。雙方相持不下的時候，張作霖及其盟友鮑貴卿[9]的士兵就顯得舉足輕重。於是，張作霖首先以調停雙方衝突的名義，把軍隊開進了中東鐵路附屬區域，然後又以維和部隊的名義解除了紅軍和護法軍雙方的武裝。這樣做實際上是對護法軍不利，因為護法軍在這一帶本來占壓倒優勢，紅軍的陣腳只有一個幾天內就迅速被鎮壓的工兵蘇維埃，他們並沒有能力控制哈爾濱全市。

而列寧作為一個精明的政治家，也看到機會的來臨。他不是俄羅斯的愛國者，恰好相反，列寧是一切大俄羅斯主義者的敵人。他的蘇維埃政權是一個世界革命的機構，是要摧毀包括俄羅斯地主在內的所有地主、資產階級的統治的。所以列寧根本不會像是張作霖想像的那樣，既然你是俄羅斯蘇維埃政權的領袖，那麼你一定是很想把俄羅斯的遺產統統繼承下來的，而我如果能夠從你手裡爭取到一項外交讓步，那就是讓俄羅斯吃了虧而讓我們滿洲人占了便宜。其實，這是地主資產階級的想法：我們家有十畝地，你有十五畝地，我整天就想從你那裡多買五畝地，然後我做一個大地主；或者是，你有三個工廠，我有兩個工廠，我一天到晚就想著怎麼把你的工廠買下來。

張作霖沒有意識到，現在工廠不是由資本家運營、土地不是由地主規劃，而是落在一群恐怖分子的手裡面。恐怖分子根本不在乎這些土地和工廠能夠有多少產出，自己能夠籍此發多大的財，而是以這些土地和工廠作為基地，把他的恐怖組織派到別人家的土地和工廠裡面。等把其他地主和資本家都打垮了以後，他就不是只有這一點工廠和土地了，全世界都是他的了。而為了這個最終目的，恐怖分子根本不在乎他原有的土地和工廠會不會受到損失，甚至自己人死光了他也不在乎。因此，列寧就像是在《布列斯特條約》當中對德國人作出重大讓步一樣，也毫不猶豫地犧牲了護法軍、甚至俄羅斯的利益。他慷慨地許諾，張作霖只要能夠把護法軍消滅，包括哈爾濱在內的中東鐵路附屬區域的大部分權利都可以出讓。

哈爾濱自治市是一個非常富裕的地方，面積雖小，但全市資產比餘下的一整個黑龍江省的錢還要多。這個不值得奇怪。工部局治下的上海租界比起江蘇和浙江兩省的錢還要

8 烏蘭烏德（Ulan-Ude）：東西伯利亞第三大城市，也是俄羅斯聯邦布里亞特共和國的首府。一六六六年由哥薩克人建立，後又一度作為遠東共和國的首都。

9 鮑貴卿（1867-1934）：遼寧省海城市人。他起初投靠淮軍，後加入北洋軍；袁世凱死後，經由張作霖再成為奉系將領。皇姑屯事件後，鮑貴卿從軍政界徹底隱退。

多，也是這種情況。所以張作霖早就對此羨慕不已。但是這些錢並不在列寧手裡面，而是在當地的地主資產階級手裡面。張作霖認為，俄羅斯地主資產階級的財富落到了我張作霖手裡面，我們滿洲人發了大財了，能實現這一點就是偉大的外交勝利；而列寧卻覺得，借張作霖的手除掉必然會不斷產生出護法軍的俄羅斯地主資產階級，那是不用自己出力，別人就幫忙收拾了自己的心腹大患。當然，蘇聯人的便宜是不能白占的，他們向張作霖提了一系列附加條件。而最核心的條件是，張作霖要負責鎮壓當地的俄國民兵團體，使後者徹底解散。張作霖忠實地履行了這個條件。他接管哈爾濱以後，就迅速地解散了哈爾濱的市議會，由自己任命的市政機關取而代之。與此同時，哈爾濱自治市的一大筆財政儲備，迅速地落到他手裡面。

後來的人經常提到，哈爾濱的白俄和猶太人對滿洲文化做出了非常重大的貢獻。其實呢，這就是一種德性的揮霍。這些人本來應該是在哈爾濱做市議員的，現在失去了政治權力，只能開展一點經濟文化活動，於是他們開了俄國餐館，辦了俄文報紙，出版了俄文書籍，辦了俄國音樂學校，在文化上和社會上產生了很大影響，但是政治影響沒有了。同時，張作霖政權在地方自治方面的成績，是遠不如已經具有一定歐洲水平的哈爾濱自治市的。所以從自發秩序生成的角度來講，張作霖使哈爾濱的發展進程嚴重倒退了，儘管他自已發了很大的財。鎮壓和解散白俄團體的結果，使這些團體的菁英受到了嚴重的打擊。他們本來是一個準政府的地位，然後就變成警察監督之下的非法入境者一類的人。伯爵要當馬車伕、伯爵夫人淪為站街女諸如此類的故事，都是這樣流傳下來的。這樣，張作霖瓦解了哈爾濱社會的菁英階級，同時也就打開了蘇聯匪諜通過外交機構和東正教團體接管俄羅斯社區的道路。

任何社區都是有菁英的，俄羅斯裔的滿洲人社區當然也是有它原有的菁英的，也就是原有的貴族、地主、資產階級和知識分子。這些菁英要行使他們的政治權利和社會影響力，必須有自己的政治團體。而張作霖遵守他跟蘇聯的協定、打垮這些社會團體的最終結果，是使俄羅斯裔居民的社區群龍無首。因此，蘇聯派來的匪諜——也就是在蘇聯國內受過訓練、身分是祕密共產黨員、類似丁光訓[10]的東正教神父牧師，這些人從蘇聯境內的神學院畢業以後，被派到哈爾濱，然後再從哈爾濱出發去接管各地的白俄社區。於是，這些俄國人社區很快就變成了蘇聯匪諜的一個根據地，以後對張作霖造成了無窮無盡的麻煩。

10 丁光訓（1915-2012）：中國金陵協和神學院院長，他大力提倡「中國基督教神學思想建設」，淡化新教的傳統信條「因信稱義」而強調「因愛稱義」，他也認為《聖經》中記載的神跡不可信。

當然，等他明白過來的時候已經為時太晚了。任何人跟共產黨打過交道以後，最終都會發現，共產黨給他的便宜都是這種性質的，都是帶倒刺的。另外一個協定就是，滿洲政權承認遠東共和國，允許遠東共和國派遣外交代表和商務代表進駐哈爾濱、奉天和各城市。這個在資產階級國家也是沒問題的，但是蘇聯派來的都是恐怖分子，這些使館很快就變成了恐怖活動的基地。

蘇聯匪諜和恐怖分子對滿洲的滲透與破壞（二）

最後到一九二五年前後，滿洲的警察最終無可奈何地報告張作霖：我們在哈爾濱蘇聯外交官的外交郵包裡面查獲了整噸整噸的炸藥和武器，但是我們沒有辦法截下它們，因為它們的主人理論上是外交官。除非你張大帥下一個狠決心，不顧外交機構的面子，硬闖進去搜，否則我們拿它沒有辦法。等到這個時候，已經為時太晚了。蘇聯已經通過三條路線，把黑手伸進了張作霖的領地。

第一條路線就是我們都熟悉的紅鬍子。紅鬍子本來也就是一般的土匪，不成氣候，但是接受蘇聯援助以後就變成張作霖的心腹大患了。蘇聯從綏芬河、雙城子一帶越過邊境，給他們運送了大量的武器。使原先普通警察就能夠完成的剿匪任務，現在變得無法完成了。張作霖不得不親自從奉天調兵遣將去鎮壓他們。第二路人的檔次更高一些。他們打著討逆軍的旗號，進攻哈爾濱等地。討逆軍名義上的領袖是被張作霖趕下台的前吉林督軍孟恩遠[11]，因此顯得檔次更高。第三路非常要命，直接進入了張作霖政府的核心地帶。張作霖派去跟蘇聯人談判的外交代表楊卓投靠了蘇聯，企圖連同楊武經和其他一些被蘇聯收買的匪諜在他的幕府內部發動政變。同時，蘇聯通過李大釗和馮玉祥，指使張學良的好朋友郭松齡在巨流河發動兵變，率領奉軍精銳，幾乎打進了北大營。

蘇聯人的布局是彼此配合的。在郭松齡進軍的同時，中東鐵路的時任蘇聯局長伊萬諾夫，在吳俊陞率領黑龍江馬隊南下援助張作霖的關鍵時刻，下令中東鐵路停止運輸。而根據原有的奉俄協定，中東鐵路本來對張作霖的官兵運輸是不收費的。現在不是收費不收費的問題，而是根本就停運了。就在張作霖最需要援兵的時候，準備一下子勒死他。由於張學良的安排，錦州的奉軍精銳全都落到了郭松齡[12]手裡面，北大營當時是一個空架子。張

11 孟恩遠（1856-1933），一九一六年至一九一九年任吉林省督軍，其後「寬城子事件」爆發，他被迫逃亡天津。

12 郭松齡（1883-1925），奉系將領，曾在孫中山的廣州護法軍政府任職。因奉系的人事紛爭，郭松齡企圖與馮玉祥聯合，達成華北和平；惟擁立張學良取代其父不果，最後自行發動兵變。

作霖在這個緊要關頭幾乎就完蛋了，他已經準備好下野流亡。好在郭松齡在奉軍中的影響不深，很多大將仍然掛念老帥舊恩，不肯為郭松齡拼命，在關鍵時刻又拋棄了郭松齡，張作霖才度過這一劫。

度過這一劫以後，張作霖拿出梟雄的本色出來，堅決地清理內部。首先他槍斃了楊卓和楊武經這些內部的匪諜，然後派人衝進了哈爾濱的蘇聯代表處，就像他在北京的時候衝進北京的蘇聯大使館一樣，把蘇聯人藏在裡面的炸藥和恐怖分子都揪了出來。這樣，滿洲的局勢才漸漸穩定下來。而蘇聯經過這一次刺激以後，就斷然把張作霖政權當作遠東的佛朗哥，極力支持蔣介石政權這個遠東版的西班牙共和國，顛覆掉張作霖的政權，然後通過張學良、閻寶航[13]這樣的白手套控制蔣介石在滿洲的名義政權，就像西班牙共和國內部的共產黨員通過內格林博士[14]這樣的白手套控制這個共和國一樣。這整個路數都是一致的。我們要注意，蘇聯人——特別是史達林在遠東的各種布局，都是根據他們在歐洲的布局而做的。所謂統一戰線，那就是根據針對德國社會民主黨和法國社會黨而設立的人民陣線。蘇聯針對張作霖、蔣介石和中國共產黨的政策，就是精確地拷貝他們在西班牙內戰時期針對佛朗哥將軍的那一套方略。

遠東共和國派到北京的「外交代表團」，後來在遠東共和國撤銷以後又被蘇聯接管下來，作為蘇聯駐北京的「外交代表機構」。這個代表團也是奉俄協定的主要促成者之一。而直接主持奉俄協定簽署的蘇聯「外交代表」，他的名字叫加拉罕[15]，也就是兩次《蘇俄對華宣言》的撰稿人。加拉罕本人的活動重心是在滿洲的。他在滿洲會幹什麼事情，我們就不必介紹了。當然，這些活動當中包括建立兩個特支（特別黨支部的簡稱），哈爾濱特支和長春特支，就是後來的滿洲省委的前身。張作霖政權通緝了他們的黨委書記，但他們迅速地逃進了使領館，像李大釗一樣逃進了蘇聯外交機構，因此通緝令形同虛設，他們繼續活動。然後在這兩個特支的支援之下，成立了國民黨黑龍江黨部和吉林黨部。

13 閻寶航（1895-1968）：中共間諜，長期潛伏於滿洲，後在文革中死於秦城監獄。

14 胡安・內格林（Juan Negrin, 1892-1956）：生理學教授、西班牙工人社會黨領袖，一九三六年任西班牙第二共和國財政部長，次年接任首相一職，直至一九三九年被迫流亡。

15 列夫・米哈伊洛維奇・加拉罕（Lev Mikhailovich Karakhan, 1889-1937），蘇聯外交官。他於一九二四年至一九二六年期間擔任蘇聯駐中國大使，後因張作霖在中東鐵路談判案中的強烈抗議，加拉罕撤回蘇聯。

共產黨說對了：蔣介石如何背叛革命

我們要注意，國民黨——包括蔣宋美齡這些人都非常強調共產黨是我們的叛徒，但是真實的歷史恰好跟國民黨的宣傳相反。廣州國民政府和《孫文越飛宣言》以後的那個國民黨，並不代表舊國會時代的國民黨。這個新國民黨是蘇聯和共產國際在建立了遠東支部——也就是中國共產黨以後，由中國共產黨派人來援助建設的。不僅廣州國民政府是這樣，滿洲和其他地方也都是這樣。滿洲在以前沒有任何國民黨的黨部，但是有共產國際的支部——哈爾濱和長春的支部。然後在一九二四年、也就是在《孫文越飛宣言》發表以後，在這個國民黨從來沒有勢力範圍的地方，由共產國際的特支負責為國民黨建立了兩個黨部。

以吉林這個黨部為例。這個黨部當中有六名國民黨執行委員，其中有三名是共產國際長春特支的支部書記兼任的。六個委員裡面，三個是匪諜。而且按共產黨的一貫做法，他們即使是在人數上看上去不占多數，但他們占據的是負責安全、國防這些要害部門；資產階級代表即使理論上和人數上占多數，但他們占據的是文化、教育、經濟之類的沒有槍桿子的部門。這三位匪諜委員當中，有一位叫做趙尚志的，他就是後來所謂的東北抗聯這支恐怖組織的主要負責人。

國民黨的支部本身就是由共產黨建立和操縱的，一開始就是這樣。所以，真實的歷史並不是像蔣宋美齡他們宣布的那樣，國民黨是從辛亥年一路傳承下來的老牌政黨，中間被共產黨暗算了一回，然後他們又把共產黨清理出去。恰好相反，這個第二國民黨從一開始就是由共產國際協助建立、作為共產黨白手套而存在的匪諜機構，正在順利運作的時候，被蔣介石搶先摘了桃子——照史達林的說法。然後蔣介石編造了一套神話說，辛亥革命那批人都是他的繼承者，蘇聯人才是旁支。其實恰好相反，共產黨的說法是沒有錯的，是蔣介石背叛了革命。廣州革命政府和廣州的國民黨中央委員會以及各地的黨部都是共產黨替你建設出來，作為共產黨的白手套而存在的，偏偏冒出你一個蔣介石，你就是不肯做白手套，反而反咬我們一口，你不是革命的叛徒誰是革命的叛徒？但是我們也不怕收拾不了你，我們有史達林元帥做後盾，我們的實力比你大得多，最後還是能把你蔣介石給收拾了。

我們沒有迅速地收拾你蔣介石，是因為你蔣介石還有點利用價值。正如西班牙共和國保留在資產階級政客手裡那樣，我們可以利用你去滲透張作霖的反共堡壘、滲透上海工部局的反共堡壘。這些地方是一見到共產黨就要抓的，但是如果以國民黨的名義進去的話，就比較能夠混得進去了。這就是國民黨存在的目的。而其實從國民黨的角度來講，恐怕蔣介石本身的反共倒只能算是一段插曲。蔣介石到了中日戰爭的時候又再一次不反共了，又使國民黨恢復了它原有的功能。而在冷戰初期，也就是韓戰的時候，它勉勉強強反了一陣共，然後很快又恢復了它的傳統角色，不但不反共，反而為共產國際遠東支部繼續發揮原有功能，也就是幫助他們滲透到原先共產黨滲透不進去的資產階級地區。這些地區，共產黨是沒有辦法合法活動、或者說是一露面就會受到各種挨打的，但是以國民黨的名義進去就沒問題了。

共產國際在張作霖時期就辦了這一系列大事。儘管郭松齡兵變以後張作霖和蘇聯撕破臉皮，進行了一些鐵腕鎮壓，但是他終歸不能持續違背國際法，所以國共兩黨的匪諜機構（而這實際上是一回事，因為這些匪諜機構都是由李大釗和吳廷康領導的，實際上都是共產黨的分支）仍然憑著蘇聯外交機構的保護，在他的境內潛伏下來，並發展了很多成員，包括閻寶航和張學良周圍的很多人。如此這般，張作霖一死，滿洲就由反共堡壘變成了蘇聯匪諜的前哨，直到九一八政變為止。

滿洲土豪功虧一簣

九一八政變的發生，其實是滿洲本地保境安民的土豪借用日本泛亞主義者和日裔滿洲地方自治主義者的力量（而他們又綁架了日本政府）而實行的一次清洗共產黨的政變。這次政變不但不是日本當局的陰謀，反而是對東京的政治世家和元老貴族的一個重大打擊。這一點，事實是非常清楚的。東京的內閣的所有人，從若槻首相開始，都堅決反對，但是他們處在啞巴吃黃連的狀態。從法律上講，滿鐵附屬地的這些日裔滿洲人處在一個三不管地帶，雖然他們的祖先是日本人，但他們現在可以說是滿洲人了，所以日本政府管不了他們；然而他們在國際上鬧出來的事情，又有很多人認為跟日本政府有關，所以後者不得不出面救場。

日本人幹這種事情的經驗一般就是，像是本國有一個冒險成性的青年不顧政府的一再警告，在二〇一四年跑到伊拉克去，結果被人綁架和殺害了，日本人的想法是怎樣呢？就是，這種不懂事的孩子給我們大家都添了麻煩，他的家長應該出來向我們道歉才是。但是即使如此，我們還是不得不勉為其難，非得救他一下不可。儘管我們恨死他了，一旦把他弄回國來，我們要好好修理他，但是他到了國外，我們還是不能不救他。當時日本政府對滿洲自治聯盟這撥人的意見其實就是這個樣子的。

但是滿洲自治聯盟的運氣好或者是能量大，最重要的是，原有的張景惠、張海鵬[16]這些張作霖時代的老土豪堅決支持他們。自治聯盟自己跟張學良周圍的匪諜單打獨鬥，可能鬥不過，但是有了這批土豪支持的話，他們的腰杆子就硬起來了。雙方的聯合，把張學良趕出了滿洲，同時也狠狠地打了日本國會、內閣和元老貴族一個耳光。這些出身日本的青年一代在國內被日本的建制派壓制得很厲害，在滿洲國成立以後，他們像是華盛頓將軍周圍的人一樣——如今建立了美國，現在我們可以揚眉吐氣，可以反過來欺負一下喬治國王和他周圍的老貴族了。以前你們這些老貴族經常欺負我們，因為我們沒有權力，現在我們有了自己的政權了，美利堅合眾國就是我們的家，我們要給你們點顏色看。因此，日本在滿洲的條約利益沒過幾年就被滿洲自治聯盟掃除一空了。

圖為1930年代，日本關於《塘沽協定》的宣傳畫，描繪以長城為分界線，分屬於兩個世界的滿洲國與中國，前者是秩序井然的樂土，後者則為國共內戰的混亂社會。本書作者另有評論：「塘沽協定的實質內容是國民黨停止恐怖活動，換取日軍撤退。結果日軍一旦撤退，國民黨立刻恢復恐怖活動。」

對於這批人來說，滿洲國才是他們的祖國，正如華盛頓將軍認為美利堅合眾國才是他的祖國。他們為自己的祖國服務，當然要打擊原有的母國，也就是英國和日本，就像華盛頓要把英國在美洲的領地盡可能多撈幾塊給新興的美國，滿洲自治聯盟也把日本在東北亞的權利盡可能多撈一點給新興的滿洲國，這對他們來說是完全順理成章的。所以，他們打擊起日本來，其實比張海鵬這些原來張作霖系統的滿洲老土豪更狠。後來加入滿洲國建設的老土豪，像張海鵬、于芷山[17]這些人，他們的立場基本上是維持現狀，不要輕易去干涉原有的條約體系，以免引起不必要的麻煩；而滿洲自治聯盟這些人加入滿洲國以後，卻非常激進地堅決主張修改原有的條約體系，不惜以日本為主要犧牲品。滿鐵的大部分資產也就是在這個時期歸了滿洲國。

但是，蘇聯在滿洲境內還留有一個重大的釘子，就是在中東路事變中曾經讓張學良吃過苦頭的中東鐵路。不拔掉這個釘子的話，那麼中東鐵路貫穿滿洲全境，匪諜會源源不斷

16 張景惠（1871-1959），張作霖部下，皇姑屯事件中受傷，其後成為滿洲國第二任國務總理大臣。張海鵬（1867-1949），曾與張作霖結拜，後為滿洲國陸軍上將。

17 于芷山（1882-1951）：滿洲國軍事將領。早年參加土匪，後於一九〇三年加入清軍，在張作霖、張學良、滿洲國時期歷任各項軍政界要職。滿洲國滅亡後，他在北京被中共逮捕，死於獄中。

地滲透進來。這就好像是，你如果不給自己鋪設一條自來水管道、而是一定要從受汙染的河裡取水喝的話，那麼你永遠不可能身體健康。中東鐵路附屬地是一個開放的區域，張作霖接管的那一部分和蘇聯人控制的另一部分之間，是一條像美國和加拿大邊境那樣的、漫長而不設防的邊境。各位可以設想一下，如果伊斯蘭國占領了加拿大，那麼川普能用什麼辦法來確保美國的安全？答案是，川普只有兩種辦法：他要嘛占領加拿大全境，要嘛在美國北部的沿線邊境寸寸設防，而後者在技術上是根本不可能的。所以，滿洲國唯一的辦法也是把中東鐵路買下來。

經過談判以後，滿洲國以當時一億多日元的巨價，買下了中東鐵路。買下來以後才發現自己吃了大虧，因為他們買下的中東鐵路已經不是沙皇俄國時期的那個中東鐵路了，就像是史達林時代的羅宋湯不再是十九世紀的羅宋湯、裡面連肉都沒有了一樣。滿洲國政府原來以為，只需要改變一下中東鐵路的軌道寬度，按照歐洲標準軌運作，就可以跟滿鐵原有的鐵路銜接。結果他們發現，原來自己接管的這個鐵路，四分之三的火車頭是壞的，無法行駛，剩下的四分之一能夠行駛的火車頭也是磕磕碰碰，各種零件被偷被搶。

沙皇時代留下來的那些東西，連火車上的檯燈、地毯、湯杓之類的零碎物品，都被蘇聯國有企業的員工偷得乾乾淨淨。而滿鐵為了給這批已經變成小偷的無產階級國家的主人翁、「偉大的工人階級」發遣散費，又硬著頭皮掏了一大筆錢，這筆錢百分之六十是在日本國內發行股票籌集的。總之，無論是蘇聯控制的中東鐵路還是這批蘇聯員工，從資本主義經營的角度來講都是一筆負資產。不是說簡單的賠光了就完事的，它還留下一個無底洞讓你負責開銷。後來滿鐵還得出很大一筆錢，把原先這些作廢的火車頭清理掉，換上新的火車頭；原先這些被偷成垃圾堆一樣的火車只有報廢了，也得換上新的；原來那些員工，發遣散費把他們打發掉。這就是蘇聯國有企業的本質——它在二十年時間，就把原有的鐵路工人都變成一幫小偷和強盜。

而滿洲國得到的唯一好處就是，總算是堵住了這樣一個外來匪諜和恐怖分子輸入的渠道。後來滿洲國的建設能夠成功，跟這個漏洞被堵住是很有關係的。張作霖統治時期，更不要說是張學良統治時期，滿洲開放的邊境是匪諜的樂園。蘇聯遠東軍、特務機關兼軍事情報機關克格勃，從不同的管道不斷派遣各種特工，在滿洲境內滋事生非。滿洲的匪患盛行，跟他們是有直接關係的。而滿洲國成立以後匪患消失，關鍵性因素就是，一般的強盜很容易對付，但是拿著外國資助和外國軍火的恐怖分子就很難對付了，而只要切斷了這個外援的來源的話，剩下的事情就變得很容易收拾。

但是，滿洲國存續的時間並不長。日本主要是被美國打垮的，而在這個過程當中，滿洲國的大部分精銳部隊都被調走了。但是即使是剩下的這一部分，還有二、三十個師的部隊，其實打一場硬仗也是足夠的。當時他們制定的戰略計劃是以京圖線和連京線為核心，守住東南部的以長白山區為核心的三角地帶。所謂的京圖線，就是今天的長春到圖們江；而連京線，就是今天的大連到長春。這兩條線一條向東、一條向南，畫出一個三角形，精銳部隊都集中到這裡，避免多線作戰。然而蘇聯紅軍還沒有打到哈爾濱、新京和大連，戰爭就已經結束了。在這場戰爭當中，滿洲國的損失其實滿打滿算也只有三個師，雙方的軍隊還沒有正式接觸。

而投降以後，留下來的這二、三十個師——而這二、三十個師都還是小事，以及附屬他們的大量軍事物資，都經由蘇聯之手交給了共產黨。蘇聯俘虜的這些正規軍，連同他們的軍事物資，都交給了林彪，變成了林彪打敗蔣介石的主力。沒有這些人的話，毛澤東在華北徵召的那些民兵基本上是不能打的。民兵的戰績可以清楚地從聶榮臻和傅作義的戰役中體現出來，他們甚至連傅作義都打不過。

滿洲國的正規軍按照條約投降，這給滿洲的土豪造成了極大的壓力，因為大部分的物資都在正規軍手裡面，包括長白山區那些夠吃十幾年、到韓戰打完了都還沒有吃完的糧食。這些糧食和長白山區留下來的本來是準備抵抗蘇聯的要塞，導致蔣介石的軍隊在四平戰役勝利以後沒有辦法清除共軍在滿洲的基地，因為這些基地本來是為滿洲國軍一直打到一九四七年準備的。蔣介石的軍隊根本沒有能力攻破長白山這些要塞，而長白山裡面的要塞是兵精糧足，糧食可以吃十幾年的。然後戰機轉瞬即逝，國民黨軍就全軍覆沒了。但是在這個過程當中，已經被解除武裝的滿洲土豪和民間人士還是進行了英勇的抵抗，給共軍留下了非常深刻的印象。

被《林海雪原》掩蓋的歷史真相

中共所謂的剿匪，其實就是打擊土豪的民兵自衛隊。剿匪規模最大的是哪些地方？就是所謂的東北剿匪、湘西剿匪、西南大剿匪。當然，所謂的新疆和西藏不算，那都是內亞區域。這幾個地方是共軍留下最深刻、最痛苦記憶的地方，也就是土豪勢力最強的地方。這些經歷以黑白顛倒的方式寫在小說《林海雪原》[18]當中。座山雕當然並不是一個人，而

18 《林海雪原》，原名「林海雪原盪匪記」，是二十世紀五〇年代，作者曲波根據其親身經歷而寫成的一部描述中共軍隊在滿洲「剿匪經過」的小說。

是許多滿洲土豪英勇事蹟的化身。這幾個地方相比起來的話，所謂的西南叛匪，也就是巴蜀、滇、黔各邦的土豪，儘管自身也很能打，但是他們打的都是黃俄苦力，也就是說打的都是人民解放軍；只有滿洲土豪，就是座山雕的各個原型，他們是先打蘇聯紅軍，再打林彪的軍隊的。

在開始的時候，林彪的軍隊根本不禁打。他們占領了幾個縣城以後，所謂的東北民主聯軍（就是林彪的黃俄傀儡軍，也是中國人民解放軍至今最精銳部分的淵源）禁不住他們打，不得不向蘇聯紅軍求援。是蘇聯紅軍開著坦克來，才把他們鎮壓下去的。除了東突厥斯坦需要蘇聯飛機助戰以外，其他地方都是讓傀儡兵（人民解放軍）自己打就能打下來的。只有滿洲土豪的戰鬥力能夠趕得上烏斯滿[19]或者東突厥斯坦的其他土豪，以至於需要蘇聯軍隊親自出馬。而且他們可能比東突的土豪還要強一點，因為蘇聯不只出動了飛機，而是飛機、坦克的陸空協調作戰，才幫助林彪把他們消滅了，林彪打國民黨軍隊都沒有那麼費勁。要注意，國民黨軍隊畢竟還是一支正規軍。

而滿洲這些土豪的處境是，不但身體最好、受教育程度最高、同時也最能打的青年一代被迫投降，而且他們自己和最好的武器裝備、糧食儲藏都被轉送到林彪手裡面，林彪的四野部隊當中的技術幹部都是滿洲國人——這等於滿洲國像是愛沙尼亞和烏克蘭一樣被分成了兩撥，正規軍那一撥都控制在林彪和蘇聯人的手下，含淚鎮壓自己的鄉親。這一點也可能是林彪的部隊在鎮壓所謂土匪的時候不能打的一個原因。就是在這種情況下，這些土豪的民兵仍然能夠打得這麼好，打得林彪的部隊支持不住，必須要蘇聯人親自出馬。當然，最後他們還是像烏克蘭的愛國者以及拉脫維亞、愛沙尼亞的森林兄弟會[20]一樣，最早在一九四七年、最晚在一九五二年左右，漸漸被蘇聯和當地傀儡以壓倒性的優勢而征服了。

19 烏斯滿·巴圖爾（Ospan Batyr, 1899-1951）：哈薩克牧民領袖，曾參與建立東突厥斯坦共和國，惟因與同僚政見不合，且不滿蘇聯的衛星國政策，投靠國民黨。中共建政後，他繼續率游擊隊反抗，後被俘並遭處決。

20 森林兄弟會（Metsavennad），指拉脫維亞、愛沙尼亞等國家於二戰期間及二戰後，盤踞於本地的鄉間密林、反抗蘇聯占領軍的武裝團體。

後記

沒有祖國，自己什麼都不是

中華人民共和國這個蘇聯傀儡政權是分層次的，最高一層當然是黃俄的人，蘇聯顧問、蘇聯專家和接受蘇聯培訓的本土幹部，中間那一層就主要是滿洲國培養出來的技術官員和工業專家了。五〇年代的大建設，就是中國到現在仍然在使用的所謂完整工業體系，也是這樣的三個層次：最上一層是蘇聯代表、蘇聯專家以及蘇聯培養出來的黃俄老幹部；中間一層是滿洲國流失的技術人員；最下一層是當地被征服、由被殖民的各邦所培養起來的基層幹部，以及從國民黨和各地軍閥或紳士那裡接管下來的低級技術人員。中華人民共和國這個黃俄殖民政權，在東亞和東南亞各地，包括巴蜀、滇、黔各邦國，建立的殖民主義政權，直到現在還是這樣的三層殖民結構。

蘇聯援助中斷以後，最上一層漸漸枯竭，越往後就變得越依賴滿洲的中層輸出了。滿洲本來可以在六、七〇年代把滿洲建設得跟韓國一樣發達的這些技術精華，都在共產黨支援各地建設的名義下一撥一撥地消耗殆盡。這個格局跟愛新覺羅絕對主義國家建立以後把滿洲封建菁英消耗掉是基本一致的，只是愛新覺羅家族沒有黃俄這個上層。整個清國的歷史就是，新疆出事了，好，我們從滿洲召一批八旗兵過去，於是變成了錫伯族或者其他族群，廣東叛亂了，福建叛亂了，紅槍會在江淮起事了，太平軍來了，捻軍來了，英法聯軍來了，每一次都是滿洲的封建騎士調出去，最後把滿洲完全調空了。黃俄殖民政權也是這樣的，到八〇年代中後期，滿洲的技術精華基本上已經被消耗殆盡，以後滿洲的經濟就一蹶不振了。

最後一波是鄧小平時代的大調撥，就在巴蜀境內那些新建的工業基地上，他們的技術人員和管理人員基本上就是滿洲技術階層的最後遺存，他們現在仍然在宜賓這個地方。當然，從五〇年代到八〇年代他們殖民巴蜀的主要結果，就是把我劉仲敬的前輩們從巴蜀趕了出去。這些人當中有一部分投降了共產黨，變成了共產黨的老幹部；另一批像明末遺民那樣自命清高、不肯投降的人，但他們也不高興做老百姓，就變成了技術人員，最後作為技術人員支援建設的一部分，被分配到了新疆，也就產生了現在的我。

我為什麼能肯定諸夏是存在的呢？就是因為我出生的那個社區就是我剛才描繪的那樣的社區。最上層的是黃俄殖民者，中層是滿洲技術幹部，然後基層的技術人員和其他管理人員就是四面八方湊起來的人，包括閻錫山的親戚、袁世凱的親戚和陶峙岳的親戚——陶峙岳[1]的名氣之所以不大，是因為他只是國民黨的一個警備司令，跟閻錫山和袁世凱，以

---

1 陶峙岳（1892-1988），中國湖南省寧鄉縣人，曾參與武昌起義，後在國民黨陸續擔任各項軍官職。一九四九年率部投靠中共。

及從川軍體系裡面出來的人都沒法相提並論。川軍出身的這些人分成三撥，第一撥直接投降了共產黨，第二撥在投降國民黨以後才又投降了共產黨，而第三撥就是我所屬的那一小批人，把前兩撥人都看成叛徒。

同時還有一批俄羅斯志願軍的後代，所謂的大轉子、四轉子，他們屬於歐亞混血兒。這個社區的種族結構的豐富程度，可能在上海自由市都找不出來，而且諸夏各邦國的每一邦在那裡面都能找到自己的代表。在他們自己的內部社區當中，儘管列寧主義者抹去了他們上層的記憶，他們仍然記得自己的仇恨，仍然記得在自己的社區中間，誰是大叛徒，誰是不得已而低頭，誰是忠義之士。這些集體記憶現在就要通過我，在未來列寧主義殖民政權垮台的同時，重新讓諸夏各邦復活，使它們恢復歷史上應有的地位。

在這些社區當中，也有從滿洲來的技術人員。他們在滿洲國時期參加過一個很接近於美國童子軍的組織，叫做勤勞奉仕隊。它的整個宗旨都跟基督教青年會、救世軍、童子軍差不多，就是要手腦協調，從小開始熱愛勞動，去野營，辦一點相當於軍事訓練之類的東西。同時，勤勞奉仕的意思就是要做公益奉獻。他們留下來的老人，在我最後一次去烏魯木齊、大概是二〇一二年的時候，他還活著。我之所以提起他們，是因為只有這一批滿洲技術人員才會在大早上誰都還沒有醒的時候——而且他們早已經是退休人員，用不著這樣做了，起床洗漱，唱著日語的歌曲，做滿洲國時代從日本人學來的那些日本體操。他們鍛煉身體的習慣從童子軍時代開始，一直到被共產黨收編了，年紀大了、退休了，都沒有改變。

我們不難想像，這些人如果在韓國，他們就是在北韓入侵的時候能夠拿著武器參加抵抗軍的那些人——從中學生時代就已經可以作為當地的社會凝結核了。本來這些人應該是朴正熙的左膀右臂，在六、七〇年代應該存在的那個朴正熙式的滿洲國政權當中，他們應該是方面大員。但是這些人像滿洲帝國（康熙—雍正—乾隆時期）的所謂錫伯族武士那樣，流落到天涯海角，最後完全被消磨殆盡，沒有留下自己在政治上的後裔。他們被消磨殆盡以後，未來的新一代在滿洲國留下的工業體制完全垮台以後流落四方，也流落到包括烏魯木齊和成都在內的各地。我也見過這些人，他們就是妓女、保安、流氓、黑社會，以及其他類似的人。

這就是從滿洲國時代到毛澤東時代、再到鄧小平和江澤民時代滿洲菁英階級一路下沉的命運。他們在滿洲國時代看待日本本土，就像美國人看待英國人一樣，還帶有三分瞧不起，因為他們的生活水準比日本人高，只有日本人到他們這兒來混飯吃，沒有他們去日本謀生的道理；然後在毛澤東時代漸漸被消耗，但畢竟還是技術骨幹，在社會上還有一定地位；最後在江澤民時代以後，就完全淪為依靠妻子賣淫為生的一批可憐的社會浪人。
所有滿洲人應該從以上這些見聞得到教訓：沒有祖國，自己什麼都不是——滿洲人如果不能重建國家，未來還將遭受更加悲慘的命運。

逆轉的東亞史(5)

非中國視角的東北（滿洲國篇）

作者　劉仲敬

總編輯　富察
主編　洪源鴻
責任編輯　穆通安、涂育誠
特約編輯　三馬兄、xqmxqm
企畫　蔡慧華
封面設計　木木 lin
書名頁地圖繪製　青刊社地圖工作室（黃清琦）
排版　宸遠彩藝

社長　郭重興
發行人兼出版總監　曾大福
出版發行　八旗文化／遠足文化事業股份有限公司
地址　新北市新店區民權路一〇八之二號九樓
電話　〇二～二二一八～一四一七
傳真　〇二～八六六七～一〇六五
客服專線　〇八〇〇～二二一～〇二九
信箱　gusa0601@gmail.com
臉書　facebook.com/gusapublishing
部落格　gusapublishing.blogspot.com
法律顧問　華洋法律事務所／蘇文生律師
印刷　成陽印刷股份有限公司
出版日期　二〇二一年六月（二版一刷）
　　　　　二〇二一年九月（二版二刷）
定價　四八〇元整
ISBN　9789865524944（平裝）
　　　9789865524920（EPUB）
　　　9789865524791（PDF）

本書 2019 年曾以《滿洲國：從高句麗、遼金、清帝國到 20 世紀，一部歷史和民族發明》書名出版

國家圖書館出版品預行編目（CIP）資料

逆轉的東亞史(5)：非中國視角的東北，滿洲國篇 / 劉仲敬著. -- 二版. -- 新北市：八旗文化出版：遠足文化事業股份有限公司發行, 2021.06
面；　公分
ISBN 978-986-5524-94-4（平裝）

1. 歷史　2. 民族史　3. 東亞

730.1　　　110007452

劉仲敬
民族發明學講稿

劉仲敬
民族發明學講稿